中世史研究叢書31

戦国期城郭と考古学

萩原三雄著

岩田書院

まえがき

一九七三年（昭和四十八）十二月から始まった山梨県東山梨郡勝沼町（現甲州市）に所在している戦国期城郭の勝沼氏館跡の発掘調査に参加してから、中世考古学という世界に出会って今日まで、実に四十六年という歳月が過ぎた。いまだ、中世考古学という学問領域が考古学の世界のなかでしっかりと根をおろしていない頃であった。むろん、戦国期城郭に対する考古学調査や研究も少なく、勝沼氏館跡の発掘調査も大変珍しいものとして、人々のあいだでかなりの注目を浴びたものであった。その後、館跡は公有地化され保存されることになり、現在国史跡として整備が進行しつつあるが、この調査が一つの契機となって、山梨県内の戦国期城郭の研究が著しく進展していった。

わたくし自身もこの調査への参画が転機となって、以後、中世考古学研究への途を少しずつ歩むことになった。まだ、中世考古学という世界が社会に十分に認知されていない時期であったし、文字どおり、細々と調査や研究を繰り返していくことになった。その間、書きとめた論文などのレポートはかなりの数になるが、その中から十数本を選び出し纏めたのが本書である。

本書は、序章・終章と、三編一四本の論考と、付編からなっている。

序章は、最近興味を持って研究してきた東国の戦国期城郭について、東国の支配に乗り出した織豊政権がどのような城郭政策をとってきたかを、戦国大名武田氏の城郭を例に検討したものであり、また相模の後北条氏などの東国大名が鉄砲玉の確保にいかに腐心していたかを、城郭跡や戦場跡などから出土している鉄砲玉から検討を重ねたものである。鉛などの軍事物資の不足に悩む東国の大名が涙ぐましい苦労を重ねていた情景が浮かび、大変興味深い事例として冒頭の序章とした。この論考がはたして本書の序章として似つかわしいものかは疑問であるが、今わたくしが興味をもってとりくんでいる鉱山史研究に関連して、分析科学との協業の過程で生まれたものであり、近年のわたくしの研究スタイルの一つでもある。たかが鉄砲玉といってしまえばそれまでだが、その小さな鉄砲玉からも、国家を左右する軍事的・政治的動きを見ることができ、一種の感動を覚えたため、あえて巻頭の論文として収載することにした。

第一編の「中世城郭を読む」は、甲州八田家の「家財目録」という文献史料を研究材料として中世城郭の内実に迫ろうとした論文のほか、中世的世界の究明のために戦国期城郭をどのように史料化し、またそこから何を読みとるべきかを念頭に書きとめた論文を収載した。考古資料に文献史料を重ねあわせながら、資料相互の限界性を乗り越える試みの一つである。

第二編「武田氏の築城技術」は、「丸馬出《まるうまだし》の研究」など四本からなる。戦国大名武田氏は、戦国有数の築城技術をもち、特に信濃や駿河などの侵攻地に多くの優れた城郭を築城したことはあまりにも有名だが、その実態を、城郭虎口に設けられた「丸馬出」などから検討したものである。また、いわゆる「杉山城問題」に端を発した戦国期城郭に関わる年代観などについて問題を提起した小論も、ここに収載することにした。城郭編年の確立は、中世城郭の研究にとって必須の課題であるが、築造年代等の確実な城郭資料が少ないだけに、編年確立のための新たな研究手法の開拓が急務となろう。

第三編「武田氏の城郭」として、「烽火台《のろしだい》」に関わる研究と、岩殿城及び「甲斐福泉寺城」の二つを収載した。特に、「甲斐福泉寺城」はまさに幻のような城郭事例であるが、「浅野家絵図」など多くの絵図にも描かれており、その所在をめぐる議論も多いが、「城郭絵図」の意味についても若干のコメントを加えた。

終章は、やはり一九八〇年代に書き留めた城郭研究のあり方を述べた小論であり、付論の「中世城館跡の保存と整備・活用」は、とくに中世城郭の保存や整備、あるいはどのように活用すべきか普段に考えてきたことを論じたものである。

冒頭にも述べたが、数十年に及んだささやかな研究生活のなかで細々と書き留めた論文を集め一書とすることに、強いためらいもあったが、永年ご厚誼をいただいている岩田書院の岩田博氏のご厚意に甘えることにして、あえて本書を刊行することにした。いまだ、一抹の不安を抱えたままでの公刊であるが、読者諸賢のご批判を乞うことにしたいと思う。

目　次

第二編　武田氏の築城技術

第三編　武田氏の城郭

序章　城郭研究に関わる二題

――戦国期城郭の織豊城郭化と出土鉄砲玉を題材に――

はじめに

いま、私の城郭研究に関連した最も関心のある話題は、地元武田氏館跡の織豊城郭化と、それに直接は関係しないが、武田氏などの東国大名と鉄砲玉との関わりである。

前者の課題は、近年進められている戦国大名武田氏の本拠であった武田氏館跡の発掘調査の進展にあわせて、同館跡の随所に織豊城郭化の痕跡が見出されていることに着目して、武田氏滅亡後に織豊政権がどのように拠点づくりを行ってきたのか、あるいは本格的な織豊城郭である甲府城の築城とはどのような関連性があるのか、強い関心を抱いているからである。

後者の鉄砲玉については、天文十二年（一五四三）のわが国への鉄砲の普及後、甲斐武田氏をはじめとする東国大名がいかに鉄砲玉の確保に苦心したのかを、城郭跡や戦場などから出土する鉄砲玉に着目して考えてみようとするものである。

この二題について、一見すると無関係のように思われるが、いずれも武田氏のような東国大名と西国大名の織豊政権とのかかわりにおいて深い意味合いをもつと考え、思いつくまま、検討を試みようとするものである。

一　躑躅ヶ崎館の織豊城郭化

武田氏の本拠であった躑躅《つつじ》ヶ《が》崎《さき》館《やかた》は、近年の考古学調査から、著しい織豊城郭化の痕跡が確認されている。ここでいう織豊城郭化というのは、特に高石垣を駆使した築城技法や天守の築造などをいうのであるが、特に館の各所に設けられている虎口などを中心に巨石を用いた改修が行われ、縄張的には大きな改変はないように見えるものの、虎口などの織豊城郭化は見た目には意外と目立つ改修になっている。特に、天守台の上に聳える天守、ないしは天守状の建物については、武田氏館の様相を一変させたのではないかと思われる。

武田氏館の主郭と西郭の二つの郭には、主郭の東側に設けられた大手口のほかに三か所に虎口が設けられているが、大手口については、虎口前方に拳大以上の礫を充填したコの字形の巨大な馬出し状の石塁を設け防御を固めている。この場所は武田氏時代には丸馬出があったところで、これを埋め立てその上に石塁による馬出を設けている。他の三か所の虎口はほぼ同じように、入り口をやや狭めながら石塁による改造を行っている。これらの状況は、山下孝司氏がすでに詳細に報告されているので参照されたい(1)。

こうした躑躅ヶ崎館の織豊城郭化は、当然、天正十八年の徳川家康の関東移封後に行われたのであろうが、具体的な着手時期や、その後の改修工事が豊臣政権下の羽柴秀勝、加藤光泰、浅野長政・幸長父子のいずれかの手によるものなのかは判断がつきかねない。しかし、いずれの大名にせよ、甲斐国領有後あまり時をおかずに改修の工が起こされたのにちがいない。

1　躑躅ヶ崎館の織豊城郭化の諸特徴

豊臣政権の手によって躑躅ヶ崎館はどのように改修されたのだろうか。縄張的にみれば、武田氏時代の方形区画の骨格は基本的に踏襲されている。ただし、武田氏時代には存在していなかった梅翁曲輪と呼ばれている館の南西部分に付設された巨大な曲輪が増設されている。また、北曲輪の一部の郭がつけ加えられているが、それ以外、新たな増設はみあたらない。

その一方、主郭とされた中曲輪と東曲輪内は石塁によって縦横に区画され、内部が複雑に改造されており、居住性よりも防御を重視した構造となっている。主郭の北西隅には新たに天守台(図1)も築造された。この天守台は北側と西側の二面は既存の土塁が利用され、南面と東面には野面石による高石垣が造られている。この野面石は矢などによる加工は全くなされておらず、隅角部は算木状を呈している。

天守台は甲府市教育委員会によって発掘調査が実施されており、その成果が報告されている(2)が、それによれば、礎石三個と、天守台に登る石段が二か所で確認され、出土遺物には多くの釘類のほか、壁土、常滑産の甕類、金などの溶融物が付着したかわらけ等、天守台に載る構造物を彷彿させる多くの遺物が確認されている。何らかの建造物が存在していたことはほぼ確実である。

右に述べたように、各所にある虎口は石塁化され、天守状の建物が築かれ、見た目には、武田氏時代からの館が大きく改変されたような雰囲気となっている。

郭内からは瓦は全く発見されていない。織豊城郭化されてはいるものの、建物はすべて瓦葺き構造ではない。瓦葺き建物を建造するための瓦職人たちが組織化されていなかったとみてよい(3)。

甲斐に入国した豊臣政権は、とりあえず前政権の武田氏が本拠とした躑躅ヶ崎館に入り、そこを改造しつつ利用す

図１　躑躅ヶ崎館の天守台

図２　甲府城天守台

ることによって、当面の支配体制を築きながら、同時に、新たな地に、本格的な織豊城郭の築城を始めていったのである。

２　躑躅ヶ崎館の織豊城郭化と甲府城築城との関係性

躑躅ヶ崎館の織豊城郭化とあわせて、織豊政権は甲斐の府中に新たに新城の建設を進めている。躑躅ヶ崎館の南方約二㎞の地にある一条小山に築城した甲府城である。この地は、甲府盆地のほぼ中央に位置し、東方の愛宕山から突き出た小山状の地形を呈しており、甲斐一国を治めるうえで、躑躅ヶ崎よりも適地である。ここに存在していた鎌倉時代以来の時宗の大刹一蓮寺を南方に移して広い空間を確保し、城郭と城下を一体化した近世都市の建設をめざしたのである。

この本格的な織豊城郭である甲府城は、天守台（図２）を有する本丸を中心に、二の丸・稲荷曲輪・数寄屋曲輪・鍛冶曲輪などの多数の曲輪と、それを取り巻く広大な堀や高石垣、さらに柳門や大手門・山の手門の三か所の櫓門をはじめとするさまざまな建造物をもつ、まさに織豊政権による甲斐統治のための本格的な城郭となっている[4]。

ここに、躑躅ヶ崎館の織豊城郭化された状況と甲府城を比較してみると、たとえば、甲府城は高石垣の構築材の石材はいずれも巨石であり、躑躅ヶ崎館の石垣に使用された石材とは隔絶した差がある。甲府城も築城初期に築造されたとする天守台や本丸などに用いられた石材は野面石が多いが、ほとんどが選び抜かれた巨石であり、いっぽうの躑躅ヶ崎館の石材は甲府城に比べ小ぶりの野面石が主体となっている。その様子は、両者の天守台の高石垣を比べてみれば差は歴然である。石材の加工度も、甲府城に比べ躑躅ヶ崎館は矢などによる石材加工はほとんどなされていない。躑躅ヶ崎館の織豊城郭化が突貫工事的な、間に合わせ的な改修工事であったことがわかる。

躑躅ヶ崎館には瓦葺き建物はいっさいない。反面、甲府城は瓦葺き建物が主体であり、しかも金箔をはった瓦も多い。ここにも、甲府城築造で示す豊臣政権の威信が表れている。

ところで、豊臣政権が新たに領有した侵攻地における統治のありかたや、その中核となる城郭造りがどのようになされたのかについて、これまで多くのすぐれた先行研究がある。そのなかで注目すべきは以下の論考であろう。

一九九一年に発表された中井均氏の論考[5]はその最も初期のものであり、その後に続く研究に多くの示唆を与えている。中井氏の論考は滋賀県に所在する新庄城の調査報告書に収められたもので、豊臣政権が新たに領有した地に築造する城郭のあり方を検討し、いくつかの類型化を行った。それによれば、豊臣政権による城郭づくりは決して画一的ではなく、その地の政治的軍事的状況に柔軟に対応しながら築城していることを明らかにした。この論考を受けて、一九九二年には八巻孝夫氏による「織豊系転封大名の本拠[6]」が発表されている。このなかで、躑躅ヶ崎館と甲府城についてもとりあげられ、両者の関係性が論述されている。

宮武正登氏が二〇一七年に発表した論考「織豊系城郭の地方波及の実態[7]」は魅力的である。宮武氏は、織豊政権が新たな支配地でどのような城郭政策をとったのかを、東北地域の事例と九州北部地域のありかたを中心に論述した。この宮武論文により、織豊政権の城郭政策、あるいは豊臣秀吉自身の地域支配に対する政治的軍事的な志向性がさらに鮮明となった。

豊臣政権による躑躅ヶ崎館の織豊城郭化と甲府城築造の関係性は、右にみた諸論考からみても、すでに明らかであろう。本格的な織豊城郭である甲府城の築城に至るまで、躑躅ヶ崎館は暫定的利用のために改造されたのであり、天守台を始めとするさまざまな防御施設はすべてそれを前提として造られたのである。虎口もまたしかりである。瓦葺き建物がないことも納得できよう。それでも、天守台を設け、天守状の建造物を築造したことは、それがたとえ急ごしらえであったにせよ、やはり豊臣政権らしいというべきであろう。

二　戦国大名と鉄砲玉

まず、東国の戦国大名の鉄砲玉に関わってとられた特異な方策からみていこう。

ここに、戦国大名武田氏が発給した一通の文書がある。これは、富士勝山浅間神社の神主に宛てた武田家朱印状で、鉄砲玉の製造のために、富士の道者たちが奉納した「悪銭」を集めて供出せよとする内容である。(8)

追而就悪銭不足者、来廿五日ニ参府、以誓句可被御申上候也、

鉄砲玉之御用ニ候、悪銭有之儘可被納候、黄金成共郡内棟別成共、望次第ニ可被下置者也、

六月十一日

御室神主

この文書をみると、甲斐の国主の武田氏が鉄砲玉製造のための材料不足に随分と苦しんでいる様子がうかがえるが、その材料の不足を補うために、良銭ではなくあえて「悪銭」を指定して供出を命じているのである。なぜ、「悪銭」なのかについては、いくつかの理由があろう。一つには、おそらく、中国渡来の「良銭」よりも「悪銭」のほうが鉄砲玉の製造に必要な鉛の含有量が高いのを見越してのことであったろう。もちろん、「悪銭」に含まれる鉛だけを抜き出して鉄砲玉を製造しているのではなかろうが、鉄砲玉の製造のためには「悪銭」の方がより適材であるとみていたふしもある。また、鉄砲玉を鋳造する際、破砕しやすいという利点もある。もう一つには、「悪銭」を対象にしていることから、このころの「悪銭」が蔓延している状態を改善するための、いわば「悪銭」駆逐の施策の一つだった可能性もある。

それでは、同じ東国大名の後北条氏はいったいどうであったのか。次の朱印状(9)を見てみよう。

依天下之御弓矢達、当寺之鐘御借用ニ候、速ニ可有進上候、御世上御静謐之上、被鋳立可有御寄進間、為先此御證文、其時節可被遂被露旨、被仰出者也、仍如件、

天正十六年

正月五日

成木

愛染院

この文書によって、後北条氏は鉄砲玉の製造のために、寺社に対して梵鐘などの借用を申し出ていることがわかる。朱印状には借用の具体的な目的は明示されていないが、後述するように、後北条氏の重要な支城の一つである八王子城では鉄砲玉の製造の場から半鐘片などが出土していることから、借用の重要な目的の一つは、鉄砲玉などの製造の

ための材料不足を補うためであったことはほぼ間違いない。こうした文書は、同日付けで武蔵国の玉泉寺など、複数発給されているために、後北条氏は多くの寺社に対して同様な方策をとっていたのではなかろうか。

東国大名を代表する右の戦国大名の、鉄砲玉製造のための材料の確保に腐心している様子をみると、鉛の不足がいかに深刻であったのかがわかる。この様子を、戦国期城郭跡や戦場跡から発見されている鉄砲玉からもうかがってみよう。

1　東国の場合

(1) 武蔵八王子城出土鉄砲玉[10]

北条氏照によって築城された東京都八王子市所在の八王子城は、八王子市教育委員会によって「御主殿跡」が全面的に発掘調査され、礎石をもつ規模の大きな建物跡が数棟のほか、庭園跡などが発見され、その実態が明らかにされている。天正十八年(一五九〇)、豊臣軍によって落城し炎上した後北条氏の拠点のひとつであり、そのために出土遺物も多く、ベネチア産の特殊な磁器類を含め、その数は七万点にも及んでいる。そのなかに、鉄砲玉が含まれている。

二〇〇二年の発掘調査報告書によれば、御主殿跡等から検出された鉄砲玉は四八七点であるが、化学分析の結果、最も多いのは鉄玉であり四五三点、そのほかは銅玉三四点で、鉛玉は一点も検出されていない。それに土玉が一六三点もある。これらに混じって鉄砲玉製造のための鉄や銅などを多く含む溶解物が内面に付着している坩堝も出土している。鋳型も出土しており、かつ、さきに述べた半鐘片が伴っている(図3)。鋳型があり、原料の一つである半鐘片や坩堝もあるとすれば、御主殿跡の周辺が鉄砲玉製造の場であった可能性が高い。これらの詳細は、報告書を参照されたいが、ここで目立つのは鉄や銅の鉄砲玉であろう。こうした様子は、後北条氏が寺社に宛てたさきの文書にぴっ

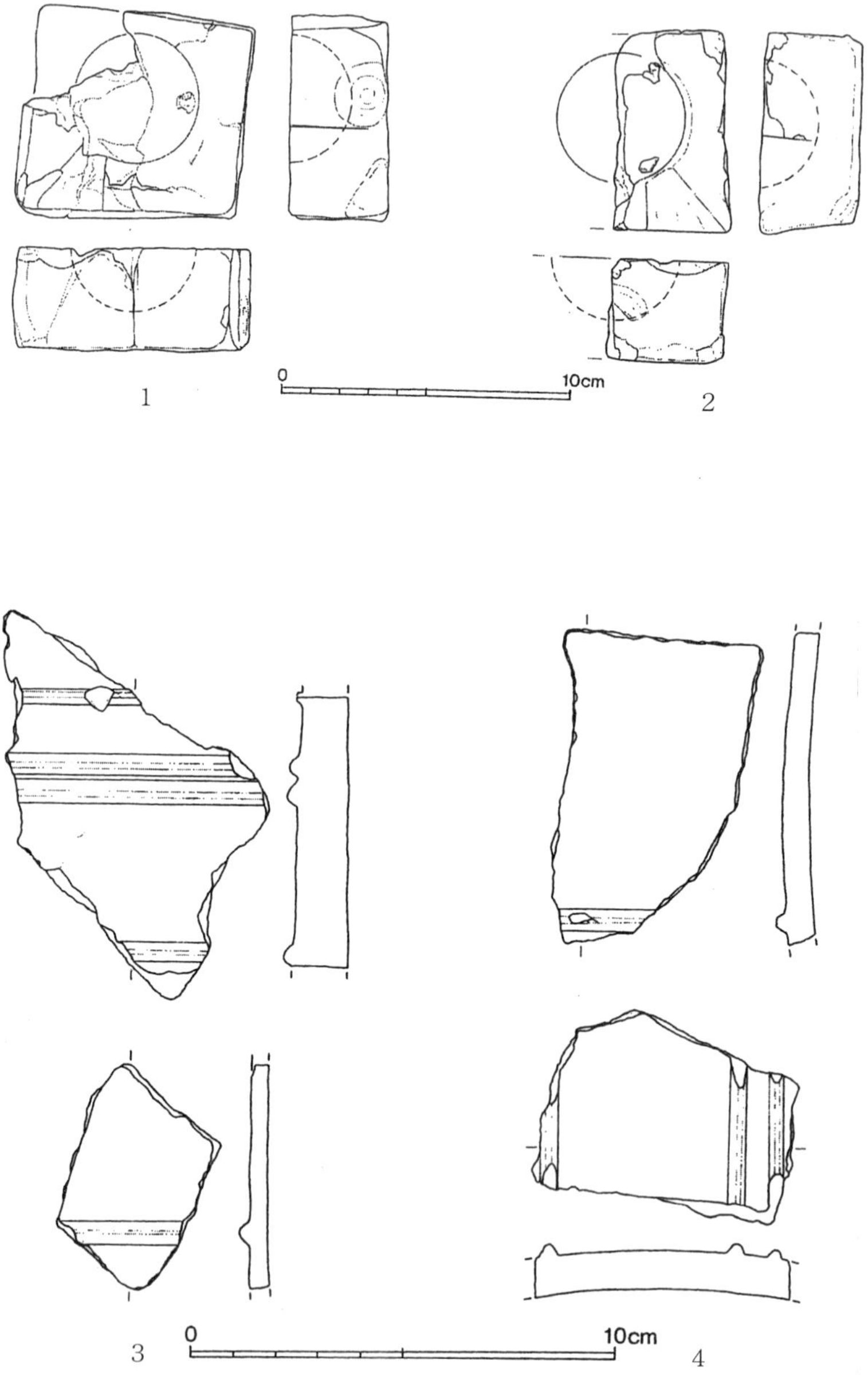

図３　八王子城出土鉄砲玉鋳型（１・２）と半鐘片（３・４）
（註(10) 文献より転載）

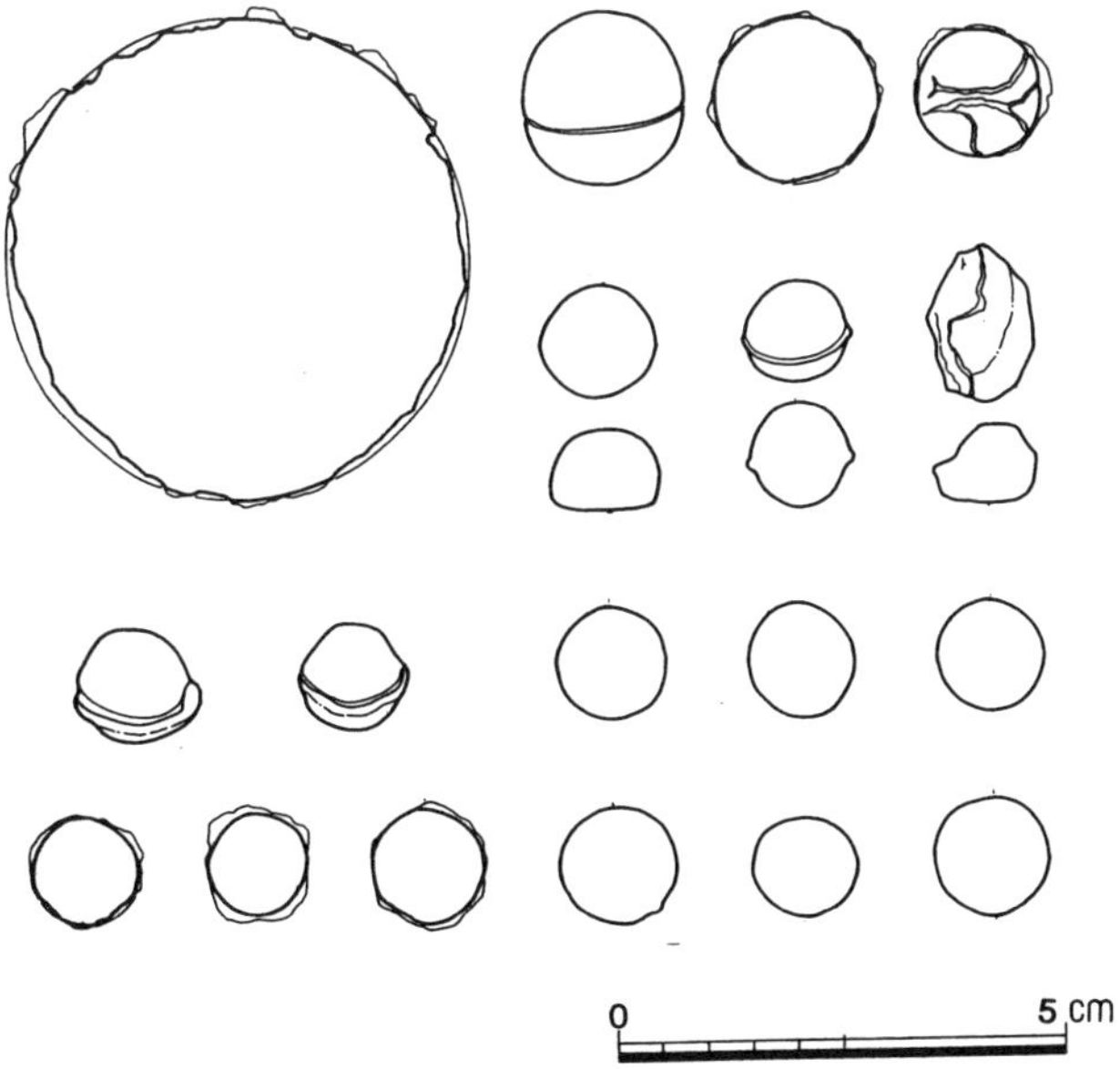

図４　山中城出土鉄砲玉
（註(11)文献より転載）

たりとはまろう。

(2)伊豆山中城出土鉄砲玉

同じように、天正十八年に豊臣秀吉軍に攻められ落城した静岡県三島市に所在している後北条氏の支城のひとつ山中城からも、多量の鉄砲玉が検出されている(11)。主な出土地点は、西ノ丸と西櫓と称されている場所であり、合わせて一九六点の鉄砲玉が発見されている（図４）。その内訳は、最も多いのが報告書で述べる鉛青銅玉、すなわち銅玉であり一四七点、次に鉛玉二五点、鉄玉一九点であり、ここでもやはり鉛玉よりも銅玉の方が上回っている。

山中城では後北条軍と豊臣軍が激戦しており、とうぜん豊臣軍が放った鉄砲玉も含まれているが、多量な銅玉の出土場所は、後北条・豊臣両軍が鉄砲戦を展開した形跡の少ない西ノ丸であり、六〇点以上まとまって出土している。しかも鋳型からはずしたままの鋳張りが付いたものも多く、未使用のまま保管されていたことがわかる。こうした状況をみると、後北条氏が多量の銅玉を保有していたことはまちがいなく、また銅・鉛・鉄のそれぞれの鉄砲玉が検出されている状況は、さきの相模の八王子城と類似しており、後北条氏の鉄砲玉製造と保有のありようが浮かびあがってくる。

(3)武田氏城館出土鉄砲玉

武田氏の場合、後北条氏のように甲斐国内での戦闘は少なかったために、出土鉄砲玉に関する良好な事例はみあたらないが、本拠地である躑躅ヶ崎館内とその周辺から、鉄砲玉が合計一〇点見つかっている(12)。内訳は、鉛玉七点と銅玉三点である。本拠地とその周辺らしく鉛玉の量が多いが、いっぽう相模との国境に近い上野原市で発掘調査された長峰砦跡(13)をみると、二点の鉄砲玉が検出されており、二点とも銅玉である。武田氏の場合も、銅玉が多かったことを示唆していよう。

(4)三河長篠城と設楽が原古戦場出土の鉄砲玉

東の武田軍と西の織田・徳川の連合軍が激突したこの場からも、多くの鉄砲玉が発見されている(14)。そのなかで多量の鉄砲が持ち込まれた古戦場での鉄砲玉の発見例は数少ないが、これまで確認された鉄砲玉は九点であり、すべて鉛玉である。この古戦場で鉄砲を数多く放ったのは織田・徳川連合軍であり、それを裏づけているのだろうか。反面、武田軍が攻撃の対象とした長篠城跡では、出土した鉄砲玉は鉛玉と銅玉が入り混じっている。双方による鉄砲の打ち合いの結果なのであろうか。

２　西国の場合

(1)中世大友府内町遺跡(15)

豊後の戦国大名大友氏の本拠の遺跡であり、永年の発掘調査によって、さまざまな遺物が確認されている。そのなかには、鉄砲玉のほか鉛製インゴット（地金）がある。鉄砲玉はいずれも鉛製であり、インゴットは円錐形を呈している[16]。

(2) 若見迫遺跡

本遺跡は、広島県三次市三良坂町に所在する八世紀後半から九世紀前半を主体とする古代の遺跡であるが、これに混在して鉛製品が検出されている。長さ約四cm、高さ約一・五cmのかまぼこ状を呈した鉛のインゴットで、竹を半截しその中に鉛を流し込んだような棹状をなしている[17]（図5右）。平尾良光氏らによる鉛同位体比の分析の結果、朝鮮半島北部の鉛鉱山産で、年代的には古代より下るものと推定されている。

(3) 紀伊根来寺遺跡及び和歌山平野

中世前期に高野山から分離して開かれた根来寺は、東西約三km、南北約二kmの規模をもち、多数の僧兵を要していた一大寺院勢力であった。この遺跡に対する考古学調査は一九七六年度から行われ、さまざまな成果があげられている。

この遺跡からも、それほど多くはないが五点の鉄砲玉と鉛のインゴットが発見されている（図5左）。出土地は、いずれも根来寺山内で散在的に見つかっている。インゴットも含め、いずれも鉛製である。

根来寺以外の和歌山平野からも、これまでに鉄砲玉や鉛インゴットが多数出土しており、北野隆亮氏によりまとめられている[18]（図6・表）。それによれば、いずれも鉛製であり、そのなかには鋳型の合せ目が残るものもあることから、製造途中で仕上げがされていないものもある

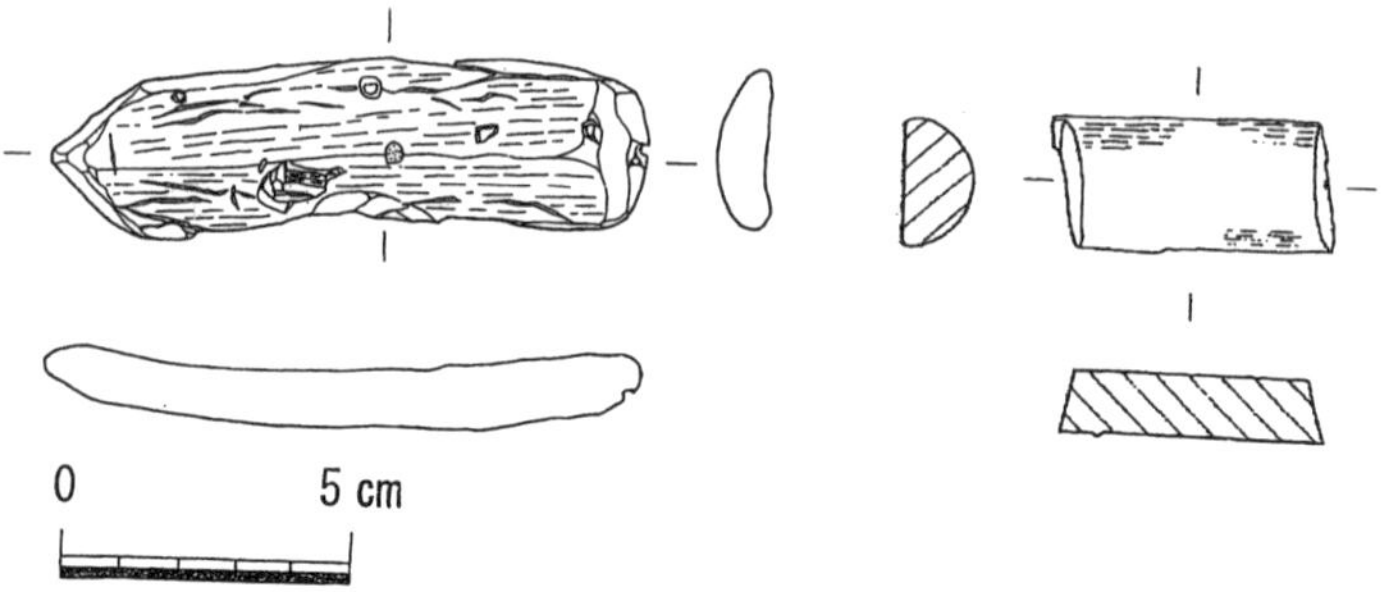

図５　鉛インゴット（左：根来寺遺跡　右：若見迫遺跡出土）
（註(17)(18) 文献より転載）

和歌山平野出土の鉛インゴット・鉛製鉄砲玉計測値一覧表

番号	出土 遺跡名	調査 次数	出土 遺構等	計測値 （cm）	重量 （g）	備　　考
10	城山遺跡	第１次	３区 黄灰色 粘質土	直径4.7～5.1、 高さ2.1	147.1	平面楕円形、底面に１～２mm大の気泡状空洞少量あり
11				直径4.9、 高さ2.0	137.1	平面正円形
12	中野遺跡	第１次	SD-1	長さ1.5、 厚さ0.7	4.5	レンズ状に変形している
13	太田・黒田 遺跡	第26次	SD-1・ 第２層	直径1.2	7.32	球形
14			第４層	直径1.2	7.99	球形
15				直径1.2	9.43	球形
16		第33次	２区 SD-1	直径1.1	6.95	球形、湯口跡を残す
17		第37次	第3a 層	直径 1.2～1.3	9.8	球形（やや円筒状）
18		第59次	SD-2	直径1.2	10.2	球形（仕上げを行っていない）
19		第75次	SK-1	長さ7.7、幅4.5、 厚さ0.5	132.3	平板形、鏨状工具の打撃痕・細い直線条痕あり
20	史跡 和歌山城	第20次	第１区 第２層	長さ2.6、幅1.5、 厚さ0.6	11.2	長楕円形に変形している
21	和歌山城跡	第12次	SA-1・ 第２層	長さ1.5、 厚さ0.7	4.7	レンズ状に変形している
22	鷺ノ森遺跡	第13次	堀１・ 第３層	直径1.2	10.55	球形

番号は図６の No.（註(18) 北野隆亮氏論文より一部省略）

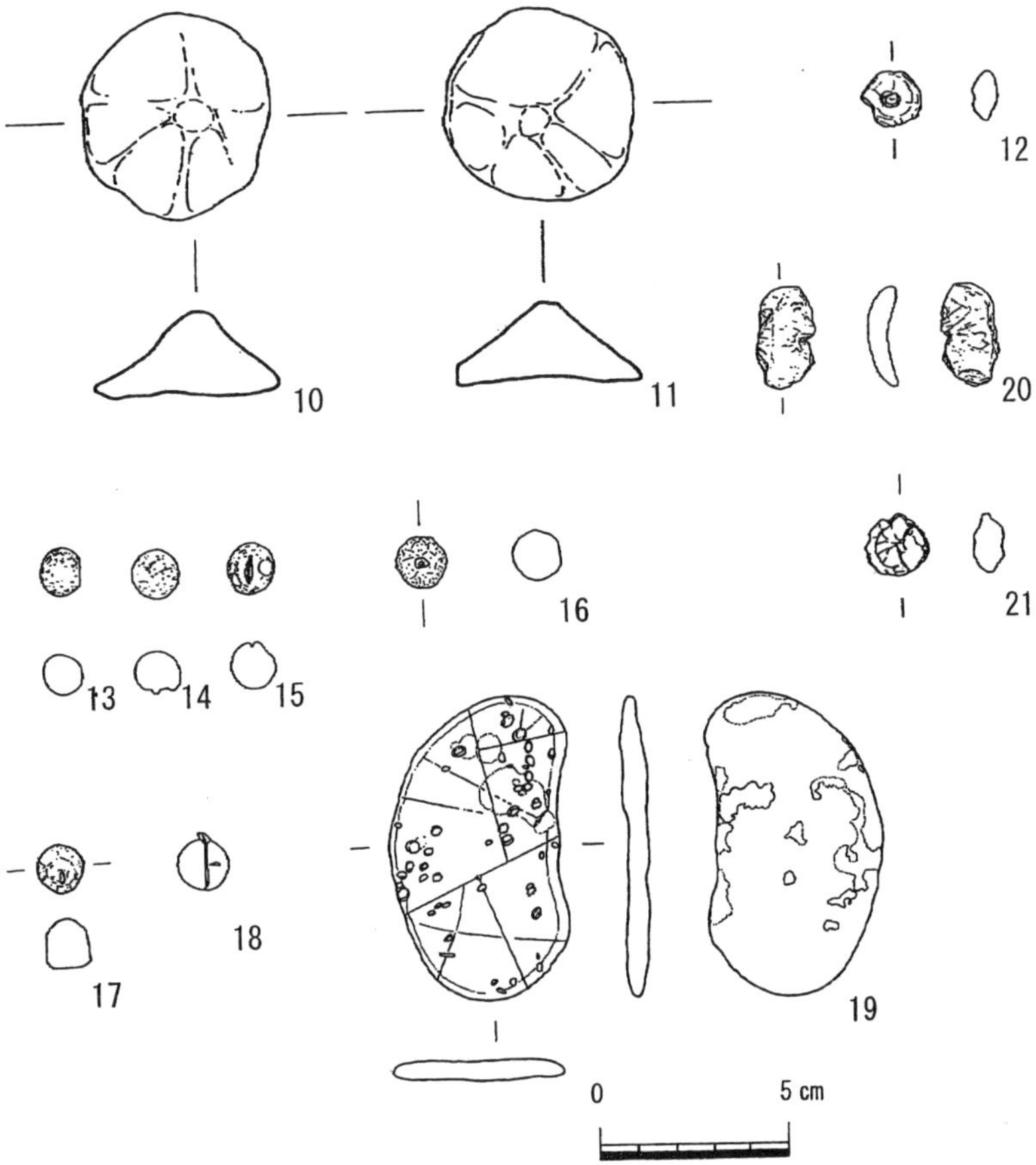

図６　和歌山平野出土の鉛インゴット・鉛製鉄砲玉実測図
（註(18) 北野隆亮氏論文より転載）

(4) 越前一乗谷朝倉氏遺跡(19)

越前の戦国大名朝倉氏の館と城下町遺跡群であり、永年に及んで発掘調査されている。そのなかで、一九七五年度に調査された、通称「サイゴージ」跡と呼ばれている場所の北側から、鉄砲や鉄砲玉関連の遺物が一括して検出されている。その内訳は、黄銅製の火縄鋏二点、鉄製の坩堝二点のほか、鉛インゴット五七点、大小の鉄砲玉二四七点である(図7)。この様子から、この場所が鉄砲玉の製作や鉄砲そのものの修理場所であったか、商いを行う商人の屋敷跡の可能性も指摘されている。鉄砲玉はいずれも鉛製である。

3　出土鉄砲玉から見える世界

右にみた史料によれば、東国大名の武田氏や後北条氏が鉄砲玉の製造のための鉛の確保に相当腐心した様子がうかがえるが、その様子は、出土鉄砲玉の素材からも顕著に窺える。東国大名の場合、武田氏も後北条氏も、鉛製の鉄砲玉よりも青銅製や鉄製の鉄砲玉の方が多く、しかも土玉もある。鉄砲玉として使用可能なものであればその原料は何にでも求めた感がある。このように、鉄砲玉の確保のために、武田氏や後北条氏などの東国の大名は、その代替え措置として、最も身近な存在であり比較的入手可能な「悪銭」や梵鐘を求めたのであったが、これと同様に、おそらく火薬の確保にも苦労したことであったろう。

しかしなぜ、このような事態が生じたのだろうか。史料には具体的には見えないが、当然、鉛の流通の問題があろう。さきにあげた八王子城では御主殿跡での発掘調査によって多量の遺物が出土しており、そのなかには当時では最新の中国陶磁器も数多く混じっている。少なくとも、陶磁器類はふんだんに城内に持ち込まれていることがわかっているが、それに反してなぜか鉛は少ない。

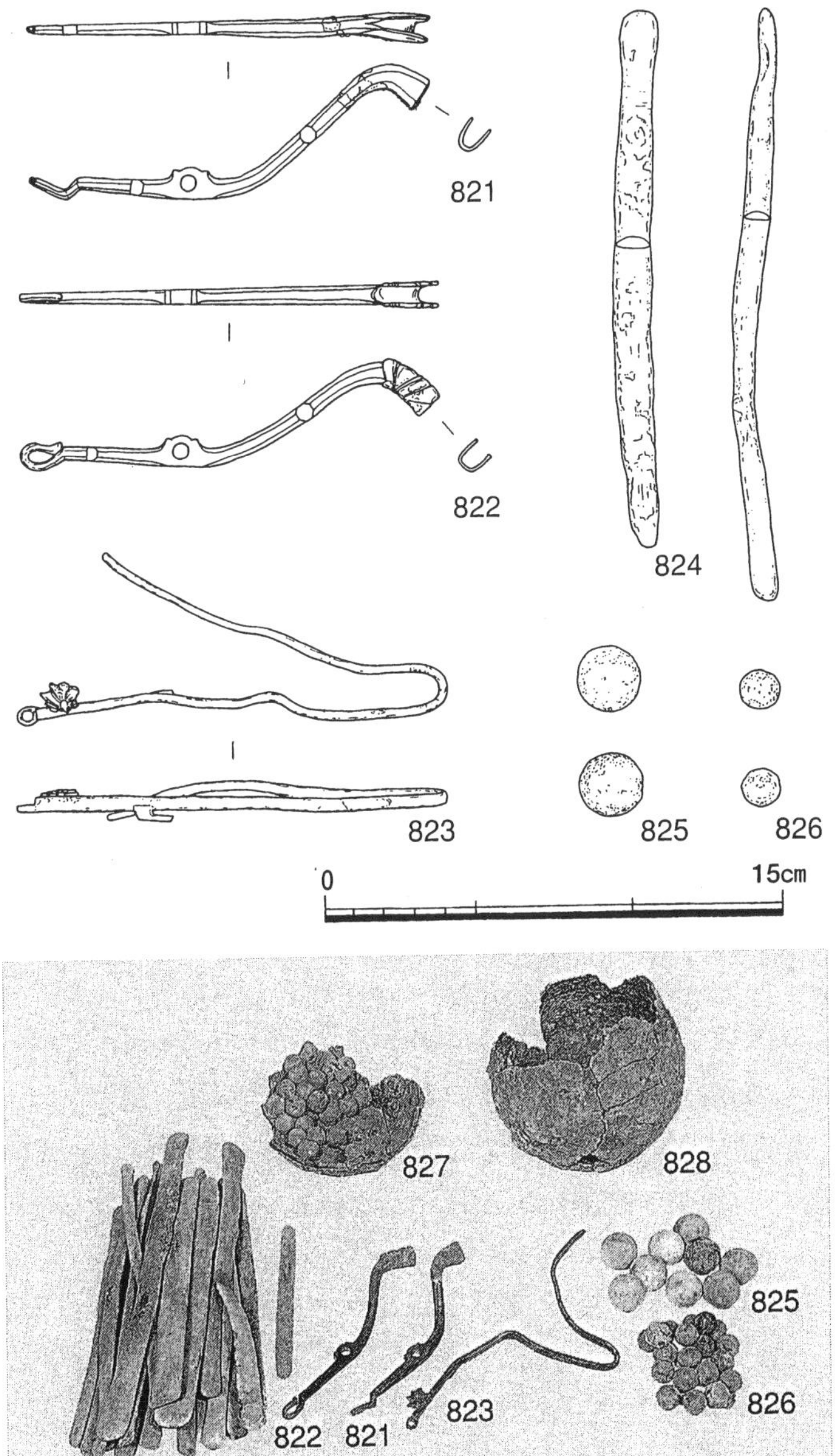

図７　一乗谷朝倉氏遺跡出土鉛インゴット・鉄砲玉関係資料
（註(19)　文献より転載　図中の番号は報告書番号）

なにゆえにこういった現象が生まれたのだろうか。この背後に、鉄砲や鉛・煙硝などの軍事物資の流通を規制している勢力の影をみることはできまいか。この当時、鉛は日本国内でも生産されてはいるが、多くは朝鮮、中国華南、タイなどの国外からの輸入に頼っている。武田氏や後北条氏のような領国内に鉛鉱山をあまり持たない大名は、その調達のために奔走したことであったろう。その結果、最も身近な存在であった「悪銭」や梵鐘にその素材を求めたのは当然であったといえよう。こうした鉄砲玉に関する研究は、既に平山優氏が、長篠の戦いにおいて武田氏が織田・徳川連合軍に大敗を喫した要因の一つとして詳しく論じている[20]。

後北条氏の城郭のうち、さきにあげた八王子城や山中城においては鉄玉も出土している。銅玉はともかくも、鉄から鉄砲玉を製造するのは容易ではなく、両城が等しく銅・鉛・鉄の鉄砲玉を保有していた点をみると、後北条氏は城内に、鉄砲玉製造を専らにする職人集団と工房を抱えていたことになろう。天正十六年に発給された上野国の権現山城の装備書立のなかにも、各種の鉄砲や鉄砲玉とともに「くろ金玉」[21]とみえるが、八王子城や山中城などから発見されている鉄玉のことであろう。

これらの鉄砲玉は、ここでは特に細かい計測は示していないが、それぞれの口径が微妙に異なっている。微妙な差異ではあるが、これは何故であろうか。一つには、鉄砲の銃口の口径の差異が考えられるが、銃口内の煙硝等の詰まりに対応していたとも考えられなくもない。

鉄砲玉に伴出することの多い鉛のインゴットの形状は主に二種類である。棹状と円錐形を呈したものである。円錐形インゴットは、平尾氏らの調査によってすでにタイのソントー鉱山産と判明している[22]（図8）が、それでは棹状インゴットについてはどうだろうか。棹状のインゴットは、広島県の若見迫遺跡出土のインゴットが朝鮮半島北部の鉛鉱山産と推定されているだけであるが、同種のインゴットは、形状から見て朝鮮製の可能性を考えなくてはならない。

10

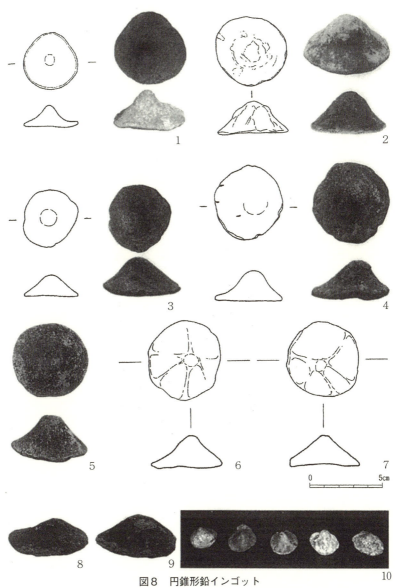

図８　円錐形鉛インゴット

１：大分県教育庁埋蔵文化財センター提供　２：高知県教育委員会提供
３・４：長崎市教育委員会提供　５：長崎県小値賀町教育委員会提供
８・９：静岡市教育委員会提供　10：フィリピン国立博物館提供
（註(16)の後藤晃一氏論文より転載）

しかし、いずれにせよ、鉛はどうやらインゴットで輸入され、日本国内において鉄砲玉などの原料として使われていったようである。

おわりに

天正十八年(一五九〇)の小田原後北条氏の滅亡後、豊臣政権が新たに進出した支配地において真っ先に手がけたのは、天守・高石垣・瓦建物を有する新城の建設であった。また、それらが完成するまでの間、旧城主の城郭を織豊城郭化し支配地の統治政策を遂行していったのであるが、その様子は甲斐国の場合、すでに述べてきたように、躑躅ヶ崎館と甲府城の関係性にみることができる。こういった状況は文献史料にはあらわれにくいものであるが、考古資料と重ね合わせてみることによって、顕著なかたちで浮かびあがってくるものである。

当時重要な武器の一つであった鉄砲の銃弾である鉄砲玉については、研究はほとんど進んでいないが、わずかに残された断片的な史料と、出土鉄砲玉の状況を重ね合わせてみると、その背後に、鉄砲玉製造用の原料の調達に奔走した戦国大名たちの苦悩の姿が浮かんでくるようである。

このように、文献史料と考古資料を重ね合わせてみるといままで見えなかった、あるいは見えにくかった事柄が鮮明に浮かびあがってくる。文献史学と考古学の学際的研究が今後ますます求められるゆえんであろう。

註

(1) 山下孝司「躑躅ヶ崎館における武田氏滅亡後の虎口」(山梨郷土研究会平成三〇年度第一回研究例会レジメ)。

（2）『史跡　武田氏館跡』Ⅻ（甲府市教育委員会、二〇〇四年）。
（3）中井均「織豊系城郭の特質―構造からの機能分類の試み―」（『駿府城をめぐる考古学』、静岡考古学会、一九九九年）。下高大輔「なぜ、織豊系城郭の支城、そして考えるのか―城郭遺構論の現状と課題―」（『織豊城郭』一二、二〇一二年）、ほか。
（4）『甲府城跡総合調査報告書』（山梨県教育委員会、一九六九年）。『県史跡　甲府城跡（上巻）』（山梨県、二〇〇五年）、ほか。
（5）中井均「第六章　まとめにかえて」（『一般国道一六一号線（高島バイパス）建設に伴う新旭町内遺跡発掘調査報告書Ⅱ―新庄城遺跡―』滋賀県教育委員会、一九九一年）。
（6）八巻孝夫「織豊系転封大名の本拠」（『中世城郭研究』六、一九九二年）。
（7）宮武正登「織豊系城郭の地方波及の実態」（『織豊系城郭とは何か―その成果と課題―』、二〇一七年）。
（8）『山梨県史』資料編四　中世二　県内文書（山梨県、一九九九年）。
（9）『戦国遺文　後北条氏編』第四巻（東京堂出版、一九九二年）。
（10）戸井晴夫「八王子城跡御主殿の発掘調査と出土遺物」（『織豊城郭』七、二〇〇〇年）。八王子市教育委員会『八王子城跡　御主殿跡』（二〇〇二年）。
（11）山中城跡発掘調査団『史跡　山中城跡』（三島市教育委員会、一九八六年）。山中城跡発掘調査団『史跡　山中城跡Ⅱ』（三島市教育委員会、一九九四年）。
（12）武田氏館跡及び周辺遺跡から発見されている。甲府市教育委員会の佐々木満氏のご教示による。
（13）『長峰砦跡』（山梨県教育委員会、二〇〇〇年）。

(14)小林芳春編『長篠・設楽原の戦い　鉄砲玉の謎を解く』(黎明書房、二〇一七年)、ほか。
(15)豊後府内に本拠を置いた大友氏の館と城下。なお、中世大友府内町遺跡の第二二次調査において発見されたインゴットは、鉛同位体比の分析結果によってタイのソントー鉱山産のものと判明している。
(16)このような円錐形インゴットについては、中世大友府内町遺跡のものを含め国内外で一四点確認されており、後藤晃一氏が「鉛の流通と宣教師」(別府大学文化財研究所企画シリーズ『大航海時代の日本と金属交易』、思文閣出版、二〇一四年)の中で詳しく紹介している。
(17)『中国横断自動車道尾道松江線建設事業に伴う埋蔵文化財発掘調査報告(三五)　若見迫遺跡　畑尻遺跡』(広島県教育事業団、二〇一四年)。
(18)北野隆亮「根来寺遺跡出土の半円柱形鉛インゴットと鉛製鉄砲玉」(『紀伊考古学研究』二〇、二〇一七年)。
(19)『特別史跡　一乗谷朝倉氏遺跡発掘調査報告』Ⅷ(福井県立一乗谷朝倉氏遺跡資料館、二〇〇〇年)。
(20)平山優『検証　長篠合戦』(吉川弘文館、二〇一四年)。
(21)註(9)に同じ。
(22)この点については、平尾良光「鉛玉が語る日本の戦国時代における東南アジア交易」(註(16)『大航海時代の日本と金属交易』)などに詳しい。

第一編　中世城郭を読む

家財目録等にみる中世城館の一様相
――甲州八田家家財目録から――

はじめに

中世城館の研究は近年、考古学調査事例の増加と相まって、ますます活発化しつつある。とくに、従来の居館像をめぐってその見直しを迫る研究もふえつつあり(1)、その成果は着実に重ねられている。考古学調査の成果からは、福井県一乗谷朝倉氏遺跡の例に見られるように、戦国都市の具体像がかなり浮き彫りになるなど、考古学が中世社会の諸相を解明するうえで大変有効な手段の一つであることは否定できないが、しかし、中世城館の調査事例がふえ研究が深化しながらも、個々の城館の日常生活を含めた全体像を掘り起こし、その内実に深く迫ろうとした研究は依然少ないといわざるを得ない。中世城館の具体像、たとえば城館内の建物群、城館の経営主体たる館主や被官・下人らの人間模様、什器・備品を含む身の回りの日常生活の様相、さらに武具や甲冑類の所持等々といった城館が本来的に包み込むさまざまな様相を具体的に明らかにした研究は今日に至っても大変乏しいと指摘せざるを得ないのである。それは、すでに消え去ってしまった資料群や、本来的に残りにくい資料群に対して、考古学研究方法のみでは積極的に対応しきれないという学問的限界性によるのであろう。

一方、文献史学からの中世城館の研究はどうだろうか。近年活発に進められている絵巻物などを利用した城館研究も少しずつ見られるようになったが、城館内の日常生活といったような史料に容易にあらわれにくい側面は、やはり大きく立ち遅れた状況になっている。日常生活の復原というような研究は、考古学研究とは異なり、文献史学では一層究明しにくい点であり、考古学研究以上に困難となっている。

本稿は、中世城館研究にとってもっとも基本的で、かつ重要な城館の内実に深く踏み込むために、山梨県の八田家家財目録をとりあげ、中世城館の様相の一端を明らかにしつつ、今後の中世城館研究の進むべき方向を模索したいと思う。

一　八田氏と八田氏屋敷について

本稿でとりあげる八田《はった》氏については、今日までにすぐれた研究がある。それらによれば八田氏は、戦国期に武田氏の蔵前衆の一員として活躍し、本拠は甲斐国八代郡大石和筋八田村においている。『甲斐国志』にも、「八田市之丞」「八田村新左衛門尉」の項がたてられ、末木土佐守正重・末木淡路守家重ら関係者の氏名や屋敷の規模などが詳細に記述されている。(2) 八田村新左衛門は、末木土佐守・末木新左衛門ともいうが、八田村に居を構えていたので、八田氏ともよばれていた。蔵前衆は武田氏の代官衆で、別称として蔵奉行、御蔵衆ともいわれ、『甲陽軍鑑』によれば、古屋道忠、同兵部、伊奈宗しん、諏訪春芳を頭に三五人ほど存在したという。(3) この蔵前衆に関する研究は村上直氏らの先行研究で、すでにその性格や実態がかなり明らかにされているが、平山優氏はこうした成果を受けて、「蔵前衆とは、武田氏の御料所を管理する「御代官」で、そこから年貢を収納して「御蔵」に納め、それをもとに各地の商人と接触したり、交易を分国はもちろん各国で行ない、軍事物資や日常品の調達を任務としていた」と述べている。(4)

八田氏に関わる史料上の初見は、末木土佐守に宛てたつぎに示す天文二十二年(一五五三)の武田氏印判状で、これ以後、永禄年間、元亀・天正年間に及んでその存在が確かめられている。

○(龍朱印)
東光寺塔頭定納拾七貫五百文之所、為質之、有借銭度々之由候、自来甲寅至于戊午歳、相限五カ年借与可申者也、
仍如件

天文廿二癸丑年
三月九日
末木土佐守

右の天文二十二年の史料によれば、末木土佐守が金融業を営んでいることがわかり、また永禄二年(一五五九)三月の「分国商買之諸役免許之分」ではじまる文書のなかで、「甲信之内一月馬五疋口」諸役免許されていることから、笹本正治氏は『甲陽軍鑑』の「諏訪の春芳、甲州の八田村、京の松木珪琳など、申す地下人・町人を召寄給ふ」という記述も引きながら、「八田家は遅くとも天正年中迄には大規模な商業活動、それも遠隔地間を結ぶ商人としての役割を荷なっていた」と性格づけている。(5)また、『石和町誌』のなかで詳細に八田氏を論述した磯貝正義氏は、次のように八田氏の性格を集約している。「新左衛門らは、商人といういわば被支配階級の立場と、武田氏直属家臣である経済官僚御蔵前衆といういわば支配階級の立場と、両面の性格を具えていた。新左衛門が、末木土佐守という姓と官途名を持ちながら、一方では居住の村名を冠して八田村新左衛門と呼ばれたことに、その両面的性格が端的に象徴せられているといえよう(6)」。

八田氏は天正十四年(一五八六)三月に徳川家康から「百石積船壱艘」も免許されている。こうした船を使用した商

八田家蔵古絵図にみる八田氏屋敷の概観

業活動を行っていることから、相当広域にわたり大規模な活動を展開していたようである。

　八田氏の屋敷跡は、山梨県笛吹市石和町字大郭に所在し、現在でも良好なかたちで往時の状況を伝えている。八田家に残された、江戸末ごろに作成されたと推定される古絵図によれば、方形を呈した大きな郭が東西に並び、それらに接するかたちで北側・中間・南側にもややこじんまりした郭がおかれているのが明瞭にわかる。これらの郭の区画割りは古絵図にもはっきりと認められているが、現在でも西側の八田政統氏の屋敷の北及び東側部分には土塁の痕跡が良好に残存している。この屋敷跡は入母屋造りの書院とともに一九六〇年代に県の文化財の指定を受けている。

　『甲斐国志』によれば、「八田市之丞　苗字帯刀ノ浪人居屋敷合三千四百坪指置ナリ」、「八田村新左衛門尉……田中藤左衛門吉政ノ証書ニ、大石和八田村之郷其方屋敷千五百坪、同市佐屋敷千九百坪、如前々御朱印御指置之事ニ候」と見え[7]、明確に特定はできないが、この古絵図に見える郭が八田市之丞と八田村新左衛門尉の屋敷地であったことを伝えている。

八田氏屋敷については、甲斐国を代表する中世領主層の城館跡として古くから知られ、多くの研究がなされてきた。なかでも上野晴朗氏は、末木氏が蔵前衆の一人として八田村に住し、その屋敷は代官役所としての役割を果たしていたことを早くから指摘しており、「敷地は戦国の一般給人達のこじんまりした土居にかこまれた館に比べて、数倍はある驚くほどの機能の面積を有していたのである。そして八田屋敷も当然ではあるが、石和の市部に直結していた」と記述し[8]、屋敷の規模の大きさや「市部」に隣接する理由を意義づけている。

右の上野氏の研究に代表されるように、八田氏屋敷は考古学や文献史学からの豊かな研究とも相まって古くから蔵前衆の屋敷跡として位置づけられ論じられてきたが、城館研究では古絵図に見られるような複数の郭群のうち、西側の県史跡「八田家御朱印屋敷」のみがとりあげられてきたきらいがあり、八田氏の屋敷の全貌にまで目が向けられることは少なかった。

八田氏屋敷が意外に複雑で、いくつかの郭群によって構成されていることが指摘されるようになったのは近年のことで、古絵図との照合が一つの契機であった[9]。それによれば、現在県史跡の「八田家御朱印屋敷」は八田市之丞の屋敷地であり、ここがもっとも良好な保存状況を示す。形状は台形を呈し、北側と東側の一部に土塁と堀跡を残している。東西約一二〇m、南北の最長部は約一五〇mの規模を有する。この郭の東側に接する一画に浄土真宗願念寺がある。この寺は八田氏によって創建されたと推定され、開山は願念である。この僧は八田氏にきわめて近い存在であって、天正十五年（一五八七）の文書に筆頭者として名をつらねている[10]。平山優氏はこの寺の開創に関して、「永々日記」から「慶長六年（一六〇一）に八田家の書院を建てた際に、その残木で『阿弥陀堂』を建立して、願念を開山とし、それを『願念堂』と称したという。このように願念寺は末木氏（八田）の援助で立てられた寺である」と述べ[11]、八田氏との強い結びつきを指摘している。以上の創建の経緯と八田氏屋敷のほぼ中核的位置に存在することなどを考慮すれば、願念寺は八田氏の持仏堂としての役割を持っていたのではないかとも考えられる。

信藤祐仁氏は、この願念寺のさらに東側に接する郭を八田村新左衛門尉の屋敷跡と推定している。しかし、この東南部方向にはさらに大きな郭が存在しており、それらの相互の関係は不明確である。八田村新左衛門尉の郭がどこに位置するのかは、今後なお検討を要する点であるが、いずれにせよ八田氏の同族によって複数の郭群が維持され、相互に強い結びつきを見せながら、総体として八田氏屋敷を構成していたことが理解できる。それはとくに、古絵図のなかにうかがえるように、中央南に位置し、左右の二つの大きな郭にくい込むようなかたちで存在する郭に注目してみると、両方の郭に深く関係し、両者の虎口郭的な入口部を構成しているように感じられる。このように仔細に検討してみると、八田氏屋敷の各郭群は相互に強く依存しあいながら成立している様子が読みとれるのである。

天正十一年(一五八三)四月二十六日、八田村市之丞宛てに徳川家康から次の朱印状が発給されている。

抱来田畠屋敷、如先規定年貢諸役、地頭江令弁済可相抱、并被官以下棟別十三間諸役等免許事

右如前々不可有相違者也、仍如件

天正十一年未

四月廿六日

御朱印

八田村市丞とのへ

これによれば、八田村市之丞には田畠、屋敷のほか、「被官」並びに「棟別十三間」の諸役等が免許されている。章を改めて述べることにするが、天正十一年段階では少なくとも一三棟の建物群が存在したことが明らかであり、市之丞は「被官」とともに屋敷内に生活していたことになる。一方、八田村新左衛門尉を見ると、市之丞よりやや遅れ

て同年九月二十一日に「棟別拾間」を免許されていることがわかり、同様に少なくとも一〇棟の建物群の存在を認めることができる。

二　八田村新左衛門尉の家財目録と人別・牛馬目録

この八田家には現在、中世城館の内実を探るうえで大変興味深い史料が残されている。八田村新左衛門尉の死後、その遺産処分に関わって慶長十一年（一六〇六）に作成されたものと推定されるもので、「八田村新左右衛門家材改」「八田村新左衛門家材之日記」「八田村新左右衛門息女之家材」「牛馬男女之日記」「八田村新左衛門尉文庫之内改之日記」という五冊の記録類である。前四冊は、末尾に六月二十六日の日付けとともに須田右近衛門・末木市之丞・同九郎右衛門尉とあり、他の一冊は、九月十七日に徳川四奉行によって書きあげられたことがわかる。家財目録の内容は詳細をきわめており、作成時期は慶長年間といえども、戦国期の在地領主層の日常生活を含めた諸様相を端的に反映していると考えてよい。

この家財目録をめぐる研究には、すでに秋山敬氏らのすぐれたものがあるが[12]、作成の経緯について平山優氏はつぎのように述べている。「彼（新左衛門尉）には男子がなく、女子がいるだけであったので、川中島の地侍須田氏から養子を迎えていたが子がなかったためか、跡職と家財のほとんどを甥に譲ることにしたらしい。慶長十一年に新左衛門尉は死去し、その意志の通り跡職と家財は八田村市丞（政俊）に譲られた[13]」。こうした経過から「家材目録」が作成されたと指摘されているのであるが、それではなにゆえに、このような克明な記録が書き残されねばならなかったのか。それは、天正年中の武田氏支配当時に起きた末木氏（八田氏）の跡敷をめぐる相論にまでさかのぼるものと思われる。

八田家では、末木淡路守家重の死去した天正十五年(一五八七)以後、家重の「いんきょ免」の相続をめぐって激しい争いを起こしており、こうした過去の出来事などが念頭にあって、新左衛門尉の遺産相続にあたっては財産の内容を克明に把握する必要性を感じとったためではないかと思われるのである。

さて、この八田家に残された「家材目録」等から、当時の在地領主層の生活実態を順を追ってながめてみたい。すでに秋山敬氏や関口欣也氏・手塚寿男氏らの詳しい研究があるが、(14)大変重要な史料であるために、煩をいとわず再度とりあげながら検討を進めることにしたい。

1　八田氏屋敷内の建物群

八田村新左衛門尉の「家材目録」にみえる建物群は、「西之座敷」「さかへや(酒部屋)」「みそくら(味噌蔵)」「西の蔵」「おかたや(御方屋)」「ふんこ(文庫)」の六棟で、このほかには記録から抹消された部分に御長蔵が確かめられる。新左衛門尉の主屋や被官らの建物名が書き加えられていないが、これらも当然存在していたであろう。「家材目録」をみると、所有する建物名が記されていない膨大な什器・備品・衣類などの日常品の一群がある。たとえば「八田村新左右衛門家材改」のなかの冒頭に見える「はさミ箱」や、「かわこ」「からふと」などに保管されているさまざまな消耗品や備品類、「八田村新左衛門家材之日記」の大半の品々などで、これらは新左衛門尉の主屋に保有されていたために、ここで改めて建物名を記す必要もなく列挙したのではあるまいか。主屋以外の建物についてだけ建物の名称をとくに記載したと見てよいだろう。そうしたことを前提に改めてながめてみると、この主屋には各種衣服・布類等の身の回り品、陶磁器などの飲食器類、包丁・まなはし等の台所用品、「おしろい」「下かうかい」「けぬき」「くし」「鏡」などの化粧用品を含む身近な日常品や、畳が六畳のほか、金子・銀子などが認められるなど、きわめて豊富であり、これらを保有していた建物を主屋とすることになんら抵抗感はない。

これらの建物群は、建物名が示すようにそれぞれ用途別に使い分けがはっきりしており、内部の調度品や収納品には、ある程度の区分けがされている。

「西之座敷」の内部には、次の品々が並び、また財産として以下の建具類が数えあげられた。

一　碁盤　　壱面　　石共ニ
一　屏風　　弐相　　但鷺絵鶏絵
一　三つ具足　　一カサリ
　　但らうそくたてなし
一　弥陀名号　　弐幅
一　本尊　　壱ふく
一　三船宅　　壱ふく
一　前机　　壱面
一　香盆　　壱つ
一　釣燈台　　壱つ
一　ふすましやうし　　四本
一　腰しやうし　　四本
一　杉しやうし　　弐本
一　たゝミ上下　　弐十弐帖

一　間中戸　　　　　　　　　　五本
一　壱間戸　　　　　　　　　　弐本

関口欣也氏によれば、この「西之座敷」は、独立した別棟書院といわれ、「一般に最上層民家の別棟書院は武家接待のための建築である。……『永々日記』に主屋よりも多く畳替や屋根修理が見えるのも、この書院の維持管理が当家にとって大変重要なことであった」とされている。(15)また関口氏は、「永々日記」から、天明五年（一七八五）には甲府勤番支配以下客人八五人を迎えるなど、この書院は明らかに上級武家のための建築であったとみている。

この建物には、主屋の畳六畳に対して、畳が二二畳も敷きつめられ、障子は襖障子四本、腰障子四本、杉障子二本などが立てられている。また弥陀名号や本尊を描いた掛軸、釣燈台や香盆も用意され、また花瓶や香炉などの三具足などで座敷飾りされている。そのほか部屋の内部には、屏風や碁盤なども用意されており、接客のための空間として十二分な配慮がなされていることがわかる。また、駕籠と思われる乗り物も一丁あり、八田家の家格の高さを物語る。

一方、酒部屋を見ると、大きな桶二三、半切二三のほか、樽など酒の貯蔵などに使用する道具が多く、味噌蔵には味噌桶二のほか、ぬか味噌・塩・酢などの調味料が納まっている。

西の蔵には、二斗入の麦俵が七五俵のほか、餅籾が五俵など食糧がぎっしりつまれている。そのほか、兜などの武具類、なべ・かま・たらい・石臼・立臼なども見られる。少ないが農具として馬鍬二丁もある。大変めずらしく風呂釜もあり、やはり相当の財力がうかがわれる。この蔵には下女の所有物も入っており、中身を見ると皮籠や唐櫃には衣服・布類がつまっている。

「八田家家材目録」のなかに書きあげられた建物は、右のようにそれぞれ用途別に使用されており、多くの品々が収納されていた。また「西之座敷」のような書院は、ハレの場としての趣があり、まさに八田家の格式を内外に示す空間であった。

息女の建物である「おかたや」の什器・備品類には、すでに関口氏も指摘しているように、歌留多の羽織など「桃山時代の斬新なデザイン」[16]の衣服をはじめ布類が多く、女子らしく化粧道具が多いのも目立つ。鏡・鏡台をもち、おしろい・紅・鉄漿などの化粧品がある。油壺は、髪を整えるために付ける油を入れる容器で、女子の身嗜み関係の品々は意外に早くから普及していたと見なければならない。真鍮製の印籠や壺も見える。またここには、下女の所有物も記載されている。八田家の家財目録には他に「西の蔵」にも下女の所有物が保管されていたようで、同様の記載が見られ、下女が主人や息女らの身近で生活していたことが想定できる。

2　八田氏屋敷の被官・下人たち

天正十一年(一五八三)の印判状に「棟別拾間」とともに見られる「被官等」について、その実態はいかなるものなのだろうか。中世城館がその役割や機能を果たしていくうえで欠かせないものは、被官や下人の存在であり、城館の内部に多くの被官らをかかえ込んでいたことは容易に想定のつくことであるが、それらの実態を考古学的に把握することは至難のことで、今までの研究ではほとんど手つかずの状態であった。八田家の人別・牛馬目録の「牛馬男女之日記」は年代はやや下がるものの、そうした実態をつぶさに明らかにするもので、大変貴重な史料である。

以下、全文を紹介しよう。

壱人　年六十　やよう
壱人　年五十二　すわう
壱人　年六十四　まろうと

壱人　年六十五　はつ
壱人年　四十六　ちょぼ
壱人　年卅一　おんな

壱人　年卅八　けさ
壱人　とし十二　せん
壱人　年七十　はゝあ
めくら
壱人　年廿八　よめしゆ
壱人　年五十　はる
壱人　年卅六　ひめ
壱人　年五十九　うし
但おふし　みゝきかず
壱人　年卅三　こつま
壱人　年卅　あき
壱人　年廿七　いぬ
うせ申候
壱人　年五十　やゝあ
壱人　年卅八　ちん
壱人　年廿六　ふく
壱人　年十六　せん
壱人　年十一　ちほ

以上
壱人　年卅五　小兵衛
壱人　年廿　久三
壱人　六十　与惣右衛門
めくら
壱人　四十五　与左衛門
壱人　年十八　三八
壱人　十九　吉蔵
壱人　卅三　彦兵衛
壱人　四十　又七
壱人　卅五　久右衛門
壱人　惣助
江戸ニ参候
壱人　甚七
江戸ニ居候也
壱人　廿三　勘二
壱人　十五　きくち
壱人　八ッ　又六

壱人　六ッ　ほうづ
壱人　　　　藤三
以上
府中ニ居
壱人　四十　彦三
以上
新左むこ
壱人　廿二　平五
壱人　十九　女房
壱人　卅五　茂右衛門
以上十九人むこ殿共ニ
以上女廿一人

わらんへ共ニ
馬牛之覚
壱疋　年十才　くろあしけ
めくら
壱疋　年七才　黒駒かけ
壱疋　年八十才　えりんし
めくら　かけ
壱疋　八ッ馬　あしけ
めわろく候
壱疋　年七才　つきけ
壱疋　廿斗　うし

右にかかげた内容を見ると、新左衛門尉の聟の平五とその妻である息女まで含め、男一九人、女二二人の計四一人がいたことになる。そのうち、「いぬ」という女子が失踪し、男子の「惣助」は江戸に出張している。「甚七」の場合は「江戸ニ居候」と見えることから、常時江戸に滞在していた可能性がある。府中である甲府にいるのは「藤三」で、こうした遠隔地の重要な都市に出掛けているのは、新左衛門尉が商人としての役割を担っていることと無縁ではない。また、遠方の都市に派遣しておくことによって、さまざまな知識や情報を得ることも目的の一つであったろう。全体的には女子は年齢層が高く、男子は働き盛りが多い。女子は家内労働が主体のゆえに、年齢に関わりなく従事が可能だったのだろうか。六歳や八歳の子供がいるのは、他の家族の存在も示唆していよう。

この記録には、被官・下人らと牛馬が同一に列挙されている。被官らは建物群と同様に免許される対象であり、八田家でも天正年間に「田畑屋敷」「名跡」などとともに「跡職」として譲与され、相続の対象であった(17)。これらの被官・下人らが、新左衛門尉と同じ屋敷内にすべて居住していたのかは定かでない。しかし、屋敷内の規模や建物等の数からすれば相当数が日常屋敷内で生活をしていたと考えてよかろう。

三　八田村新左衛門尉等の家財

新左衛門尉及び息女の所有する家財は、目録で見るかぎり膨大な量があり、しかもきわめて多岐に及んでいる。大別すれば、衣服・布類、飲食器(酒器を含む)、炊事具等の台所用具、収納家具類、武具類、農工具類、灯火具、文房具類、寝具、化粧道具、茶の湯の道具、香関係、神仏具、乗物、風呂釜、食糧・調味料などで、これらをながめていくと大変豊かな日常生活を彷彿とさせるのである。

ここに、それらのすべてを記載して分析する余裕はないが、興味深い内容をとりあげ、城館内における生活復原の一端にしよう。

衣服・布類は、主屋を中心にきわめて多量に保有されており、しかも前述したように質の高いものがある。かたびら・袷・羽織・肩衣・袴・小袖にかぎらず、さまざまな種類がある。材料も、麻・木綿・よもぎ・絹と豊富である。古着や布きれなども多いので、消費材でありながらも大切にとりあつかっていたことがわかる。紡織機や糸なども多いので自家でも当然織っていたものと思われる。

この膨大な量の衣服・布類を見ると、今日考古学調査によって城館内から出土する布類等との量的落差がきわめて大きいのに唖然とせざるを得ない。流行の波の激しさもあって、消え去ったまま今日に伝わらない資料の典型的なものの一つであろう。

飲食器もまた、数の多い什器である。とくに目立つのは折敷で、数えてみるとなんと一五〇以上もある。一〇枚一組で保管されており、家族、被官・下人らの日常の使用もあろうが、来客の多さを物語るのではあるまいか。碗・皿のなかで目立つのは、中国産などの国外産の飲食器である。他の消費材に比べてそう多いとはいいがたいが、ざっと見ても、染付皿などの染付類が一一〇以上、白磁の皿二〇、青磁の皿九、青磁の鉢一があり、瀬戸・備前などの国内産を上回る。

他にも、食生活に必要な各種の道具類は多岐にわたっており、材質も木・竹製のほか漆器や錫などの金属製品もみられる。食物などを入れるための容器である食籠は一四、菜籠は一〇個一組となり計三〇、盆はなんと六一、重箱四、湯などを運ぶ湯桶は五、青杓子三、飯つぎ二、鉉や注口がつき湯や酒を入れる提が五、弁当箱の一種で食物を納める曲物の行器二など、さまざまな種類の容器類を保有しており、これらの調度品の数々は贅沢な食生活を浮き彫りにしている。

このような漆器類は、椀などは別として、城館内の考古学調査の成果ではまだまだ検出量も少なく、その多様さは予測しがたい状況にあったが、八田家の例に見るように、その保有量と多様さは大いに学ぶべきものとなろう。

炊事具などの台所用具は、主屋に包丁箱があって包丁三、まなはし三、はかり一を持つほか、息女の家にも包丁一がある。鍋は西の蔵に大小三、釜も大小五個あり、台所用具も一通りそろっている。

収納家具も多い。当時の建物には押入れがないために、唐櫃・皮籠・挟箱・葛籠などがもっぱら利用されているが、八田家にも多数見られ、衣服・布類などがぎっしりとつまっている。ざっと数えてみても、唐櫃が五、皮籠は一二、錫の皮籠は一、挟箱四、葛籠四、手箱三、錫箱一と多様で、しかも少ないながら下女も皮籠・唐櫃などを保有している。これらのなかには貨幣の金子・銀子なども収納されており、住生活を営むうえで切りはなせない家具であった。

寝具はきわめて少ない。主屋に蚊帳布六端、息女の御方屋に一つ、枕は全部で四つのほか、織物夜着がわずかに見える程度である。木綿入りの寝具が広く普及するのは江戸中期頃といわれ、中世の農家などの寝室に関連して伊藤鄭爾氏も、密閉された空間が寝間となり、ふとん等の就寝具をもたなかったと指摘しているが[18]、ここでも寝具類の未普及の状態がよく示されている。灯火具も極端に少なく、蠟燭が一本と、西の座敷の釣燈台などしか見られないが、一〇枚一組の単位でまとめられている土素皿が一〇〇枚ほどあるので、これらも利用されていたのであろう。しかし全体的には灯火具はかなり乏しいことがわかる。

農具の所有もまた少なく、鋤二、馬鍬九、鍬一などにすぎない。黒田日出男氏は領主層による農具の所有に関して、次のように興味深く述べている。「領主層にとって、農具はほとんど一顧だにするに値しない具足・道具にすぎなかったと見られるのである。……中世においては、農民諸階層は、それぞれの経営レベルに照応する犂・馬鍬・鋤・鍬・斧・鎌などの所有者であり、それに対して在地領主層は、ほとんど農具所有に関心を示さなかったと考えられる[19]」。八田村新左衛門尉の家財道具のなかでも、他の道具が非常に多いなかで、確かに農具が少なく顕著な特徴となっており、すでに秋山敬氏も、「鍬・鋤などの農具は使用される下人等が所有して[20]」いるのではないかと推測している。穀物の製粉等に必要な臼類は、立臼三、摺臼三、石臼二と、そろっている。工具類には、まさきり・なた・のこぎり・錐などがある。

武具はかなり多く、槍一〇本、刀は長刀も含み六本、甲二、具足二、手蓋二、はいかい二、面ぼう三など一揃いの甲冑二式、鉄砲四丁に鉄砲の薬筒二つと焔硝五〇〇目のほか、小旗筒一本がある。このような多量な武器類の所有は八田村新左衛門尉の在郷武士としての側面をよくあらわしているが、古具足のように「古」がついたものも多く、江戸初期頃にはあまり使用されなくなったことを示しているのではあるまいか。乗馬用の馬具類として乗鞍・鐙・四方手なども多く見られ、牛馬目録に載る馬五頭は騎馬用としても飼育されていたことがわかる。

化粧道具類も驚くほど多様で、鏡七面、そのうち柄付の鏡が一面、鏡を納める箱、さらに息女の家には鏡台もある。おしろい七箱、紅二〇〇目のほか、鉄漿付皿も三個見える。髪油を入れる油壺も四個が化粧用品と一緒に見え、このころすでに髪につける油も普及していた。櫛・櫛払い・こうがい・鋏・毛抜きなどもある。沈香など香料も多く、香炉・香盆・香箸・匂い袋もかなり保有している。

茶の湯の道具もそろっており、茶釜二、茶壺二、茶臼三、茶盆一のほか、天目が三一、屋外用にこれらを入れる茶弁当も二つある。

食糧・調味料は、西の蔵に二斗入で麦七五俵、小麦一斗三升入で六かます、餅籾五俵のほか、調味料として味噌蔵に味噌・ぬか味噌・塩・酢・ごまのほか砂糖が少々ある。醤油はまだ見られない。酒部屋にはすでに述べたように、たくさんの桶・樽が見られるので、酒の貯蔵が多かったことは想像にかたくない。

四　八田家家財目録にみる中世城館の一様相

概略を紹介してきたように、八田村新左衛門尉の家財は膨大な量に及び、しかも種類もきわめて多岐にわたっている。とくに衣服・布類や飲食器などの什器類は想像を絶するもので、大変豊かな消費生活を営んできたことを如実に示している。その背景には、こうした豊かな消費生活をささえる流通体制の充実を読みとらねばならないのであるが、しかし、時代の推移のなかで、捨て去られていったもの、消え去っていったもののなんと多いことか。衣服・衣類と飲食器などの身近な消費材は、流行の波があって変化が激しく、新しいものに押しやられ消え去る傾向も強く、しかも材質的にも残りにくい性質のものである。中世城館に対する考古学調査の従来の成果からは、こうした多量な消費材の存在は読みとりにくく、容易に確認でき得ない状況であったが、八田家の家財が示すように、中世城館は豊かでさまざまな消費材をかかえる存在であったことが判明した。

これに反して、不必要となり捨て去られたとしても、容易に消え去りにくいもの、たとえば陶磁器類などは中世城館の考古学調査における成果と一致する部分がかなり多く、いきおいこうした面だけが強調されることになり、中世城館の実像をことさらにわかりにくいものとしている。消滅し現在に伝わらないものに対する研究をいかに進めていくべきか、考古学のみでなく、歴史学全体の今日的な大きな課題であろう。

冒頭、八田氏は蔵前衆という代官衆の職にあったことを述べてきた。こうした性格を有していることから見れば、商業・流通機構の中心的立場を担った関係上、さまざまな家財を取得し保有することはそれほどむずかしいものではなかったにちがいない。そうした点を割り引いて考えていく必要があるが、それにしても我々の想像をはるかに超える品々の所持であったことに大きな変わりはない。

八田家の家財目録のなかに具体的に見える建物名は、酒部屋を含め六棟であった。これに、建物名がとくに記されていない家財が二か所に分けて見られるが、この記載方法から、新左衛門尉の主屋、ないし主屋に準ずる建物が二棟であった可能性が高い。前述したとおり、家財を記載するにあたって主屋は当然のこととして、とくに建物名を記載しなかったのであろう。新左衛門尉は天正十一年(一五八三)に計一〇棟免許されていることからすれば、残り二棟は被官・下人に関わる建物や家財の所蔵されていない蔵、馬屋等が想定できる。

ところで、八田氏が蔵前衆としての役割や任務を遂行していくために必要な空間部分はどのようなものであったのだろうか。蔵前衆としての役割は、武田氏の代官衆としてのいわゆる「公」の部分であり、この新左衛門尉個人にかかわる家財目録には当然、記載されるべき性格のものではないはずで、八田氏屋敷が複数の郭をかかえて広大な屋敷地を保有していることと無関係とも思われない。ここで八田氏屋敷の個々の郭の機能や性格を詳しく論じていくには、あまりにも資料不足の感がいなめないが、いずれ奥深く立ち入った分析が必要となろう。

前述してきたように、各建物群には、その名が示すとおりに新左衛門尉の家財がその機能に応じてそれぞれ収蔵されている。主屋には衣服・布類などの日常生活用品が圧倒的に多く、酒部屋・味噌蔵・西の蔵もその用途に応じて収納している。文庫は飲食器など什器・備品類が多い。

すでに指摘してきたが、「西之座敷」は豪華である。建物全体の装いは他の建物よりはるかに抜きんでており、畳だけとっても二二畳もあり、主屋の六畳よりはるかに多い。ここがまさに、八田家の対外的に示す顔であった。武具類も多い。鉄砲も四丁所持しており、八田氏の在地武士としての側面を如実に示している。八田氏屋敷が中世城館としての機能と役割をここにいかんなく発揮しているのである。

八田家の家財目録に見るような、財産目録などをとおして中世社会のあり方を探る研究は、近年しだいにふえつつある。とくに、一乗谷朝倉氏遺跡の調査成果と結びつけて論じた佐藤圭氏の一連の研究は大いに学ぶべきものがある(21)。また、中世の領主や民衆生活に焦点をあてた網野善彦氏の論考も大いに示唆的で(22)、考古学調査一辺倒の研究では容易に掘り起こせない側面をみごとに浮かび上がらせている。佐藤氏が強調する、たとえば折敷の量の多さなどは、八田家でも端的にうかがえることで、中世城館の持つ接客などのいわゆる対外的諸活動の多さを裏づけるものであろう。

同じようなことは、国外産の椀・皿の所有状況でもいえることである。一方では、茶の湯の道具や香関係の道具類などの豊かさは、当然に中世城館の格式を示すものとなる。八田家では、質量ともに充実した様相を示している。また、朝倉氏遺跡では、真鍮製の杓子残片が検出されているが、八田家では真鍮製のものとして印籠二個のほか壺・鉢も所持しており、かなり先進的な文化摂取があったことを示している。

きわめて日常的な衣服類は、紡織具や麻・木綿などの材料の豊富さから、すでに網野氏が指摘しているように[23]自給であった可能性が高い。衣服・布類の多量さは、それを物語るのであろう。

すでに述べてきたことであるが、家財の全体的状況からみれば、所有する農具はやはり極端に少ないことを改めて認識せねばならない。八田村新左衛門尉が蔵前衆として商人的性格を強めていたこととも深く関係するのであろうが、中世城館の特質の一つかどうか、今後検討すべき重要な課題である。

おわりに

甲斐国内の典型的な中世城館の一つとして古くから注目されてきた八田氏屋敷について、家財目録からその内実を垣間見てきたが、その様相は大変豊かで、豪華とも思える日常の生活を営んでいたことが判明した。城館内には、さまざまな建物群、多くの被官・下人及び牛馬等、多様な什器・家具等がおかれ、在地に根をおろしている領主層が予想をはるかに超えた奢侈な暮らしを行っていたのである。

ごくあたりまえのことであるが、つい忘れがちな点が、中世城館は在地支配を行うための完結したきわめて社会的な存在であり、また存在事由は各々の城館によって異なり、それが城館の規模や形態、所有する建物群、被官・下人、家財等の保有などに直接的に反映しているということである。中世城館に対する考古学や文献史学からの今日までのアプローチでは、こうした城館が本来的に内包しているはずの多くの事象を総合的に把握し、そのうえで城館の性格を解明していくという方途が欠落してきたが、それはこうした多くの事象の大部分が失われているために、城館の全体像が見えにくいからにほかならない。八田家の家財目録のような克明な記録類はこうした状況を克服し、城館の内実をかなりのところまで明らかにすることができ、城館研究にとってきわめて有効な史料であることはいうまでもない。

八田家の家財目録が作成されたのは、江戸初期の慶長十一年（一六〇六）であった。戦国大名武田氏が滅亡してすでに二十余年、徳川家康による江戸開府直後のことで、八田家の家財目録には戦国期の様相を色濃く引きずりながらも、新たな近世の波がひしひしとおしよせつつあることも確かであろう。そのような状況を個別具体的には示しがたいが、流行などによって変化のもっとも激しい衣服などがその波を真っ先にかぶることになろう。また、八田家が近世化の波をもろにうけているのは、武具類である。八田家が所有する武具・甲冑類の多くは「古の具足」というように、「古」の文字が多く、刀なども鞘がないものが目立っている。財産目録の作成時には、すでに忘れ去られた存在になっている証拠であろう。中世から近世のはざまで、八田家がどのような道を求めていったのか、家財の所有のあり方のなかにも、その一端が見え隠れしているのである。

註

（1）　橋口定志「中世方形館を巡る諸問題」（『歴史評論』四五四、一九八八年）ほか。

（2）　松平定能編『甲斐国志』巻之百五、士庶部第四。

(3)『甲陽軍鑑』品第十七。
(4)平山優「戦国末期甲斐国における在地秩序について」(『武田氏研究』六、一九九〇年)。
(5)笹本正治「武田氏の商人支配」(『日本歴史』三七六、一九七九年。のちに、戦国大名論集一〇『武田氏の研究』、吉川弘文館、一九八四年に所収)。
(6)磯貝正義「第2章　中世　第3節　戦国時代の甲斐と石和」(『石和町誌』第1巻　自然編・歴史編、一九八七年)。
(7)註(2)に同じ。
(8)上野晴朗『甲斐武田氏』(新人物往来社、一九七二年)。
(9)信藤祐仁「八田氏御朱印屋敷」(『定本山梨県の城』、郷土出版社、一九九一年)。
(10)「八田政統家文書」。
(11)註(4)に同じ。
(12)秋山敬「第2章　中世　第4節　中世の社会と文化」(『石和町誌』第1巻　自然編・歴史編、一九八七年)ほか。
(13)註(4)に同じ。
(14)関口欣也他『山梨県の民家』(山梨県教育委員会、一九八二年)。
(15)同右。
(16)同右。
(17)註(4)に同じ。
(18)伊藤鄭爾『中世住居史　封建住居の成立』(東京大学出版会、一九八三年)。
(19)黒田日出男「中世農業技術の様相」(『講座・日本技術の社会史』第一巻「農業・農産加工」、日本評論社、一九八三年)。

(20) 註(12)に同じ。

(21) 佐藤圭「瀧谷寺校割帳と一乗谷出土遺物―中世の家財道具について―」(『北陸における社会構造の史的研究』、福井大学、一九八九年)ほか。

(22) 網野善彦「中世民衆生活の一側面」(『歴史地理教育』三八三、一九八五年。のちに、『日本歴史民俗論集』2「生産技術と物質文化」、吉川弘文館、一九九三年に所収)、同「北国の社会と日本海」(『海と列島文化』第一巻「日本海と北国文化」、小学館、一九九〇年)ほか。

(23) 網野善彦「中世民衆生活の様相」(『中世再考』、日本エディタースクール出版部、一九八六年)。

[補遺]　八田家の家財目録中には、大変興味深いものが多数記述されている。その一つは、黄銅である。この目録の中に見える黄銅、すなわち真鍮製品は「おかたやの道具」の中に「しんちうのくち素つほ」や「しんちうのゐんらふ」という製品があり、その他、主屋にも一点、真鍮製品の鉢がみられる。

八田家のこの目録は、江戸時代のごく初期に作成されたものであるため、その多くは十六世紀後半の戦国後期には所有されていたものと考えられているが、その頃には既に八田家では真鍮製の製品をいくつも所有していたのである。真鍮、すなわち黄銅の製品は近年、九州の豊後府内や博多において亜鉛の付着した坩堝などが発見されて、十六世紀後半にはわが国で製作されていたことが判明しているが、これが列島上にどの程度普及していたのかが今後の課題となっている。

むろん、八田家が所有していた真鍮製の品々が、国産品か、外国からの輸入製品なのかは今後の検討課題ではあるが、目録中では特別扱いをしている様子もないようで、真鍮製品はかなり普遍的に、かつ戦国期の在地領主的存在である八田氏クラスでも持ち得たほどに普及していたことがわかる。

真鍮製品が、わが国で、戦国期後半には既に製作されていた点も興味深いが、東国の在地にまで広く汎日本的に普及していたことも大変おもしろく、八田家の家財目録が示唆する点はじつに多い。

もう一つ、妙に気にかかるものが「梅干」である。この頃梅干は、日常庶民の口に入るものではなかったことが知られており、特に武士階級などが戦にも携行するなど、それなりに特別の存在だったようである。八田家の目録中でも、武具等に続いて梅干が記載されるなど、かなり丁重な扱いもされており、大変意味のある食物であったことがわかる。

このように、八田家家財目録はじつに興味深い事柄を教えてくれる存在であり、今後個々の品々についてもより研究を深める必要があろう。

財産目録からみた陶磁器の所有
——甲州八田家家財目録を中心に——

はじめに

貿易陶磁を含めた陶磁器研究は、近年の中近世考古学研究の活発な動きに連動して著しい進展を見せている。陶磁器を歴史研究の資料として活用しようとする気運も高まり、そうした研究成果も着実に重ねられている。

歴史資料として従来はあまり重視されていなかったいわゆる財産目録をとりあげた研究も、網野善彦氏や佐藤圭氏らのすぐれた論考[(1)]を見るまでもなく、近年のとくに中世の社会史研究の発展にあわせてしだいに注目されはじめ、中世民衆史など、さまざまな分野に少なからぬ影響をあたえはじめている。この財産目録のなかには当然、各種飲食器などの生活必需品としての陶磁器類も含まれており、こうした所有状況を見るかぎり陶磁器類が日常生活のすみずみまで浸透していたことがわかる。そこで小稿では、こうした財産目録のなかに見えるさまざまな家財のなかの一つである陶磁器の所有状況を追いながら、とくに中世社会のなかで陶磁器が占める役割はどうであったのか、また陶磁器の所有状況からいったいどのような世界が見えてくるのか検討してみようと思う。

私はかつて、甲州八代郡に割拠した在地領主の一人であった八田家が有する財産目録等を通して、中世の在地領主層がどのような家財を有していたかを分析しながら、そこから中世城館の実像を把握しようと試みたことがあった[(2)]。

その結果、中世の在地領主層の予想以上の豊かな生活諸相が浮かびあがってきた一方、こんにちに遺存している歴史資料、考古学資料の希薄さとのあまりに大きな落差に唖然としたことがある。このような差異はいったい何によって生じるのか、考古資料、文献史料の残存状況と資料的限界性の大きさにいささかのとまどいを見せたものであった。

ところで、家財などを記録に載せる財産目録は、書き留めた寺なり家なりが一時期に所有していたものが、かなり正確に示されていることに第一義的な史料的意義を見いだせる。もちろん家財を書きあげるときに、たとえば差し押えにあったときなどに財産を隠匿するなど故意に書き落とすこともあろうし、反対に無いのに書きあげる場合も想定できなくはないが、しかし総体としてはかなり正確に所有の状況を伝えていると判断してよかろう。

一方、考古資料はどうかと問われれば、遺跡から得られる資料というのはかつての所有者が所有していた「もの」の総体ではありえず、消滅したもの、他に移動したものも多い。また考古資料の特性として、廃棄されたもの、埋められたものがほとんどで、それらの資料の総体が当初の所有状況の正確な反映とはかぎらない。ここに考古資料の一つの限界があろう。財産目録は、家財の世界を復元するうえでかなり有効な史料の一つとなり得よう。

一　研究略史

中世の財産目録について、この種の研究に先鞭をつけられた一人である佐藤圭氏は次のようにまとめている。(3)

①寺が代々引き継ぎ渡す物件を記した校割帳。
②譲り状といって、財産の譲渡などを目的に記したもの。
③宝物などを調査したりしてまとめたもの。

④財産の差し押えや盗難に関連して作成されたもの。

この中で、①の校割帳や③の宝物調査などは寺院などに関連したもので圧倒的に多いが、④の財産の差し押えに関連したものも、民衆層を対象に網野善彦氏が積極的に紹介されている。数は多くはないものの当時の民衆レベルの財産等の保有状況がうかがえて興味深いものがある。一方、②の譲り状というものも管見では数は少ないが、記録類を丹念に拾えば、かなり残存している可能性が強い。

しかし、財産目録というこの種の記録類を利用した研究はそれほど多くはない。家財をしるした史料がきわめて少ないというのも研究が進まない理由の一つではあるが、より大きな理由というのは、財産目録そのものは文書史料であり、なおかつ対象としているのは「もの」資料であることであろう。要するに、研究方法は文献史学であり、研究対象は考古的な「もの」資料であることにある。こういう学問の狭間に入ったような中間領域の研究は、こんにちでこそ盛んになってきたが、今まではそれほど研究が進まなかった分野であった。

さて、財産目録を利用した先駆的な研究の一つに、黒田日出男氏の「中世農業技術の様相」がある。[4]この論考の中で黒田氏は、在地領主の家財所有の特徴として、鍋・釜・金輪・壺・衣類に至るまでかなりの家財を所有していることに着目し、消費生活の規模の大きさ・豪華さを指摘している。一方、民衆生活史を追った網野善彦氏の一連の研究の一つとしての「北国の社会と日本海」という論考[5]では、「商人的な領主」という項を立てて、若狭国の大音家の雑物注文、すなわち財産目録を分析し、海の武士としての大音氏がかなりの数の武具や衣類のほか、漆器や陶磁器を所有し、また染付・青皿・白皿といった中国製陶磁器が目立つと指摘されている。さらに「中世民衆生活の一側面」[6]では、民衆が保有している家財が、なんらかの理由で差し押さえられた時に作成される雑物注文という文書を分析しており、家財らしいものをほとんどもたない下層の庶民生活や、反対に意外に活発な物の動きを見とおすなど、民衆生活の一断面を明らかにしている。

一九八九年には佐藤圭氏の「瀧谷寺校割帳と一乗谷出土遺物―中世の家財道具について―」が発表されている[7]。この論考は、福井の三国町に所在する朝倉氏関係の寺である瀧谷寺の天文十一年（一五四二）に作成された校割帳をとりあげてその所有状況を分析したものである。この校割帳からは天文年間における瀧谷寺の財産の所有の実態がかなりはっきりと把握できるが、佐藤氏はこのうちの仏具関係を除いた家財道具を分析し、酒器・食器・台所用具・茶の湯関係・その他の生活用具に分けながら、その特徴を述べている。それによれば、書きあげられたさまざまな種類の家財から大変豊かな生活が彷彿とされるが、そのなかに中国製の陶磁器として「染付三束、白一束、小染付二束」を見ることができる。

また、茶の湯の関係と香関係の道具も多数あり、当時の上層階層の生活ぶりがうかがえると指摘した。同年に発表した「文献資料にみえる中世の飲食器の使用と所有について」という論考でも[8]、土器・折敷・椀皿などの飲食器について、中世後期の上層階層の事例から、使用状況と所有状況が分析されている。詳細は同論考に譲りたいが、十五、十六世紀の中央や地方の上層階層の間ではかなり体系的に陶磁器が使用されていると指摘した点は重要である。文献史学からの研究を中心にしたこれらの少ない事例からも理解できるように、陶磁器を含む家財は予想以上に豊富であったことがわかろう。

二　八田家家財目録の分析

1　八田氏と八田氏屋敷について

本稿でとりあげる八田氏に関してはこれまでいくつかのすぐれた研究蓄積があり、その性格はかなり明確となっている(9)。それらの先行研究によれば、八田氏は戦国期に石和の八田《はった》村に本拠をおいた在地領主層であり、また甲斐を支配した武田氏の蔵前衆の一員として活躍した家柄でもある。蔵前衆というのは、武田氏の代官衆で、別称として蔵奉行、御蔵衆ともよばれ、年貢を徴収したり交易に従事したり軍事物資の調達も行っていた。

笹本正治氏は『甲陽軍鑑』の中の一節の、武田信玄が「諏訪の春芳、甲州の八田村、京の松木珪琳などと申す地下人・町人を召寄給ふ」という記述を引きながら、「八田家は遅くとも天正年中迄には大規模な商業活動、それも遠隔地間を結ぶ商人としての役割を担っていた(10)」と結論づけ、また平山優氏は「蔵前衆とは、武田氏の御料所を管理する「御代官」で、そこから年貢を収納して「御蔵」に納め、それをもとに各地の商人と接触したり、交易を分国はもちろん各国で行ない、軍事物資や日常品の調達を任務としていた」と述べているが(11)、こうした先行研究からも八田氏が町人的立場でありながら商人でもある、さらには蔵前衆といわれる武田氏に直属する経済官僚的な立場も保持しているという二面的な性格をもっていたと指摘することができる。網野善彦氏はかつて若狭の大音氏を「商人的領主」と称したが、八田氏もそれに似た性格を有していたとしてよかろう。

八田氏屋敷は山梨県笛吹市石和町八田に所在し、周囲を土塁に囲まれた屋敷地は現在県の史跡に指定されている。次図はその屋敷の見取り図で、変形した方形のおおむね一町四方の屋敷地の状況をうかがうことができる。但し最近、

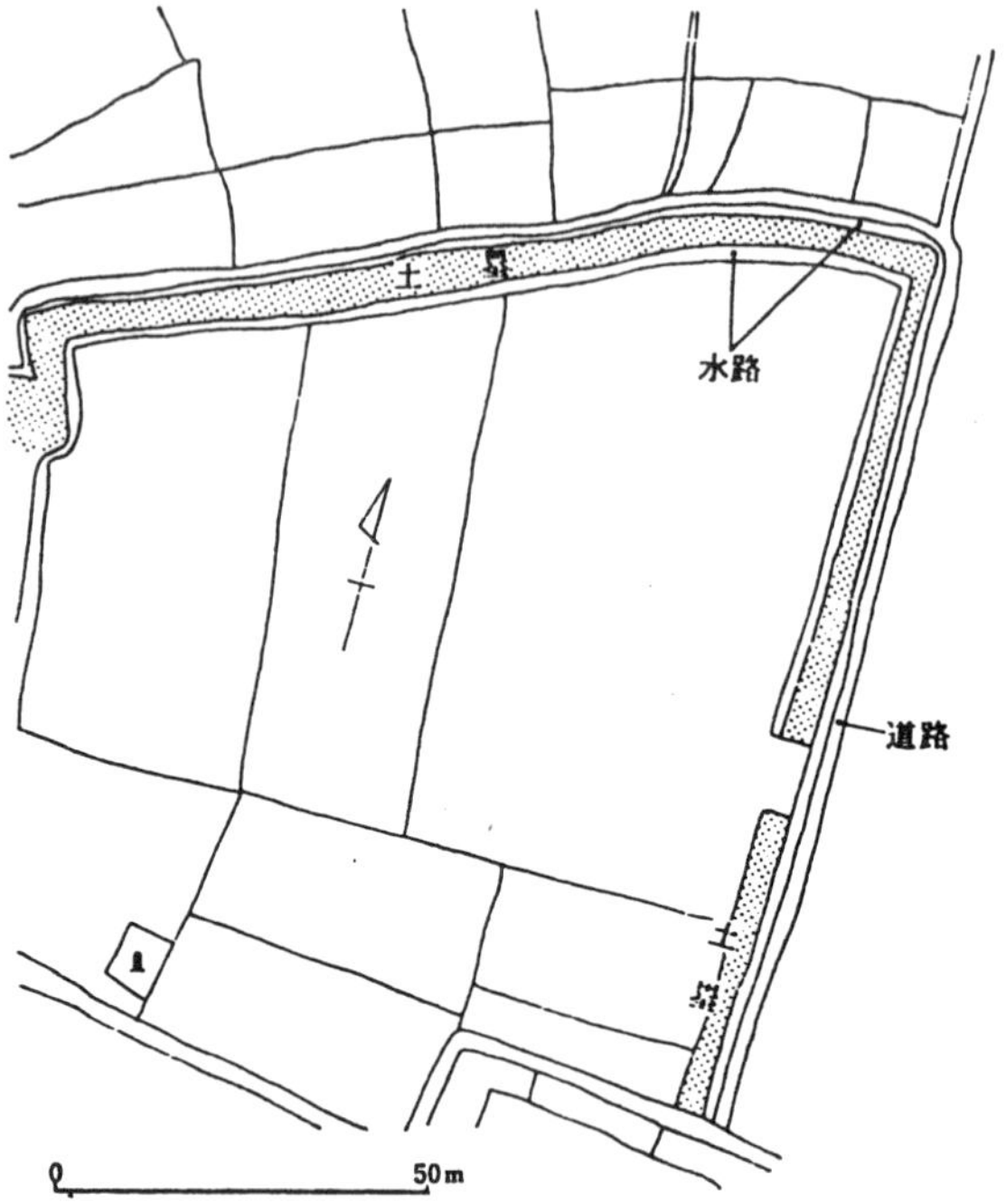

八田氏屋敷地籍図（『日本城郭大系』8より転載）

この家が所有していた絵図から、この屋敷が単純な単郭ではなく、いくつかの郭群から構成されていることが判明している。参考に絵図をかかげるが、この絵図から方形にかこまれた郭が三、四か所存在しているのがわかろう。また中央上の部分には寺も書かれているが、これは八田氏の関係者が創建した願念寺という寺院である。したがって、寺院まで含めた相当大きな屋敷構えが想定されることになるが、この背景にはおそらく経済官僚としての蔵奉行という性格と役割があろう。なお、中世城館跡としての八田氏屋敷の概要については、すでに旧稿(12)において詳しく述べたことがあるのでここでは省略したい。

2　八田家家財目録等

八田家には現在、戦国期から近世初期にかけての多くの文書類が伝えられており、系譜もかなり判明している。家財目録等が作成されたのは八田

八田氏屋敷の概観（江戸末、八田家蔵古絵図）

新左衛門尉の時期で、彼の死去後おそらく相続等に関わって新左衛門尉が所有する八田家の家財等が調べあげられ、記録に残されたものと思われる。この家財目録等は全部で五冊あり、「八田村新左右衛門尉家材改」「八田村新左衛門尉家材之日記」「八田村新左右衛門息女之家材」「八田村新左衛門尉家材之日記」「牛馬男女之日記」「八田村新左衛門尉文庫之内改之日記」という名称で呼ばれている。(13)

書きあげられた時期は慶長十一年（一六〇六）と推定され、(14)戦国期から近世社会に入った直後で、家財等の内容の大半は中世の状況をそのまま引きずっていると考えてよかろう。書きあげに関与した人々は一族であるが、最後の文庫内はなぜか三か月遅れ、武田氏滅亡後に奉行職をつとめた桜井・石原などの四奉行が作成している。奉行衆が関与するほどこの財産目録等は厳格に作成され、再確認の際のチェックと思われるレ点も付されている。

最初に「牛馬男女之日記」をながめてみよう。ここには全部で三九人の被官や下人、牛馬が記載されている。これによれば中世の在地領主層というのは、多くの人々を屋敷内にかかえている存在であることが理解できる。もちろんすべての人間が同じ屋敷地内で寝起きしていたとは限らないが、それでも八田家に属する人たちは相当数に及んでいる。この中には、「江戸に居候」という者もおり、「府中に居候」という者もみえ、江戸や府中すなわち甲府に滞在している者たちもいる。また身体に障害のある人々もいる。新左の聟である平五と、その女房である息女、さらに茂右衛門と書きあげられている人々がいるが、彼らは新左衛門の子供達である。

八田新左衛門の家財は、各建物ごとに書きあげられている。「八田村新左右衛門尉家材改」および「八田村新左衛門尉家材之日記」のそれぞれの冒頭だけには建物名が記載されていないが、以前指摘したように[15]、おそらく主屋であるからであろう。そのために、当然建物名は記載する必要を感じなかったにちがいない。

主屋以外の建物は、家財目録によれば「西之座敷」「さかへや（酒部屋）」「中のみそくら（味噌蔵）」「西の蔵」「おかたや（御方屋）」「ふんこ（文庫）」の六棟が知られている。「中のみそくら」には、味噌などの調味料や鍋や釜などの台所用道具が納められている。「西の蔵」には麦などの食糧のほかここにも鍋・釜などがある。そのほか、下女の私物が入っている。下女の私物は量は少ないが、衣類を中心としている。

「西之座敷」には、碁盤以下、豪華品が並んでいる。ハレの場であるからであろう。腰障子や杉障子もあり、畳は二二畳もある。畳は他には、新左衛門の主屋にしか存在していないが、そこでも六畳しかない。「西之座敷」の畳二二畳はやはりハレの場らしい趣をつくりだしている。そのほか、ここには乗り物もおいてある。

「おかたやの道具」は息女の家財のことで、ここには息女個人の所有物がたくさん書きあげられている。内容的には、鏡台など化粧道具が多いが、ここにも下女がいたようで、下女の私物も記録されている。

「ふんこ」すなわち文庫内には、さまざまな物が見られ、陶磁器などもここにたくさんある。

以上述べてきた建物群には多くの家財が所蔵されており、逐一詳細に紹介することはできないが、これらの家財を大づかみに分類して見ると、衣類・布類のほか、飲食器、台所用具、収納家具類、武具・農工具類、文房具類、寝具、化粧道具、茶の湯の道具、香関係、神仏具、乗物や風呂釜、さらに食糧・調味料に至るまで多種多様である。特に目立つのは衣類・布類で、膨大な量になる。これらの衣類等は、陶磁器などのように腐食しないものとちがい、多くは消滅して残らないため、考古学的には検証しがたい存在であるが、その量は我々の認識をはるかに超えている。そのほかあまり目立たないものとして、収納する家具類も多い。これは、建物に押入などが未普及なためであろう。当然、飲食器も多く、茶の湯、香関係も多い。

3　所有状況と特質

陶磁器については、主に飲食器としてあちこちに書きあげられている。数えあげると、次のようになる。

〔史料〕八田家家財目録における陶磁器類（抜粋）

（イ）「八田村新左右衛門尉家材改」

八田村新左右衛門尉家材改

一　ちゃべんとう壱ッ内　てんもく　壱ッ
一　びせんとくり　すず　一つぃ
一　そめつけさら　十弐　われかけ有
一　ちやつほ　壱ッ　但ちやなし

一　ちゃわん　壱ッ
一　つちすさら　廿
一　四寸さら　五ッ
一　びせん大とくり　壱ッ
一　そめつけはち　壱まい
一　あふらつほ　三ッ
一　べにつき　壱ッ
一　かねつけさら　弐ッ

以上
中のみそくら
一　すつほ　弐ッ

（ロ）「八田村新左衛門尉家材之日記」
一　かうろ　壱ッ
已上
一　三つ具足　一カサリ
但らうそくたてなし
但西之座敷之内

（ハ）「八田村新左右衛門息女之家材」
おかたやの道具
てんもく　弐ッ
一　へにつき　壱ッ
一　せとのこさら　弐拾枚
かねつけさら　弐ッ
一　あふらつほ　壱ッ

（ニ）「八田村新左衛門尉文庫之内改之日記」
一　とくり　六ッ

一　そめ付のはち　弐ッ
一　つちはち　壱ッ
一　白きく皿　拾まい
一　手しほさら　三十三枚
一　茶わん　壱ッ
一　青茶碗のはち　壱ッ
一　土すさら　八十
一　土てんもく　拾
一　青皿　九ッ
一　酢皿　弐十
一　つちとくり　弐ッ
一　染付の鉢　弐ッ
一　酢皿大小　三十三
一　茶碗　壱ッ
一　土てんもく　三ッ
家ニ入
一　そめつけ　八ッ
一　同小皿　十七

一　いとめ	三ッ	一　染付皿	弐十四枚
一　そめ付皿	拾	一　そめつけ	十三
一　四寸皿	廿	一　今やきつほ	壱ッ
一　四寸皿	拾弐	一　いとめ皿	十
一　白つほさら	十	一　染付	弐十
一　てんもく	壱ッ	一　いとめ	十五
一　白皿	十	一　土のやき物	弐ッ
一　てんもく	三ッ	一　つちすさら	拾
一　そめ付	九枚	一　てんもく	拾一

陶磁器類の合計は、天目以外の茶の湯、香関係を除いて、約三三〇点存在している。これを、産地別に見ると、表1のようになる。この不明というのは、産地がはっきりと書かれていないものを列記したのであるが、大部分はおそらく国内産と思われる。

国外産については、染付・青皿・白皿というように、意外にはっきりと分けられている。国外産を、さらに分類すると、表2のようになる。

こういう状況から判明することは、国外産が四八％とほぼ半分を占めていることで、しかも圧倒的に染付が多いことであろう。国外の具体的な産地は不明であるが、大多数はおそらく中国産ではなかったか。いずれにしても国外産がかなり多いことがわかろう。

次に、器種別に分けてみると、表3のようになり、圧倒的に皿が多い。意外なのは碗が少ないことで、これはおそらく、漆器が補っているのではなかろうか。

⑴他の家財との比較

次に他の飲食器類をみると、目立つのは折敷である。数えてみると、合計でなんと百五十数枚もある。一〇枚一組で保管されており、なかにはこわれているものもあるが、この量の多さはやはり接客機会の多さによるものだと思われる。民衆レベルでは、あまり折敷は目立たない。これも在地領主クラスの特質の一つであろう。

陶磁器以外の食生活に必要な道具類についてみると、食物などを入れるための容器である食籠は一四、菜籠は一〇個一組で計三〇、盆はなんと六一、重箱四、湯や酒を運ぶ湯桶五など、さまざまな種類の調度品を保有している。漆器はどうか。これもじつに多い。名称がむずかしいが、深椀一〇具、下椀四具、黒い鉢五、大杯三、中杯一、酒杯一、小椀一、四ッ椀五五具、五ッ椀一〇具、弁当椀一二、手塩皿三二枚、鉢二が数えあげられている。椀の場合、単位に具を使っているが、一具はいくつになるのだろうか。いづれにしても、大変バラエティーに富んでおり、しかも数が多い。

茶の湯や香関係、化粧道具類についても大変豊富で、多種多様であるが、その中から焼き物だけ拾うと、茶壺、香炉、紅つき皿・かね付き皿、油壺などがある。このほか、直接的に道具類ということでは拾いあげられていないが、容器として陶器が考えられるものもある。例えば、「うめぼし」「さたう」「酒ふね」と書いてあるものは焼き物に入っていた可能性が高い。酒部屋の「かめ」というのは文字どおり陶器で、そのほか酢壺もある。

表１　産地別（国内産）

瀬　戸	20点	6.1％
備　前	2	0.6
国外産	158	47.9
不　明	150	45.4
合　計	330点	100％

表２　器種別（国外産）

染　付	118点	35.8％
青　磁	10	3.0
白　磁	30	9.1
その他	172	52.1
合　計	330点	100％

表３　器種別（国内産）

皿	232点	70.3％
碗	5	1.5
鉢	6	1.8
天　目	31	9.4
徳　利	4	1.2
杯	2	0.6
不　明	50	15.2
合　計	330点	100％

土素皿というのが合計一一〇もある。おそらく「かわらけ」を指すのであろう。

⑵「場」「空間利用」について

新左衛門の家財を収納している建物は、主屋、西の座敷、酒部屋、中の味噌蔵、西の蔵、文庫、それに御方屋であり、それらの建物には性格、機能に応じて、それぞれの家財が収納されている。たとえば、主屋には衣類・布類が圧倒的に多く、貨幣である金子もここにしか見られない。御方の部屋は、娘らしく化粧道具が多い。酒部屋は酒や食糧、飲食器が多いのは文庫という建物で、ここにかなりの数量が収納されている。これらは「所有」の状況を端的に示している。

ここで考古資料の特性として指摘しておかなければならないことは、発掘調査をとおして得られる考古資料の場合、「廃棄」や「埋納」などの状況は示すものの、イコールその場での「所有」をあらわすものではないという点である。しかも当然のようにかつて「所有」していたものがすべて「廃棄」されるわけではない。さらに「所有」と「廃棄等」の間には「使用」という過程があり、「所有」と「使用」についても「場」の利用、「空間利用」でいえば必ずしも同一とはかぎらない。

たとえば、八田家の家財目録をみると、陶磁器は「文庫」に多数納められているが、「主屋」や「西之座敷」には極めて少ないことがわかる。これは収納する場は「文庫」であるが、使用するところは「主屋」であり、ハレの日は「西之座敷」であったろう。折敷についても、「主屋」には「われこおしき」「かいふるおしき」などといった日常使いふるしているものをそばにおいて、残り一三六枚という膨大な折敷はすべて「文庫」に入っている。衣類・布類は「文庫」よりも「主屋」や「御方屋」に多く、身の回り品はそばにおいていることがわかる。香関係をみると、香炉や香箱、香盆、三ッ具足などすべて「主屋」や「西之座敷」「御方屋」など日常使用している建物やハレの場で所有し、「文庫」や蔵には一つも入っていない。

このような状況からみていくと、「廃棄等」が示されている圧倒的な考古資料をいかに活用していくか、「廃棄等」の状況から「所有」「使用」の世界をどのようにとらえ、復原していくかがきわめて重要となることがわかろう。「場」「空間利用」といった問題は、「所有」「使用」「廃棄等」のメカニズムをまずきちんと押えるところから始まるのではないか。

(3)家の所有、個人の所有

八田家家財目録には当然、八田家という家の所有物が圧倒的な数を占めているが、しかしその中には息女個人の所有物がはっきりと区別されて存在していることがわかる。また「下女之物」という記述があることから、八田家に奉公する人々の所有物も書きあげられている。このように、ひとつの家が所有する家財について、ことごとくその家に属するのではなく、八田家の関係者の私的所有物も存在しており、八田家といういわゆる「公」の所有と私的所有が意外に明確に意識されていることが理解できる。

ここで八田家の財産目録から、「公」以外の私有状況を一、二みていこう。

八田家に属する被官、下人等は、すでに指摘したように、合計で三九人存在している。この中には当然、息女と聟、庶子の子供も含んでいる。「御方屋」という建物に所蔵されているものは、多くが息女のものであろう。この「御方屋」にある物を陶磁器にかぎってみていくと、表4のようになる。漆器の椀などがないのがやや気になるが、飲食器や化粧道具など少ないながら生活必需品はある。

一方、下女の所有物は合計四か所に書きあげられているが、陶磁器などの飲食器はまったく見

表4　御方屋所蔵

天　目	2点
瀬戸の小皿	22
紅　付	1
油　壺	1
かねつけ皿	2

当たらない。衣服・衣類や化粧道具のみである。飲食器に関しては、現代のように個人所有の器意識が成立していたかは検討を要するが、すくなくとも八田家の財産目録のなかからは飲食器に関する個人所有の姿は読みとることができない。

また八田家財産目録からは、当主八田新左衛門の所有物と、息女のもの、さらに下女の所有物の間で著しい格差が見いだせる。これは屋敷内に居住する人々の間の階層差が「もの」にあらわれていることを如実に示している。

(4) 陶磁器に対する所有意識

ところで、各建物への収納状態から国内産とか国外産という陶磁器に対する意識の違いがどのように読みとれるのだろうか。八田家財産目録のなかからはほとんど読みとることができず、たとえばとくに青磁、白磁が大事にされたという形跡も見当たらない。しかし所有点数からみればやはり希少価値がありそうで、反面、染付は一〇枚一組で大量にあり、消費財的性格が特に強いことがうかがえる。

国内産の中で、瀬戸と備前だけは産地名がついている。もちろん産地不明の中にも瀬戸や備前が存在していようが、なぜ瀬戸と備前には産地名がついているのか、またなぜ数が少ないのか、ここに国外産に圧倒されている状況を読みとるべきだろうか。

三　若狭国大音氏雑物注文等

大音《おおと》氏は、若狭国三方《みかた》郡の常神半島先端の御賀尾浦付近を支配した刀禰である。もとは近江国の御家人であったが、鎌倉時代末から南北朝初期にかけてこの浦の刀禰であった賀茂氏にかわって浦の刀禰になり、漁撈のほかに交易などに従事していた。刀禰というのは、身分的には名主百姓身分であるが、山野河海との関わりが強く、畿内周辺に多い存在で、大音家には現在、平安時代以降中世全般にかけての古文書が二五〇点ほど残されている。

このなかに、十六世紀半ばと見られる雑物注文という財産目録があり、この地域に根を張った小領主である刀禰の財物の実態を垣間見ることができる。(16) 大音家付雑物注文、御賀尾浦刀禰雑物請取分注文、御賀尾浦刀禰入質売却雑物注文という三点の記録類である。このうち大音家付雑物注文を見ると飲食器のほか、衣類、武具類、工具類が記載され、最後に「世帯道具数知らず」とある。陶磁器は茶碗皿大一〇、小皿は白二〇・染付二〇とある。白は白磁のことであろう。「なます皿二十」これは他の記録によれば染付とある。そのほかに天目が二ッある。御賀尾浦刀禰雑物請取分注文や御賀尾浦刀禰入質売却雑物注文にも同様にたくさん見られる。染付や青磁、白磁が一〇個単位で数えあげられるのは、先に見た八田家と同じで、天目が一点二点と数えあげられるのも同様である。この中で「茶碗皿」と記載されているのが国内産とすれば、やはり国外産に比べてかなり少ないことがわかる。

このほか、中世後半の平民百姓の家財の事例としてしばしばとりあげられるものとして、応永三十二年（一四二五）の山城国の百姓、兵衛二郎の雑具色々注文（教王護国寺文書）や宝徳二年（一四五〇）の若狭国の名主泉大夫の注文（東寺百合文書）がある。(17) これを見ると、後者の泉大夫の場合、畳六畳、戸一七本をもっているため建物も板敷であった。飲食器は茶碗二、椀が不揃いで一具、それに折敷が一束見える。しかし兵衛二郎の場合には飲食器は書かれていない。

これらの記録は時代的には十五世紀の中ごろで、先の事例より百年以上早く、そのまま比較検討の対象にはできないし、またこうした家財の所有状態を民衆レベルのどのあたりに位置づけるべきか分析も必要であるが、しかしこうして見ると先に述べた八田氏や大音氏の家財の豊かさは目を見張るものがある。

四　財産目録等から描かれる所有形態

1　一時期における所有

まず前提として、こうした家財目録に記載された家財というのは、家財目録が改竄されないかぎり、その家なり個人が同時期に所有していたものであることはほぼ確実である。八田家の場合、すでに指摘したとおり、財産目録を書きあげたのちに再度チェックしながら念入りに確認する作業を行っており、大変慎重を期している。一方、遺跡出土の遺物の場合、一括遺物として厳密に認定できるものは別として、同時性を確認することは困難な場合が多い。陶磁器を例にとると、たとえ同じ時期の同じ窯で焼かれた物であっても、その家でその当時に同時使用していたかどうか判断することはむずかしいわけで、こわれて捨て、再度同じ窯のものを買い足す、ということはいくらでも考えられることである。反対に、異なる時期の焼き物を同時に所有することはいくらでもあろう。こうした考古資料の限界性という点を克服するうえで、財産目録は同時所有を確認するうえで大いなる有効性を発揮する。

さらに遺跡出土の遺物は、当然のこととして、所有者が廃棄したもの、埋納したもの、あるいは失ったもののトータルな形であり、所有者の一時期の家財の姿をそのまま示すとはかぎらない。また、遺跡が廃棄される段階、すなわち遺跡化する段階で、家財の多くは本来的に他に移動するものが多く、遺跡に遺物となって残るのは保有されていた家財の一部と考えるべきであろう。

このように考えるならば、家財目録というのは「所有」や「同時使用」ということを検証するうえで重要な問題を提起することになる。

2　家財全体における陶磁器の位置

八田家、大音家における家財のなかで、陶磁器はいったいどういう位置にあるのか検討してみよう。

まず、所有量はどうか。家財全体をどのように数量化すべきかはむずかしいが、八田家の家財目録は一つのものごとに行を起こして数えあげられているという特徴がある。したがって数えあげる側の意識としては、高価・廉価は別として、畳二二畳も布きれ一点も同じように一つという意識が潜在的に存在している。そこで行ごとに点数を数えると、合計七一三点の家財になる。このうち陶磁器は六四点で、全家財の八・九％になる。経済的価値を換算すれば、八田家では駕籠も所有しているし、この時代にはめずらしく風呂もある。「西之座敷」には高価な掛軸もあるし、武具などもある。陶磁器が家財に占める経済的割合は決して高いものになってはいない。しかし考古学調査の成果では陶磁器は残存率が高く、出土遺物のなかで占める割合も多いため、陶磁器の所有状況が当該遺跡に対する評価づけとなる事例が目立つ。ここで改めて指摘するまでもないが、失われたもの、逸散したものがあまりにも多いことに留意しつつ、遺跡に対する評価は家財全体を見通すなかで行っていくことが重要になってこよう。

ところで、染付などの陶器はセットで所有している。これは消費材としての飲食器としてかなり一般化していることを示していよう。近年の遺跡でのあり方とあまり異ならない。反面、瀬戸・備前類はおもったより少ない可能性もある。しかもこのふたつの焼き物だけは産地名をはっきりつけて呼称している。一方、染付・青磁・白磁は、単に染付・青皿・白皿と記され、産地意識は薄い。所有する人々にとって、購入する際にはともかくも、その後の使用の段階ではあまり産地は意識していない証左であろう。何に使用できるのか、機能がまず重要なのであろう。八田家の保管状況をみれば、陶磁器をとくに大事にしているということはなく、青磁でも白磁でも雑然とした保管状況下にあった。

おわりに

ここで改めて繰り返すまでもなく、中世の在地領主層は大変豊かな家財を保有していた存在であったことが判明した。またその背後には、それを支える流通体制が十分に確保されていたこともうかがえるが、同時にここでとりあげてきた陶磁器類も消費材としての意識が強く、家財のなかでとりたてて特別の位置にあったということはない。また財産目録などの記録類は、家財等の同時使用の状態を示していることになり、考古資料の限界性を克服するためにはかなり有効な史料になり得るのではないかと考えた。しかし、考古学と文献史学の狭間にはいるようなこの種の史料はいままでとかく忘れさられ、有効に活用されなかったきらいがある。こういった研究の今後の大いなる進展を期待したい。

本稿は一九九四年度の日本貿易陶磁研究会の第一五回研究集会において発表した内容を文章化したものである。発表の機会を与えていただき、種々ご指導、ご教示賜った亀井明徳氏、小野正敏氏、飯村均氏をはじめ多くの方々に深く感謝申し上げたい。

註

（1）網野善彦「中世民衆生活の一側面」（『歴史地理教育』三八三、一九八五年。のちに、『日本歴史民俗論集』２「生産技術と物質文化」、吉川弘文館、一九九三年に所収）、佐藤圭「瀧谷寺校割帳と一乗谷出土遺物―中世の家財道具について―」（『北陸における社会構造の史的研究』、福井大学、一九八九年）などがある。
（2）拙稿「家財目録等にみる中世城館の一様相」（『甲斐中世史と仏教美術』、名著出版、一九九四年。本書第一編所収）。
（3）佐藤前掲註（1）。
（4）黒田日出男「中世農業技術の様相」（『講座・日本技術の社会史』第一巻「農業・農産加工」、日本評論社、一九八三年）。
（5）網野善彦「北国の社会と日本海」（『海と列島文化』第一巻「日本海と北国文化」、小学館、一九九〇年）。
（6）網野前掲註（1）。
（7）佐藤前掲註（1）。
（8）佐藤圭「文献資料にみえる中世の飲食器の使用と所有について」（『朝倉氏遺跡資料館紀要一九八七』、一九八八年）。
（9）磯貝正義「第二章　中世　第三節　戦国時代の甲斐と石和」（『石和町誌』第一巻　自然編・歴史編、一九八七年）。
（10）笹本正治「武田氏の商人支配」（『日本歴史』三七六、一九七九年）。
（11）平山優「戦国末期甲斐国における在地秩序について」（『武田氏研究』六、一九九〇年）。
（12）註（2）に同じ。
（13）関口欣也他『山梨県の民家』（山梨県教育委員会、一九八二年）。秋山敬「第二章　中世　第四節　中世の社会と文化」（『石和町誌』第一巻 自然編・歴史編、一九八七年）。
（14）同右。
（15）註（2）に同じ。
（16）註（5）に同じ。

（17）　網野前掲註（1）の論考を参照されたい。

［補遺］　本稿は、一九九四年に日本貿易陶磁研究会において発表したものを、翌一九九五年に論考化し同研究会の研究誌『日本貿易陶磁研究』第一五集に掲載されたものである。

「八田家家財目録」に関する研究はすでに、「家財目録等にみる中世城館の一様相—甲州八田家家財目録から—」と題して論文化していたのであったが、同研究会の求めに応じて、視点をやや変え、八田家所有のさまざまな家財の中の陶磁器に焦点をあててその所有形態等の特徴を検討しようとしたものである。

とくに中世城館に関する考古学的研究においては、出土陶磁器類は重要な資料的位置をもつものであるが、それはたとえば八田家の財産目録中に見えるような衣類・布類に比して朽ちず残存率が高いため、いきおい調査研究の対象になりやすいからであろう。したがって、中世城館等の史的評価の際には強く影響しているのであるが、はたしてそれはどれほど実態に即しているものか検討しようとしたものである。

八田家のこの目録によれば、同家の家財全体に占める陶磁器はおおよそ一〇％程度であり、さきほどの衣類・布類などに比べて決して多くはない。また量ではなく、同家の家格等を直接的に表現するものとしては、ハレの場の「西の座敷」に備えてある屋敷飾りであり、また籠などの諸道具があろう。さらに、当時ではまだ貴重品であった真鍮製の製品などであったろう。

この目録をみると、中世城館が本来所有していたものから、いかに多くのものが消え去っていったのかがよくわかるであろう。中世城館跡に対する考古学的調査研究を進めるにあたってはこの点を常に肝に銘じておくべきである。こうした考古学における資料のいわば限界性は、とかく忘れがちであるからである。

家財目録からは当主以外の、たとえば「下女」の所有物が存在することも理解できたり、牛馬や被官下人などの人間模様も知ることができたりと、中世城館の生きた様相が浮きでている。これからの中世城館研究はどうあるべきか、新たな視点が求められよう。

中世城館における宗教的空間ともう一つの「城割」

はじめに

かつて私は、山梨県笛吹市石和町の八田家に伝わる家財目録をもとに、在地に割拠した戦国期領主層の実相を追い求めたことがある。(1)遺跡に残されたわずかな資料では容易に明らかにし得ない、たとえば領主たちがかかえる被官下人などの人間模様までも含めた在地領主層の全体像を、この家財目録を利用することによって把握できるのではないかと思ったからである。

そのなかに、いまでも心にかかることがある。それは八田家の建物の一つの「西之座敷」とよばれている空間の存在である。この建物は、八田家の家格をあらわすような建物であったらしく、内部におかれた家財の様子も他のいくつかの建物とはまったく異なった状況を示していた。さらに、八田家に隣接した場所には「願念寺」という寺院があり、これも八田家と密接不可分の宗教的空間であることが指摘されていた。こうした宗教的空間が城館にとっていかなる存在であったのか、城館のとくに精神的側面にどのように作用しているのか、といったような点などは、中世城館の本質的あり方を考究していくうえできわめて重要な意味をもっていると考える。

近年とみに盛んになっている研究分野の一つに、城館の「破却」がある。ときには、「城わり(割)」とも記されるこの行為は、従来から政治的なあるいは軍事的な側面が強く意識されてきたが[2]、それとは別に城館の心性に深く関わるような「城割」も存在していることに気づかされる。この宗教性の強い意識や行為である、もう一つの「城割」ともいうべき行為に対する実態はほとんど知られておらず、これもまた中世城館の内実を考えるうえで大変興味深い内容を提起している。

中世の城館研究の近年の動向を見ると、年ごとに精緻をきわめており、なかでも異彩をはなつものの一つに、城館と中世人の心性に関わる問題があろう。中澤克昭氏や飯村均氏の一連の論考[3]はとくに注目されてきたものであったが、これらは、中世の城館をとおして「中世人のこころ」を見ようとしたところに着眼点の鋭さがある。「中世人のこころ」をどうとらえるのか、この点は、帝京大学山梨文化財研究所主催の「考古学と中世史研究」のシンポジウムでもかつて石井進氏らが強く強調した点であったが[4]、先にとりあげた両氏の論考などをみると、研究の歩みは着実にその方向に向かうような動きを示している。

本稿は、中世城館に対する「城割」や宗教的空間などをとおして、そのなかから城館を築いた中世人の内実に少しでも迫ろうとするささやかなこころみの一つである。

一　もう一つの「城割」

いわゆる「破却」についての研究はこんにちまで数多くなされている。とくに、畿内各国や毛利領国・九州地方、奥州に対して厳しく行われた織田豊臣政権下の城郭破却令は、その歴史的意義をめぐって議論が尽くされ、破却の背景にひそむ政治的ねらいが大きくクローズアップされてきている。それらの研究を一言でまとめれば、「破却」はいわば「降参の作法」で、「降伏、服属の儀礼としての城郭破却」という見方に落ち着きそうである。[5]権力者間でのさまざまな紛争の解決策、いわば講和の条件として城郭に対する破却が行われ、「破却」はきわめて政治的色彩の強い行為であったのである。

近年の研究によれば、これらの破却行為の痕跡が発掘調査でも確認されはじめ、考古学的な実態としてもすこしずつ明らかにされてきている。先行研究によるいくつかの事例を示すと、青森県八戸市所在の根城では重要な虎口や橋、堀の埋め立てなどが行われ、福島県矢祭町の東舘城でも土塁を崩し橋を破壊し、堀を埋め立てた痕跡が確認されている。[6]山形県内でも、鶴岡市の七日台盾や同市藤沢館などで同じように堀の破却を行った痕跡を検出している。[7]これらの、破却の痕跡で共通している点は、二度と使用不可能にするような徹底した破壊ではなく、人目につくような場所や象徴的なところを取り壊す程度で、「城の防備上重要な施設を破壊し、城としての機能を失わせればよかった」という状況であった。[8]それは城主側からすれば「儀礼的な服属のしるし程度のものであった」し、破却を指示した側からすれば「城の軍事的な機能を破壊し、もとの領主から、かつての『自立した城主』という誇りと体面を剝ぎ取るのが狙いであった」といわれている。[9]

伊藤正義氏らが論を展開したいわゆる「破却」論は、一面政治性の強い行為にみえる「破却」の本質を、「領主権のシンボル」的存在である城館に込められている築城者や城主たちの魂をこわすことに大きな意味があった、という立場をとっている。それは、ひいては、城主自らの手によって破却することが、破却を指示した側には「服属」や「恭順」として映ってくる、とした。

さて、こうした城館に対する何らかの破却行為が伴う「破却」とは別に、もう一つの様相を示す「城割」がある。まず史料から紹介しよう。

『高白斎記』という十六世紀後半に書かれた記録がある。武田信玄の近臣であった高白斎駒井政武の日記で、武田氏領内での出来事をうかがううえで現在、戦国史研究上一級史料となっているものである。[10] この記録を逐一追っていくと、何か所かで城館の破却に関する部分にあたる。そのうち「城割」に関する箇所はつぎの部分である。

一つは、天文二十年(一五五一)十月の条のことである。このころ、武田信玄は信濃攻略をさかんにすすめており、それぞれの地域に割拠している在地領主との戦いを繰り返していた。同月二十四日には、武田氏はこの地域に根を張っていた犬甘氏一族の平瀬氏が籠る平瀬城を落としている。その四日後の二十八日には早くもこの城の鍬立ての記事がのる。文言は、「廿八日午刻巳ノ方ニ向テ平瀬城割其上鍬立」と見える。

もう一つは、それから二年後の天文二十二年三月から四月のことで、海野氏の一族である苅屋原氏が立て籠る苅屋原城を落としている。この前後の状況を同書に見ると、「(三月)廿九日辰刻深志ヲ御立、午刻苅屋原へ御着陣。晦日城ノ近辺被放火。四月小朔日。二日午刻苅屋原ノ城被攻落城主長門守生捕。酉刻ニ晴昿塔原ノ城自落。三日会田虚蔵山迄放火。苅屋原ノ敵城ヲ割、酉ノ刻向寅ノ方御鍬立。栗原左兵衛相勤ル七五三」とある。

『高白斎記』に見えるこの二か所の記事は「城割」の意味を考えるうえで大変興味深い内容を示している。それは、平瀬、苅屋原の両城を攻め落とした武田氏は、落城後すぐ自城として利用すべく「鍬立」すなわち普請の前の地鎮祭を行っており、その「鍬立」の直前に、「城割」を執り行っていることである。平瀬城の場合、二十八日の午後にほぼ連続して、苅屋原城の場合もあまり時をおかずして行われているようである。きわめて短時間のあいだに次々と執り行われる「城割」と「鍬立」、時間的に見てもこれらがいずれも宗教的な儀式であったことはほぼ間違いない。また「城割」の際にはその方角もさだめて執り行っており、吉凶の方角を選ぶ陰陽道が深くかかわっていることもわかる。七人五人三人が東西南北の四隅に土を運ぶ儀式である「七五三の人足立」なども見え、城館の普請に際しては宗教的儀式が執行されていたことが、同書の随所にうかがえる。土地の神を鎮める呪術をもつ陰陽師たちが「城割」や城普請に大きな役割を演じていたのである。

『甲陽軍鑑』には、武田氏に関わる陰陽師として判の兵庫という人物がたびたび登場し、信濃長沼城の普請に際して祈禱したりしているが(11)、おそらくこうした宗教者が戦場などに随伴し求めに応じてさまざまな宗教的役割を果たしていたのであろう。また、横田冬彦氏は『兼右卿記』や『兼見卿記』から吉田家が関わった城の地鎮や鎮守神について論述し、呪術をよくするこうした宗教者が城館の築造の際に鎮守社の勧請や「地主神」の鎮めなどに大きな役割を演じていたことを指摘している(12)。

先に見たこの大変短かい時間で執り行われた「城割」はおそらく、時間的経過からも城の破却をほとんど伴わない、宗教的儀式だけであったろう。現在でいえば地鎮祭に対する解体祭のようなものである。この場合の「城割」は、その城館に深くしみついている築城者や前城主らのさまざまな怨念などを、呪術などによって取り払う儀式だけのものではなかったか。であるから、城館に対する実際の破壊行為はほとんどなされない、あるいはかたちばかりのものでもよいことになろう。先の東舘城の破却に関して伊藤正義氏は、同城の城主であった白川氏との「運命共同体の関係、ヒトとモノとの呪術的な関係」を断ち切って、同氏の所有物で無くした状態にするのが、破却の本質的意味であろうと推測したが(13)、その意味ではまことに鋭い指摘であったというべきであろう。

「城割」にかんしてもう一つ指摘しておかなければならない注目すべき点がある。それは、「城割」と「破却」についてである。ふたたび『高白斎記』に目をむけてみよう。

先にとりあげた信濃苅屋原城の「城割」が行われた天文二十二年四月、その一日前に武田氏の攻略をうけて「塔原ノ城」が自落した。その後しばらくときを経た五月五日、この「塔原ノ城」は「破却」されることになった。さらに、同月八日の条であるが、二年ほど前の天文二十年に「城割」が行われその後普請された信濃の「平瀬城」が再度登場し、こんどは「破却」されることになった。このほかにも『高白斎記』は同年八月十一日の条に「小泉ノ城」の「破却」の記事を載せるなど、城館の「破却」について細かくとりあげている。

『高白斎記』のこのような「城割」と「破却」についての語句の使い方を分析してみると、武田氏が攻略し接収した城館で再度使用する場合には、「鍬立」や普請のまえに「城割」を執り行っていることがわかる。この場合は当然「城割」の用語を使っている。それとは別に攻略後、城館を再び使用せず破棄してしまう場合には「破却」の語句を使っている。『高白斎記』はこの「城割」と「破却」の語句をこのように厳密に使い分けしているのである。

松尾良隆氏はかつて、織豊期の「城わり」について、多数の事例を紹介しながら用語の分析を行ったことがある(14)。それをみると、織豊期には「破却」の用例が圧倒的に多く、そのほかには「城わり」の用例もみるが、小稿で検討をすすめてきたような「城割」の文字をあてたものは織豊期にはまったく見られない、とした。

それでは『高白斎記』が記している「城割」とはいったいなにか。どのような意味が込められているのだろうか。この場合、『高白斎記』が記録する年代は天文年間という十六世紀前半の時期であり、松尾氏がとりあげた史料は織豊期という時期で、その間にはおよそ半世紀という隔たりがあり、城館の「破却」や「城割」に対する政治的宗教的な認識が変化していったことも勘案しなければならないであろう。しかしそれ以上に注目しなければならない点は、『高白斎記』は「破却」については以後利用しない城館に対して使い、「城割」は再利用する城館の場合に、というように明確に区別していることで、「破却」と「城割」の各用例がもつ意味が本質的に異なることを示唆している点であろう。「破却」は政治的軍事的意味合いが深く、「城割」は城館のもつ宗教性や心性に深く結びついた用例と認識すべきではないか。

城館というのは、以上のような事例に見るまでもなく、大変宗教性、呪術性の強い存在であったことはたしかである。それでは、このようなマジカル性を城館自身はどのような方法で獲得していったのか、つぎに一、二の事例から検討することにしよう。

二　城館と埋経

山梨県の北西部にある八ヶ岳山麓に中村氏屋敷とよばれる戦国期の在地領主層の屋敷がある。屋敷の主はその頃この付近に勢力を張った在地領主の中村氏である。現在でも屋敷の周囲には土塁などが一部残り、往時の様相をとどめているが、ここから中世の回国納経の経筒が銭貨一二枚とともに発見された(15)。定形化されたその経筒は高さわずか一〇cmたらずの小さな経筒であるが、天文二十一年（一五五二）の紀念銘をもち、経を埋めた願主である中村氏の名も刻まれている。このことから、在地領主である中村氏が施主となってなんらかの願いをたてて自分の屋敷内に経を埋めたものと想定される。

回国納経は、おもに法華経などを書写して、国ごとにそれを納経していくという、十六世紀の戦国期に大変盛行した宗教的行為であるが、発願した施主から依頼をうけてその代わりに回国する民間遊行者もおり、彼らは六十六部聖といわれている。中村氏の場合は自らの手によって自分の屋敷内に経塚を営み願をたてたもので、銘文上からは六十六部聖の介在は見られない。願意は当然、現世利益的なものであったろう。

中村氏屋敷のこの埋経場所の近接地には、石造物群がある。そのなかの一つには、永禄十二年（一五六九）の銘文を有する宝篋印塔があり、「授林道傳」と刻まれている。高野山成慶院の『武田家過去帳』弘治二年（一五五六）条には

「逸見蔵原中村右近丞授林道伝禅門逆修」と見え、この宝篋印塔が中村右近丞の逆修塔であったことがわかる。

中村氏屋敷の逆修塔と埋経、この事例はまさにこの一画がこの屋敷地の聖地であったことをみごとに物語っている。また、現在まで同家によって脈々と営まれてきた祖先崇拝の地でもあったのである。

城館内やその付近に経塚などの宗教的な場を営んだこのような事例は、他地域でもいくつか報告されている。伊藤清郎氏によれば、山形県山形市の成沢城で斯波兼頼の孫の斯波兼義は、築城に際して城域の四方結界に一切経や八幡大神を埋納して、武運長久を祈願したという(16)。結界を意識するのは、先に述べた、陰陽道における「七五三の人足立」と同じで、城地など一定空間の土地を鎮め城郭や城主たちの長久の安穏無事を祈願することが目的であったのだろう。

時代的にはややさかのぼるが、三浦氏の本拠とされている神奈川県横須賀市衣笠町の衣笠城でも、城跡の頂上から平安末期ごろの衣笠坂ノ台経塚が発見されており、三浦氏一族が営んだものと考えられている(17)。これは、三浦氏の信仰の深さをあらわしていると同時に、「先祖ノ聞ユル」場として強い意識がはたらいている、とされている。飯村均氏がとりあげた山形県寒河江市三条遺跡も宗教的空間を有する遺跡の一つである(18)。この遺跡から、約八〇m四方の堀で囲まれた鎌倉時代の区画が確認され、内部からは方形竪穴建物跡や井戸のほか、溝で囲まれた掘立柱建物跡が検出された。この掘立柱建物跡は西方には高瀬山を望み、形態も特殊で、宗教的施設と考えられている。出土遺物も青磁の盤や青白磁の合子のほか経筒の蓋なども検出されており、宗教的なにおいが強い。背後の高瀬山には、十二世紀後半から経塚が営まれ墳墓群もつくられ、ここもまた三条遺跡と一体となった聖地の感が濃いという。

城館における埋経行為は、以上のわずかな資料を見ても、古くからかなり関わりが深いことが感じられる。しかも、その関係は城館出現の初期から生じており、城館の城主たちのあいだではごく普遍的な宗教行為として意識のなかに深く定着していたものと思われる。またこの両者の結びつきによって、城館は呪術性をさらに強く帯びていくことになる。

三　城館と宗教的空間

内部になんらかの宗教的な空間をもつ城館跡の発掘調査例が年々増加している。ここで、荒川正夫氏によって紹介された一つの調査事例をながめてみたい(19)。

東京都新宿区西早稲田の安部球場跡地から確認された下戸塚遺跡は中世の城館跡で、出土遺物から十三世紀中頃から十五世紀にかけて営まれたものといわれている。検出された遺構群は掘立柱建物三一棟、井戸六基、土坑三二基、地下式坑六基、柵列一〇条など多岐にわたり、これらはおよそ四時期にわたる変遷がたどれるという。また三一棟の建物群は構造や規模などから、主屋・脇屋・釜屋・倉・厩・長屋などで構成されていたと分析されたが、これらとは別に、調査区の西北部には台形状に周溝をめぐらし内部に二間×三間の小型の建物を設けている特異な場が存在する。建物はわずか二間×三間の占有面積三〇㎡という小規模なもので、周囲を溝で区画しているという点から、そこは非日常的空間とされ、西北方向に位置することとあわせ、祖先祭祀・祖霊信仰の「屋敷神」関係の施設ではないか、と結論づけられている。同じような事例は近年いくつかの遺跡でも見られ、荒川氏も同論考のなかで類例をとりあげているが、記録類からも城館がそのような宗教的空間を確保していたことがわかる。

冒頭述べた甲州八田氏屋敷は、記録類や絵図などによって持仏堂的存在の宗教的施設を隣接地に設けていたことがわかる事例である。この宗教的施設というのは、願念寺とよばれていた寺院で、現在でも八田氏屋敷に隣接して存在している。当時の住持は八田氏の親族である願念という人物であったという。

同時にこの八田家には、屋敷地内に「西之座敷」とよばれていたハレの場ももち、その内部には祭祀に関わるようなさまざまな「家財」をおいていた。

「西之座敷」におかれていた祭祀に関わる「家財」はつぎのようなものである。

一　三ッ具足　一カサリ
　　但しらうそくたてなし
一　弥陀名号　弐福
一　本尊　壱ふく
一　三船宅　壱ふく
一　前机　壱面
一　香盆　壱ッ
一　釣燈　壱ッ

以上の祭祀に関わる品々がおかれていたこの「西之座敷」は、八田家の屋敷内部における宗教的空間をかたちづくり、同時に主人の新左衛門尉がふだん使用している主屋よりもはるかに八田家の家格をあらわすようなハレの場としての趣もある。たとえば部屋の内部には、主屋では畳が六畳に対しここには二二畳も敷かれ、障子も襖障子四本、腰障子四本、杉障子二本がたてられている。屏風もあり、碁盤なども用意されており、八田家の祭祀の場であるとともに、接客のための空間としての配慮が十二分にされていたことがわかる。

八田家屋敷のような、宗教的空間を有する中世城館跡の事例はあまりにも多く、戦国大名クラスの城館から在地領主層にいたるまでさまざまな階層の城館に普遍化しており、ここであらためて逐一提示するまでもなかろう。祈願所としても、あるいは祖霊崇拝の場としても、城館はふだんにこれらの施設をかかえていたのである。城館が城主や一族たちの魂のしみ込んだある種の聖地と化していくのは、ごく当然の帰結といえる。

おわりに

中世城館は、以上とりあげた数少ない事例からもうかがえるように、政治的なあるいは軍事的な性格とはべつに、きわめて宗教的色あいの強い存在であった。それは一面ではまさしく、「中世人のこころ」を具現化していたともいえる。すでに述べてきたように、そうした心性が、「城割」の行為にもみごとに表れているし、経塚や持仏堂などの造営にもなっているのである。

小稿では、そうした中世の城館が内在した精神的側面を引き出そうとしたものであるが、とりあげた事例以外にも中世城館はさまざまな心性を内包していたことは疑いなく、中世城館の本質的特質を探るうえでもこの面の研究が今後さらに活性化していくことを期待するものである。

註

（1）拙稿「家財目録等にみる中世城館の一様相―甲州八田家家財目録から―」（『甲斐中世史と仏教美術』、名著出版、一九九四年。本書第一編所収）。

（2）小林清治「「奥羽仕置」と城わり」（『福大史学』二八、一九七九年）、伊藤正義「『越後国郡絵図』と中世城郭」（『奥田直栄先生追悼集』、一九八九年)ほか。

(3) 中澤克昭「中世城郭史試論—その心性を探る—」(『史学雑誌』一〇二—一一、史学会、一九九三年)。飯村均「山城と聖地のスケッチ」(『帝京大学山梨文化財研究所研究報告』五、帝京大学山梨文化財研究所、一九九四年)。

(4) 石井進「「中世」から「近世」へ—総括討議にむけて—」(『「中世」から「近世」へ』帝京大学山梨文化財研究所シンポジウム報告集、一九九六年)ほか。

(5) 伊藤正義「講和の条件—領境の城郭破却—」(『帝京大学山梨文化財研究所報』一三、一九九一年)、同「城を破る—降参の作法②—」(『城と合戦—長篠の戦いと島原の乱—』朝日百科歴史を読みなおす一五、一九九三年)。

(6) 『福島県の中世城館』(福島県教育委員会、一九八八年)ほか。

(7) 伊藤清郎『中世の城と祈り』(岩田書院、一九九八年)。

(8) 栗原和弘「天正期の根城—破却(城わり)の実態について—」(『八戸市博物館研究紀要』五、一九八九年)

(9) 伊藤正義前掲註(5)。

(10) 清水茂夫・服部治則校注『武田史料集』(人物往来社、一九六七年に所収)。

(11) 武田信玄・勝頼二代の事蹟等を記した軍学書、江戸初期に成立。

(12) 横田冬彦「城郭と権威」(『岩波講座日本通史』一一、岩波書店、一九八〇年)。

(13) 伊藤正義前掲註(5)。

(14) 松尾良隆「織豊期の『城わり』について」(『横田健一先生古希記念　文化史論叢』下、創元社、一九八七年)。

(15) 田代孝「近世の回国塔と回国納経」(『研究紀要』一三、山梨県立考古博物館、一九九七年)ほか。

(16) 伊藤清郎前掲註(7)。

(17)　石井進『鎌倉武士の実像—合戦と暮しのおきて—』(平凡社、一九八七年)ほか。
(18)　飯村均「『聖地』の考古学」(『大航海』一四、新書館、一九九七年)。
(19)　荒川正夫「中世における「周溝に囲まれた小型建物址」の問題について—「屋敷神信仰」との関連において—」(『翔古論聚—久保哲三先生追悼論文集』、一九九三年)。

新府城とこれからの中世城館跡研究

はじめに

中世城館跡研究はいま、ある種の閉塞状況に陥っている。これまでの著しい進展に比べ研究は停滞し、研究内容も新鮮味に乏しい状態が続いているようである。

一九七〇年代後半にはじまる『日本城郭大系』編纂(1)に連動して列島全体で進められた中世城館跡研究は、主として戦前より進められてきたいわゆる縄張調査を中心に膨大な資料を蓄積し、その結果主要な城館跡の概要はほぼ通覧できる段階にまで到達した。一方、大規模開発に伴う中世城館跡の発掘調査の開始によって、それまではなかなか見えにくかった城館内の建物遺構等の具体的な施設や当時の各種道具類、日常の生活用品も姿をあらわしはじめ、これまた同様に膨大な生の資料群を蓄積していった。

長い間進められてきた縄張研究の成果と、生の資料であるこれらの考古学調査のデータをどうすりあわせて新たな中世城館像を描くべきか、この試みは一九八四年から開催されてきた「全国中世城郭研究者セミナー」などの一連のシンポジウムや研究会の大きなねらいとなり、そうした試みは中世城館跡研究のあり方を考えるうえで一定の成果をおさめてきた。一九八〇年代後半から熱っぽく議論された「小規模城郭論」「山小屋論」などは、中世城館跡を中世史のなかにどのように組み込むかを模索した一つの新しい試みであったろうし、最近積極的に開催されている出土陶磁器から中世城館跡のあり方を考えようとする研究もそれらの一例であろう。しかしなお依然として加速度的に進む資料群の蓄積をまえに、それらをどのような角度から分析し、歴史史料として再びよみがえらせるべきか、現在でもさまざまな研究視点が交錯し、具体的な方向性がはっきりと見えない状態が続いている。

要因はいくつもあろう。そのなかで重要な点の一つに、中世城館跡研究が真の意味で総合学になっておらず、文献史学、城郭史、考古学等の関連諸学が深く連携していないことがある。さきに一例としてあげたように、城郭研究者が陶磁器の研究者と一体になって、陶磁器をとおして中世城館跡のあり方を研究しようという姿勢はいまだそれほど積極的とはいえないし、方向性が定まっているわけでもない。多くの考古学や文献史の研究者は、中世城館跡を中世史を研究するうえでの一資料と考えているが、城郭研究者の多くは城郭研究そのものを研究の目的に据えており、このギャップもかなり大きい。研究の目標をどこにおくのか、中世城館跡をとおして何を見るのか、この定点の相違が、学際的な総合学への途を閉ざしているひとつの要因でもある。

城郭研究は科学的ではない、ともいわれる。表面観察を主体とする縄張研究には主観が入りすぎ、解釈に客観性が欠けているとしばしば指摘されているが、こういった批判をどう克服していくのか、この点もまた今後の城館跡研究の大きな課題であろう。

中世城館跡研究の以上の現状を認識しつつ、これからの当該研究はどうあるべきか、新府城跡の発掘調査の成果と、かつて韮崎市で行われた白山《はくさん》城の総合研究の二つの事例をあげながら考えてみようとするのが、本稿の目的である。

一　新府城の「半造作」

江戸前期に成立した『甲陽軍鑑』の新府城に関する記述のなかに興味深い語句がある。[2] 品第五十七でしばしば使用されている「半造作《はんぞうさ》」である。天正十年（一五八二）の武田氏滅亡直前の緊迫した状況のなかで、武田信虎・信玄・勝頼三代の本拠地であった甲府の躑躅ヶ崎館を捨てて新府城へあわただしく移転してきたものの、新府城そのものもまだ「半造作」状態であった様子が次のように述べられている。「勝頼公惣御人数穴山殿別心を聞や否、御屋形勝頼公を捨、典厩を始皆居館へ引籠給故、勝頼公御旗本も大形ちり、千計にて新府中まで引籠給へ共、前年秋よりの御普請有故、半造作にて更に人数百と籠べき様無之」、さらに勝頼の子息の信勝がのべた話として「半造作と有て爰を捨給ひ、古府中へ御帰ある事弓矢取ての悪名なり」、「山小屋などへ入給はんより（此）半造作の新府にて御切腹なされ候へかし」とあり、そのときに新府城は「半造作」状態であったことがことさら強調されているのである。

新府城が築造中途の未完成の城郭であったことは、古くから多くの研究者が指摘している。たとえば、八巻孝夫氏は新府城の概観を述べながら、「短期間しか利用されていないことを裏付けるかのように城内には各所に未完成部分が見られ」と指摘し、[3] 本丸をはじめ三の丸あたりの未整地な状況や土塁や虎口など所々のあり方などは普請途中であったことをよく示しているとした。また、『日本城郭大系』では「新府城は、織田信長の安土城のように石垣を高く積み上げた近世城郭が出現してくる時期にあって、その規模の割には築城期間も短く、石垣もあまり用いていないため、やや粗雑な感じを受け、未完成の城ともいわれている」といい、縄張全体からくる印象と、自然地形を多く残している点などから、ここでも新府城の未完成さが強調されている。従来の新府城に対する評価は、以上のように縄張や所々の遺構の状況から造成工事などの普請そのものが築造中途の状態であったと解釈し、未完成の城と評価してきたのであった。

それらの指摘はおおよそ正しいであろう。しかしなおも解けない疑念がある。それはさきの『甲陽軍鑑』の「半造作にて更に人数百と籠べき様無之」の一節で、これを素直に解釈すれば、造成工事というよりもむしろ武将たちが入るべき建物そのものができあがっていないことになる。『甲陽軍鑑』のこの記述にどの程度の信頼性をおくべきか、どのようによみとるべきか、なお多くの検討材料を残しているとしても、『甲陽軍鑑』の作者が、新府城は造成工事よりも建物自体が完全にはできあがっていない「半造作」状態であった、と見ていることに重要な意味が込められていると考えなければなるまい。それはおそらく、武田氏が滅亡して数十年後の江戸初期の人々の間でも広がっていた、ごく一般的な認識であったにちがいない。

この「半造作」の意味を解くうえで、現在進められている発掘調査はきわめて重要な解答を提示することになった。詳細は同城に関わる調査報告書等に譲るが、新府城の整備計画の一環として実施されている発掘調査は一九九八年から開始されて、およそ二十年を経ており、多くの成果をあげているのであるが、そのひとつに、いわゆる二の丸跡と大手口に対する発掘調査がある。

一九九九年に行われた二の丸跡の試掘調査では、南に開く虎口の礎石が検出され、なんらかの門などの建物の存在は確認したものの、土塁で囲まれた広い部分には建物跡の存在を示すような痕跡はほとんど見いだすことはできなかった。今後の本格的な発掘調査で多少状況は変化するであろうが、建物群などの遺構がきわめて少ないという結論はそれほど変わりそうもない。要するに、二の丸跡では、大規模な造成工事はほぼ完成してはいたものの、多くの建物の着工には至らなかったと推定せざるを得ないのである。

新府城二の丸跡

いわゆる大手口も同様の現象を見せている。武田氏特有の桝形虎口と丸馬出を有し、甲州流築城技術の典型とも称されてほぼ完成されたかたちを示している大手口ではあるが、二〇〇〇年に実施された試掘調査では肝心の礎石や柱穴痕などの痕跡はどこにも確認されなかったのである。要するにこの大手口一帯には往時、門などの建物が存在していた形跡がほとんどないといわざるを得ない状態が現出したのである。

試掘調査段階で結論を得るには早計ではあるが、本丸に隣接する二の丸という重要な場所に建物があまり建てられていなかった、さらに新府城の顔とでもいうべき大手口にも相応な門すらなかったとすれば、まさに驚きとしかいいようがない。もちろん、いわゆる大手口の場合、果たしてそこが本当に新府城の「大手門」であったのかという議論が当然沸き起こってくるのであるが、いずれにせよこの二か所の、新府城にとってきわめて重要な場所に建物群が存在していなかったとすれば、さきに述べてきた「半造作」の語句がじつに重い意味をもちはじめるのである。

これまで新府城跡の研究は、表面観察を主体とするいわゆる縄張研究をもとにして、残存してきた史料を加えて、一定の新府城像をつくりあげてきた。その根幹部分に大きな誤りはなかろう。しかし、文献史と縄張主体の城郭史研究のみでは、それ以上の新たな研究展開はむずかしく、新府城研究が停滞ぎみであったことは否定できない。こうした一種の閉塞状態に陥っていた新府城研究に、整備事業に伴う一連の考古学調査が大きな影響を与えることになり、試掘調査として開始されたばかりの発掘調査であるが、大きな威力を発揮してきた。いままでは容易に見えなかった部分がしだいに見えるようになり、新府城の姿が鮮明になりはじめてきたのである。これまでの新府城研究の蓄積のうえに、考古学の成果を重ね合わせることによって、新府城の豊かな全体像が姿を見せはじめてきたのである。さきに述べた新府城の「半造作」とは、これらの一連の発掘調査の成果によれば、縄張・普請の未完成状態をさすだけではなく、むしろ城内の建物などが建設途中だったことを指摘したことばということになろう。そして武田氏の最末期において、新府城がいまだ「半造作」であったことが、甲斐の国主勝頼にとってじつに大きなダメージになったのではなかったか。

二　新府城「大手門」

桝形虎口と丸馬出のセットで構成されている新府城のいわゆる「大手門」は、甲斐武田氏の築城技術の典型的なあり方を示しているとこれまで高い評価をうけてきた。遺構の保存状況も良好で、まさに武田氏の本拠として築城技術の枠を集めて築造された新府城にふさわしいかたちをなしている。

大手門は、城にとって最も重要な場所である。城郭の格が顕著にあらわれるところでもあり、対外的にも威信が示

新府城「大手門」遺構

される場でもあった。天正九年（一五八一）の新府城の一応の完成と、国主勝頼の入城にあたっては、まさに内外に威を示し得る華麗な姿が大手口の一帯にできあがっていたにちがいない。

だが、二〇〇〇年の九月から十月にかけて行われたいわゆる大手口での発掘調査では、すでに述べてきたように、建物の存在を示す礎石などの痕跡はまったく検出されないという「異状」な結果があらわれた。桝形などのしっかりした遺構は見られるが、建物などは存在しないというこの状況は、だれしもがまったく予期していないことであった。

この発掘結果はどう評価されるべきか。いわゆる大手口の発掘成果から、大手門のありようについて、いくつかの推定が成り立つ。

一つには、大手口の造成は完了したが、門などの建造物までは間に合わず、まさに「半造作」で終わってしまった、という見方である。このばあい、国主武田勝頼は大手門すらできあがっていないのにもかかわらず、年の暮れにあわただしく移転を挙行するほど、切羽つまった政治的軍事的状況に陥っていたことになる。しかし、新府城の表玄関ともいうべき大手門が完成していないのに、他国に対して果たして新城の完成を披露するのだろうか。

二つめには、ここは大手口ではない、という見方である。大手口は他の場所にあり、ここは新府城の第二の門であり、ここまでは建設の手が回らなかったという考え方である。発掘調査が行われた場所は新府城の南西隅の、しかも山腹にあたり、大手口としてはやや中途半端の位置にあることからみても、この可能性は少なくない。

しかし、それなら、なにゆえに大手口ではないあの場所に、桝形虎口と丸馬出という武田氏特有のすぐれた築城技術を用いた造成を行っているのかという問題が生じてくる。このばあい、武田氏の虎口の性格や築造のあり方について根本からの再考がせまられよう。

三つめとして、現段階はいまだ試掘調査の段階であるために、今後のより詳細な本調査によって、門跡等が確認される可能性がある点も留保しておきたい。しかしいまのところ、焼失の痕跡は見当らないし、存在していたとしてもその場合は礎石立ちではなく、おそらく素掘りの柱穴による建物ということになり、大手にふさわしい華麗な門が存在していたとはとうてい想定しにくい。そのほかに、これも想定しにくいことであるが、後世の撹乱や、あるいは何らかの意識的な行為によって、門の痕跡はことごとく消滅してしまったということも検討の余地として残しておこう。

新府城の大手口はいったいどこであったのか、以上述べたように、いままでは当然のように考えられていたことが、考古学による発掘調査によって一挙に問題視され、今後の大きな課題となってきた。大手門は城郭の顔であり、その城の性格や機能、築城の意図を示すものであり、それゆえに新府城のいわゆる大手口の発掘調査は、きわめて重要な課題を提起することになったのである。

三　白山城跡

韮崎市では国史跡の指定にむけて、市内に存在する著名な山城である白山《はくさん》城の総合調査を実施した。一九九七年から二年間、考古学や文献史学、城郭史、民俗学や歴史地理学など多彩な学域を総合して調査研究を進めてきたのである。その成果は、『白山城の総合研究[4]』のなかに結実しているが、この総合調査は考古学の発掘調査はまったく行わずに、白山城跡にかかわるあらゆる資史料群を収集し史料化を図り、そうした研究手法でどこまで城郭像が描けるかを試みることが、ねらいの一つとされた。

白山城は、韮崎市神山町鍋山の背後の標高五七〇mほどの通称城山に立地し、現在も山頂を中心に良好なかたちで遺構群を残している。新府城とは、あいだを流れる釜無川をはさんで指呼の間にあり、その距離も長くはない。この城に関する調査研究も古くからなされ、これまでさまざまな成果が蓄積され一定の白山城像が描かれてきたが、研究

白山城跡のスケッチ（小野初美原画）

者間での評価も高く、甲斐武田氏の築城技術をよくあらわしたすぐれた城跡、といった位置づけがされることが多い。しかし、新府城とは対照的に、築城者や築城時期をめぐる研究は一向に進んでおらず、地元の伝承では、武田氏の祖である甲斐源氏の一統武田信義の要害とされることが多いものの、その根拠も乏しく、白山城の全体の縄張や個々の遺構などから、戦国期の所産であることがほぼ断定されている。しかしそれも、いったいどの勢力による築城なのか、果たして武田氏の直轄的な城郭なのか、依然として決め手に欠ける状態にある。白山城跡のような、遺構群は良好であるが、築城者などを示す一次史料が一点もない城館跡は山梨県にきわめて多い。そうした城館跡に対してこれまでは、表面観察による遺構群のあり方と後世の地誌や伝承等を探りながら一定の城館像を描いてきたのであるが、白山城の総合研究では周辺にまで調査の対象域を広げ、文献や縄張の調査に加えて、検地帳の分析、微地形や地割の解析、神社等の信仰域や石造物群、伝説伝承類の収集と分析など、関連する資史料は二次史料、三次史料を問わず収集し検討の対象としたのである。

その結果、それまでの白山城像を大きく塗り替えるだけの成果は得られなかったが、眼下にかつて展開していた城下集落の存在が浮かびあがるなど、白山城の今後の研究に多大な資史料群を提示することになったのである。

中世城館跡に対して、このような幅広い学術的な総合研究がなされた事例はそれほど多くはない。調査の体制や予算の工面など困難な問題も多い。しかし、そうした歴史資料を多角的な方面から分析し、総合的に組み立てることによって、新たな歴史像が得られる場合が多く、研究の岐路にある中世城館跡研究にとって、こうした総合研究の方法の確立こそいま強く求められているのではないか。

おわりに

国史跡新府城跡の整備事業に伴う発掘調査は十数年来に及び、さまざまな成果が得られているが、いままで述べたような新府築城に関わる重要な内容もいくつも提起されることになった。これらの内容は今後のさらなる発掘調査によってしだいに解明されていくのであろうが、ここであらためて課題を整理して今後の新府城や中世城館跡研究に多少なりとも資することができればと思う。

新府築城の「半造作」について、新府城跡の発掘調査の成果によれば、郭内部の建物群の未完成な状況がかなり浮き彫りになってきた。従前の中世城館跡研究では、土塁や堀などのしっかりした防御施設に囲繞された郭内部には当然のように一定の建造物が立ち、普請作事ともに完成した城郭形態が現出していると想定する場合が多く、その前提のうえに中世城館跡研究が進められてきたのであったが、土地の造成等のいわゆる普請と、建物などの建築の作事については、それぞれが別個に検討されるべき性格のものであり、普請が完成していても作事が未完成という場合もあることがわかってきた。新府城の「半造作」というのはけっして例外的なものではなく、中世城館の場合、相当の数の城館がなんらかの「半造作」状態におかれ、むしろかなり普遍的なあり方ではなかったかと考えるべきである。

どのような場に、どのような建物が、どのように配置されていたのか、といった内容は、城館の性格や機能等を考えるばあい、きわめて重要な要素であるが、いままではあまりにも無頓着でありすぎたきらいがあり、遺構や出土品を重視する縄張研究や考古学研究の狭間にあって、忘れさられてきた大きな存在であったといわざるを得ない。残存遺構に重点をおいた縄張調査による城館研究にあたっても、このような具体的な作事の状況をも踏まえた考究が今後はますます要求されてくるであろうし、そうした研究方法を駆使することによって、縄張調査の成果の史料的な有効性がさらに高まり、表面観察による研究の限界性も打破することが可能となるであろう。

すでに指摘してきたように、新府城の「大手門」に関わる新たな課題も多くなった。桝形虎口と丸馬出といった武田氏の典型的な虎口のあり方に目を奪われ、これまではいささかの疑問もなく大手口と決定づけてきたのであったが、本来は大手口の作事の状況をも的確に把握したうえで「大手門」の評価をすべきであった。いままで新府城の大手口といわれてきたところは、すでに述べてきたように、立地している場所からすると大手門というよりも第二の門的な要素が強く、発掘調査の成果と重ねあわせると、新府城の大手門と断定するには難が多いといわざるを得ないのであるが、それならばなにゆえに、あそこに桝形虎口と丸馬出を設けたのかという疑問も浮びあがってくる。また武田氏滅亡後、新府城を本拠とした徳川氏が対後北条氏の最前線基地としていかなる修築を行ったか、いままでの研究ではほとんど視野に入れておらず、武田氏築城技術のあり方を探るうえでの盲点となっており、こうした点なども大手口一帯の研究を進めるうえでは避けて通れない研究課題となってきた。

これからの新府城研究のうえで、もう一つ付け加えなければならない重要な課題に、先に述べてきた白山城の総合研究のなかで示された研究手法がある。白山城そのものばかりではなく、その周辺に広く研究視野を広げ、関連する学問領域を結集してさまざまな角度から白山城像を組みたてていく研究方法であるが、新府城ではまだそういった手法は採られていない。新府城の「半造作」を考えるばあいでも、城下の建設など、たとえば街路や家臣屋敷、町屋などの建設がいったいどのように計画され、どの程度進捗していたのか、こういったきわめて重要な研究課題が手つかずの状態で山積しており、おそらくそれらの大半もいわゆる「半造作」の状態であったと断じてよいように思う。新府城の大手口についても、そうした周辺のあり方を正確に把握し分析したうえで、確定すべき性質のものであろう。

国史跡新府城跡は現在、さまざまな史跡整備事業がはじまっている。発掘調査も計画的に進められ、多くの調査成果が生まれている。これまでは文献史や城郭史の研究から一定の新府城像が描かれてきたが、そうした先行研究のうえに考古学による調査成果を重ねあわせることによって、城郭の内実に深く迫り、より豊かな歴史像が描けることもわかってきた。中世城館跡研究が真に科学的な学問として発展し得るためには、こうしたさまざまな学問分野による学際性、総合性がますます要求されてくるであろう。

註

（1）『日本城郭大系』全二〇巻（新人物往来社、一九七九～一九八一年）。
（2）磯貝正義・服部治則校注『改訂甲陽軍鑑』下（新人物往来社、一九六五年）。
（3）村田修三編『図説中世城郭事典』二（新人物往来社、一九八七年）。
（4）韮崎市教育委員会『白山城の総合研究』（一九九九年）。

［補遺］　甲斐新府城跡の保存整備に伴う考古学調査は現在も継続して行われており、順次土塁や虎口等を中心に整備事業が進行している。しかし、最近の調査によっても建物等の建造物の検出例は少なく、本論で述べた「半造作」の状況は変わりはない。
天正九年（一五八一）十二月の甲斐国主の武田勝頼の入城の際には、おそらく本丸以外の二の丸・三の丸等は、普請は終えたにせよ建物等の建造物はほとんど未完成の状態で、その城に半ば強引に入城したことが多くの家臣や商職人らの反発を招き、滅亡を早めた一因にもなったことは否めない。

ところが最近、新府城のごく近い周辺で行われた発掘調査において、新府城築城とほぼ同時期の屋敷跡が発見され大きな話題となった。

地名から隠岐殿遺跡と称された遺跡は、名称から武田氏の家臣であった真田氏の屋敷跡と推定されているが、調査成果によれば、礎石をもつ大型の建物跡二棟と、やはり大きな掘立柱建物跡一棟、それらを取り巻く柵列など整然とした屋敷構えが姿をあらわしている。伴出遺物には青磁や染付などの中国産陶磁器類のほか、天目茶碗、茶入れなどの国産陶器、碁石や西上野方面の土器に形態が似るかわらけ類がある。これらの様相をみると、地名や伝承のとおり、真田氏の屋敷跡の可能性が高く、本城とほぼ同時期にこの屋敷も造られ生活していた様子がうかがえる。

新府城周辺には武田家臣団の屋敷跡の伝承が多数あり、地名や地割、土塁や堀の痕跡も各所に残存している。これらの屋敷群の発掘調査はほとんど未実施であり、実態は不明のままであるが、この真田氏屋敷のように建物等が造営されていた可能性が高くなった。

武田勝頼は甲斐の府中の移転を強行し、本城の新府城の築城を開始すると同時に周辺に広大な都市建設を計画したが、これもまた「半造作」のままになってしまった。しかし、勝頼の命に従い新府城周辺に率先して屋敷を造営した武将たちもいたことが明らかになった。

勝頼の新府中の建設計画は実際どうであったのか、今後の調査研究に期待したいところである。

なお、隠岐殿遺跡に関する調査成果は以下の報告を参照されたい。

①閏間俊明「新府城跡とその周辺の様相」(『城館の年代観』中世を歩く会シンポジウム資料集、二〇一〇年)。
②閏間俊明「隠岐殿遺跡」(『発掘された日本列島二〇一一』朝日新聞出版、二〇一一年)。
③閏間俊明「「隠岐殿」という地名と遺跡―隠岐殿遺跡出土の戦国期のかわらけに関する予察―」(『武田氏研究』五五、二〇一七年)。

中世城館跡研究の一視点
――経営主体者をめぐって――

はじめに

中世城館跡の研究は、近年文献史学、歴史地理学、城郭史及び考古学等の多分野からの積極的なアプローチがあり、しだいに活発化する様子を示しはじめている。同時にこれらの諸分野が相互に連携して、学際的に研究をしようとする気運も高まり、幅広い交流が展開しようとしている(1)。

しかし、年々増加する城館跡に関する考古学調査の成果や、全国に優に四万は超えるといわれる中世城館跡を地域史の解明の直接的な歴史資料としてとりあげ、在地構造の分析等の視点に用いた例はきわめて少ないように思われ(2)、その研究方法論の構築が今後の中世城館跡研究にとって急務の課題となっている。

小稿では、とくに甲斐国内の中世城館跡をとりあげながら、それらの資料を中世社会の解明のための歴史資料としていかに活用するべきか、その方途を模索することを主たる目的としている。そしてここではとくに歴史資料としての中世城館跡の立地と分布のあり方に着目して、中世城館跡の遺跡群としての特質を引き出し、経営主体者像や在地構造の解析にせまる方法論を模索したいと考えている。

一　甲斐国内の城館跡のあり方

総数四百をこえるという甲斐国内の城館跡は、それぞれの在立基盤と歴史的背景のうえに、多様かつ複雑な様相を各々示しながら各地域に点在をしている。それらのひとつ一つにはそれぞれ明確な築造事由と存在意義がひそんでいるのであり、当該地域の政治的、社会的在地構造を直接的に反映していると思われる。したがって、戦国大名として永く甲斐国に君臨した武田氏の支配下にあった在地領主層のなかでもとくに在地性の強い、いわゆる武川衆・御岳衆・九一色衆とよばれる地域武士団をとりあげ、城館跡との関わりを論考してみたい。

1　武川衆と中世城館跡

武川衆とは、甲斐国の北西地域のいわゆる武川筋に存在している地域武士団を総称する呼称である。この地域を流れる釜無川の右岸河岸段丘上の村々にそれぞれ割拠しており、「甲州武川筋という一地域の内にその出身地をもち、かつ祖先を一にする同族結合をもつ者であり、それに婚姻による親類を加えて団結していた」(3)とされるきわめて地域的、同族的結びつきの強い地域武士団である。彼らの任務は、信濃国に接する地域という特性から、おもに国境警備という役目を担わされ、かつ信濃に通じる主要街道の警固に当っていたものと考えられている。

武川衆の集団としての活動を伝える初見としては、永禄八年(一五六五)の生島足島神社の下之郷起請文のなかの「六河衆」の語句であるが、しかし、武川衆の歴史上のもっとも華々しい登場は、武田氏滅亡直後の天正十年(一五八二)の徳川氏・後北条氏両者の戦いにおける活躍である。この時、武川衆は徳川氏側に与して、勝利に導き、のちの武川衆の在立基盤を確固のものとしている。

さて、この武川衆と彼らの政治的、軍事的基盤となる城館跡の関わりを示すものに、『甲陽軍鑑』伝解を引いた『甲斐国志』のつぎの記述がある。すなわち、「天正壬午ノ時、新府ニテ勝頼謀略アリテ、面々ノ小屋へ引入アルベシトノ儀ナリ。各々其意ヲ守リシカドモ、其謀相違セシ故ニ、武川衆ニハ勝瀬ノ供シタル人ナシトアリ[4]」とあり、武川衆のそれぞれが山中に「小屋」を有していたことがうかがわれるのである。この「小屋」の意味についてよく引用されるのが『甲陽軍鑑』の中のつぎの記述である。「古府中にても、いずかたにも籠なさるべき所有間敷候。山小屋などへ入給はんより、此半造作の新府にて御切腹なされ候へかし[5]」、これは、武田氏滅亡直前の天正十年の二月末、武田勝頼の嫡子信勝の言葉であるが、この直言の中にある「山小屋」とほぼ同意語と解してよいであろう。

「山小屋」については、井原今朝男氏の問題提起[6]を受けて、笹本正治氏[7]・小穴芳実氏[8]、さらに市村高男氏[9]の一連の論考があるが、これらのなかで、「山小屋」が軍事的役割を担う城郭としてとらえられるか否か、その性格をめぐる論議が活発に展開されている。また、その後、井上哲朗[10]・藤木久志氏[11]らは「自立した村の山小屋」、「百姓特タル城」としての仮説も提示し、村との関わりのなかで「山小屋」をとらえようとする考え方も生まれている。「山小屋」に関してここで多くの紙面を費やす余裕はないが、先に市村高男氏は四点の特質として具体的に指摘しており、そのなかの非日常性、暫定的で小規模な城郭、さらには「大名・有力国人の拠点的城郭よりも低位な位置づけ」という性格付けも行っている。しかし、この概念規定ですべての「山小屋」が包括できるか再検討の余地を残しており、「山小屋」についてはのちに述べることにしたい。

さて、釜無川右岸一帯に割拠した地域武士団武川衆の城館跡の実態を具体的な実例をとおしてながめて見よう。

韮崎市神山町にある白山城は標高五六七ｍの通称城山の山頂に立地している。山腹に白山神社を祀るため白山城と称されるが、鍋を伏せたような山容を見せるために鍋山城とよぶこともある。背後にある標高九〇〇ｍほどの八頭山などから東に突き出た独立峰上を呈す山頂に立地し、眼下には鍋山の集落を見下ろし、また遠く釜無川流域一帯を展望することができる立地環境を有している。

城跡は遺構の残りがたいへんよく、土塁に囲まれた約二五ｍ四方の主郭を中心に南北にいくつかの郭を配し、周囲には帯郭をめぐらしている。また、集落を望む東方斜面には竪掘を放射状に配するなどの特徴を見せる。虎口は枡形を呈して主郭北側と南側に設けられており、西方に続くやせ尾根は、深い堀切によって二度切断され、背後からの侵入を防いでいる。

この白山城は、武川筋に点在する城館跡類の中でもとくに縄張がすぐれ、戦国期の特徴をよく伝えているが、これを維持し得た勢力についてはもう一歩はっきりしない。北東一・二㎞のところに、甲斐源氏源清光の子で武田氏の祖武田信義の館跡もあり、その要害とする説も根強いが、全体の縄張や構造、虎口の形態や個々の遺構を見れば戦国期の築造説は動かしがたいところであろう。(12)『寛政重修諸家譜』は青木信種が鍋山砦を守る、(13)と記述し、のちに青木氏より山寺氏が分派すると白山城は山寺氏の管理下におかれた様子がうかがわれる。同諸家譜によれば、青木信種の孫山寺甚左衛門信昌は甲斐国鍋山郷百貫文を家康より安堵され、さらに慶長郷村帳には信昌の子信光が鍋山村に三九六石の知行高を有している点から、白山城は青木・山寺両氏の管理下におかれていたことはほぼ確実視される。『甲斐国志』は山寺甚左衛門の屋敷地として、鍋山の地の「今ニ殿小路ト唱ル処」(14)を想定しているが、現在では定かではない。しかし、少なくとも白山城の直下に広がる鍋山集落の付近と推定され、平城の居住区域の屋敷と軍事的施設の城郭の両者は一体性を示している。

信濃との国境に近い北杜市白州町鳥原の集落の北東に、殿畑とよばれる場所があり、地元では教来石氏の屋敷跡と伝えている。現在でも堀跡の痕跡が明瞭に認められ、旧白州町教育委員会の発掘調査においてもみごとな堀跡が検出されている。この屋敷跡から西方約一・二km程のところに城山と呼ばれる山がそびえており、鳥原の城山とか鳥原塁と称されている。『甲斐国志』は、「蓋シ烽火台ナリ　逸見筋笹尾ノ塁ニ抗衡シテ国境ニ備フト云(15)」と述べ、旧小淵沢町笹尾城跡と共に国境防備の任にあったことを伝えており、笹尾城跡との関係は、『甲斐国志』が「此(笹尾城跡)ニテ鐘ヲ鳴セバ鳥原ニテ太鼓ヲ打チテ相応ズト云伝フ(16)」と述べるように、相互に鐘と太鼓で連絡し合っていたという伝承が残されている。鳥原集落における屋敷跡と西方の鳥原城跡との関係は、先に述べた白山城と山寺氏屋敷の例に近似して、やはり一体的な状況を残している。

武川村柳沢の城沢というところに城山とよばれる山があり、星山故城と称される柳沢氏の城跡と伝える。今日でも、城跡としての性格を見せる平坦地や堀切などの防御施設を残しており、武川衆の一員柳沢氏の山城としての雰囲気を示している。立地環境は、先に述べた白山城や鳥原の城山よりもやや奥まった地点を選んでいるが、釜無川筋を一望に見る立地的特徴には基本的に相違がない。

前三者に比して、旧武川村と旧白州町にまたがって存在する中山という山系を利用して築城された中山砦は、やや趣を異にしている。一九八一年、武川村誌編纂事業に伴って甲斐丘陵考古学研究会のメンバーにより短期間の発掘調査が実施され成果も報告されていて、ほぼ独立した山を利用し、甲州街道を直下ににらむ中山に占地する状況は、武川筋の城郭の中では特異の存在である。中山砦をとりまく周囲には、先の柳沢をはじめ、横手・白須、さらにやや離れるが、山高の集落が存在し、そのいずれからも登城することができる。こうした立地環境を選んだ最大の理由は、街道筋の防備を念頭においたことにあろう。

武川衆の一員というより、武田氏の重臣として重用された甘利氏の館跡の伝承地は韮崎市旭町にあり、現在菩提寺である大輪寺がある。この背後の通称扇子平とよばれる山で近年山城跡が発見された。釜無川右岸筋から、遠く甲府盆地西北部一帯も一望できる眺望の良さももち、立地環境も背後の標高一〇三七mの旭山から東につき出た山系を利用するなど、白山城、鳥原砦などと酷似する。一連の武川衆の築造と性格を同じくするためであろうか。

2　九一色衆・西之海衆と中世城館跡

九一色衆とは八代郡中郡筋に割拠する集団で、中道から古関、本栖を経て駿州に通ずる中道往還を警固する役目を担っていた。この中道往還は、古代から甲府盆地への物資の流通路として重要な役割を果たし、中世・近世期においても生魚輸送をはじめとする経済活動が盛んに展開されていた。また、この付近は駿州との国境に位置しており、戦国期以降は街道防備にあわせ国境警固のための最重要地域であったのである。

これらの衆が、もっとも活発な活動を展開するのは武田氏滅亡後の天正十年(一五八二)のことであり、天正壬午の戦いの折、徳川方についた九一色衆は渡辺囚獄佐を頭目として路次警固の役割を担って戦功をあげている。渡辺氏は代々本栖湖畔に住したと伝えられ、現在でもその屋敷跡推定地が存在しており、おそらく武田氏時代からこの任務を与えられていたと推定してよいであろう。

笹本正治氏も、九一色衆内部の組織の一つとして「本栖村近辺の地域に住んだ者達で、本栖村の渡辺囚獄佑を中心にしていた。渡辺氏は九一色衆中ではもっともはやくから武田氏と被官関係を結んでおり、九一色衆の任務の中心であった国境警固の拠点となった本栖に住んでいたこともあって、九一色衆全体の首領としての役割も負っていた」[17]と述べ、九一色衆における渡辺氏の性格を指摘している。一方、西之海衆については、「九一色郷の内でも東南端にあたる西湖(西ノ海)のほとりに住む郷士たち」[18]で、小林九郎左衛門尉ほか七名にあてた書状に[19]、

右人数、勤本栖之番並材木等之奉公之間、富士之往復不可有相違候、又諸役之事者、
可為如十ヶ年以来者也、仍如件、
天文廿二年
五月晦日

と見え、本栖の番役などに任じているその代償として往来の自由が与えられ、諸役を免許されているものである。したがって武田氏は、西之海衆に対しても本栖周辺の警固を命じており、先の渡辺囚獄佐らと同様に、国境警固の役割を与えていたものと考えられる。

ところで、この本栖湖付近で唯一の城郭として存在しているのが本栖の城山である。烏帽子岳の麓をとおり青木ヶ原樹海を縦走する中道往還をさえぎるかのように突き出た半島状の通称城山の尾根上に占地しており、細いやせ尾根を効果的に利用して郭を連郭状に配している。多くの戦国期城館跡と同様に築造時期を明らかにし得ていないが、郭配りなど戦国期的性格を濃くあらわしている。国境付近をさえぎるように城郭を配置し、その防御と街道筋の警固にあたる国内の他に事例をみれば、甲斐南半の河内地方における真篠砦や葛屋峰砦の例、また対相模との国境防衛の例として、上野原付近に展開する栃穴御前山砦や長峰砦、大倉砦など、いずれも同じような特徴を示しており、この城郭も武田氏の築城技術をよくあらわしているといってよい。

本栖の城山に関する史料として、この地域周辺の百姓達に課した普請役に関わる「武田家普請役免許朱印状」がある。天正二年十一月三十日に原隼人佑が四八人の百姓達にあて築城に必要な葺板、木材の調達のため発給したもので、その中につぎの記述が見られる。

右、四拾九人、江尻興国寺並本栖大宮御座席之葺板木材以下之奉公、厳重ニ相勤之条、自余之御普請役、一切有

　御免許之由、被仰出者也、仍如件、

この文中に見える江尻・興国寺・大宮はいずれも駿河方面の戦国期の城郭を指していると考えられ、江尻城は旧清水市江尻町・二の丸町付近に所在し、永禄十二年(一五六九)武田氏によって築城、興国寺城は沼津市根古屋にあり元亀年間から天正初年ごろには武田氏の支城に属したといわれている。また大宮城は、富士宮市城山・元城町にあり、やはり永禄六年武田氏に属している。大宮城については『武田三代軍記』にも「信玄公御代に、富士の大宮にも、名城の地を見立てける」[20]とあり、駿河と甲斐を結ぶ街道の防備と富士郡一帯の支配の拠点としてきわめて重視していた様子がうかがわれる。これらの城郭に併記された「本栖」は、軍事的拠点としての本栖の城山を指すことは確実視され、この時期にすでに本栖の城山が存在していたことは認めてよいであろう。

『高白斎記』を見ると、駒井高白斎が駿河に赴く途中たびたび「本須」ないし「本須御陣所」に宿泊していることが記録されており[21]、街道筋の重要拠点としても本栖地域が位置づけられていたことが理解できる。したがって渡辺氏を中心とする九一色衆や西之海衆は、街道と国境の警固のために本栖の城山に在番したことが予測できるであろう。九一色衆のほか、小林九郎右衛門尉を中心とする西之海衆、さらには芦川付近の領主層や、のちに述べるように郡内の御師らによる集団警固の体制をとっており、城郭に対する認識は、先にあげた武川衆の一つの屋敷に対して一つの山城という場合と本質的に異なっていることが理解できる。おそらく、九一色衆や西之海衆の面々は、それぞれの知行地に屋敷を構えていたと思われるが、軍事的緊急時などに守衛すべき城郭はごくかぎられ、衆としての結束のもとに在番を命じられたものと推定されるのである。

なお、富士浅間社文書[22]に、

　本栖之定番、可相勤之由申候間、都留郡之棟別役、春秋六百文令免許者也、仍如件

壬戌

三月四日

と見え、本栖の国境守衛のために郡内領の御師集団にもその役目が与えられたようで、本栖の城山がもつ性格とこの地域一帯の重要性を垣間見ることができる。

3　御岳衆と中世城館跡

御岳衆について、『甲斐国志』はつぎのように記している。[23]

金峰ハ州ノ北鎮也方二十里ニ跨リ信州及ビ本州万力筋・逸見筋・北山筋等ヘ各々路ヲ通ジ御岳ハ其ノ中間ニ在リ此ニ在住ノ士ヲ置キ警固ヲナサシム是ヲ御岳衆ト云フ子孫ノ者今蔵王権現ノ杜人トナリ

この説明によれば、御岳地域は信濃や甲斐の万力、逸見、北山の各筋の中間地域に地理的な位置を占めるため、御岳衆はその警固にあたっていたことがわかる。上野晴朗氏も、「御岳衆の歴史的な性格は、一方に甲府の北方警固の任にありながら、武川衆・津金衆・九一色衆などとはややその発生性格を異にしていた。それは、金峰山に奥宮を置く、蔵王権現（里宮は御岳金桜神社）の衆人という性格が片方にあったからである[24]」と述べており、また笹本正治氏も「金桜神社の御師の性格が強いとされる御岳衆には、永禄七年（一五六四）普請役が免許され、天正九年（一五八一）には再確認されている。一般に百姓は賦課される普請役の免許ということからして、武田氏は御岳衆を武士団とは意識していなかったのであろう[25]」と御岳衆の性格づけを行っているように、御岳金桜神社を中心におく宗教的集団という認識が一般化している。この御岳衆の警固すべき城館跡を見ると最大規模のものは、武田信実が本拠としたといわれる川窪城であり、そのほかは御岳・柳平・猪狩等のいわゆる烽火台群である。

これらのいくつかの例を、かつて御岳衆が割拠したと推定される集落立地との関わりにおいてながめてみたい。

御岳の城山は、甲府市御岳町の東方にある通称城山の頂上付近にあり、ちょうど眼下に御岳町を見おろす格好をとっている。御岳町の北側には金桜神社が鎮座しており、この地域はおそらく御岳衆の本拠地たる性格を保っていたにちがいない。御岳の城山と眼下の集落との関係は立地的に見ても強く感じられ、軍事的な緊張時においてはここに住む御岳衆が詰め、任務すべき役割を果たしたのであろう。猪狩の城山は、猪狩町の西方にあり、御岳の城山と同様に眼下に集落を見おろす位置にある。立地的に見て、ほぼ同じような性格をもっていたことが理解できる。

敷島町の平見条地区にある平見条の烽火台は、標高一三七六ｍの高所に占拠しているが、平見条の集落との関係は先にあげてきた例とほぼ同様であり、また敷島町福沢の烽火台と上福沢・下福沢の集落との関わりもやはり同じような傾向を引き出すことができる。すなわち、御岳衆の割拠したといわれる甲府北部の山岳地域は、深い山々に囲まれ、集落はそれぞれの谷あいを利用して営まれており、大きな集団を形成することは不可能に近い地域形態をとっている。また、この地域の中世戦国期の城館跡類を見ると、そのほとんどが烽火台の類であり、規模が大きく、防御に万全を期した城館跡は先に述べた川窪城のほかに見当たらない。すなわち御岳衆が日常に守衛すべき城館跡は、主として烽火台の類であったのであり、ここに御岳衆の性格の一端が浮き出てくるのである。

二　地域武士団の性格と城館の機能

以上のように、甲斐国の、おもに国境ないし街道筋に割拠するいわゆる辺境武士団、あるいは地域武士団と称される集団のいくつかを選び、各々が警固すべき役割を担う城館との関係をながめてきた。ここでは、それらを相互に比較検討することにより、各々の諸形態と、特質の一端を引き出してみたい。

なお、検討対象とする各集団の城館跡について、築造時期や経営年代を明確にするものは少なく、築造主体者と城館を直接的に結びつける積極的な材料は見当たらないものが多いのであるが、大半は、中世戦国期の甲斐武田氏の支配時期ないし、その滅亡直後に起きる徳川・後北条両氏の争いの頃に築造されたであろうという認識に大過はなく、史料的な制約はあるものの、その前提に立って論を進めることにしたい。

まず、武川衆における城館と経営主体者のあり方について見ると、各地域の領主層の屋敷地と山城が、それぞれ個別に存在しており、唯一、中山砦の経営主体と経営のあり方は今後に多くの検討課題を残しているが、武川衆全体が結束して共同で守衛する形は原則としてとられていない。現時点では、武川衆のすべての人々の屋敷地や山城が明らかになっていないので、断定は控えねばならないが、いくつかの類例でうかがうかぎりでは、そうした傾向を否定することはできない。おそらく、諏訪口の国境付近から韮崎地内に至る南北約二〇㎞におよぶ釜無川右岸の河岸段丘上に割拠する在地領主層は、一様に屋敷地の他に、各々が別個に山城を有する特徴を示しているといえそうである。

このことから武川衆が一般にまとまりのある集団に思われがちであるが、個々にはきわめて独立性の強い一団であったことを指摘せざるを得ない。武川衆の場合、「武川衆が一団となって働きをした事は信玄・勝頼の時代には甲陽軍鑑にさえ、あまり見当らないが、壬午の後、すなわち武田氏が滅亡して、徳川家康が甲州に入って来る頃から明瞭にあらわれてくる」(26)と指摘されているように、とくに武田氏滅亡後徳川氏に召しかかえられて以後、衆としての自覚と目ざましい活躍があるのである。先に述べたように『甲斐国志』にも、武川衆は、「天正壬午ノ時、新府ニテ勝頼謀略アリテ、面々ノ小屋へ引込アルベシトノ儀ナリ」と見えるように、個々の城館を有し、そこで待機していた様子もうかがえ、この時点でどれだけ衆としての集団行動がとられていたのか検討の余地を残している。また、武川衆の中には、米倉・曽雌・曲淵氏などのように他所から移り住んで武川衆の一員に加わった領主層もおり、衆としての特異性もすでに指摘されているのであり、上野氏が「戦国末期の武川衆の性格は、必ずしも辺境武士団として割拠性が強いというばかりではなくて…」[27]と述べる以上に、衆としてのまとまりよりも個々の独立性、割拠性が強調されてもよいのではないだろうか。

武川衆が本拠地とした釜無川右岸の川岸段丘上は、南北に長く、さらに尾白川・大武川・小武川・戸沢川など釜無川にそそぐ中小河川によって相互に隔たりをもっている。こうした地理的条件も加わり、その独立性は維持されていたのではないかとも考えられるのである。

しかし、先に例としてあげた教来石・柳沢・青木、ないし山寺・甘利の各氏の山城を見ると、それぞれの構造、縄張は異なるものの、その立地的特徴は釜無川筋を直下にながめることのできる山系の先端に占地しており、立地に対する類似性は強い。このことから相互に独立性は保たれているとはいうものの、共通する防衛意識が底流に貫かれていることも指摘しておかなければならないであろう。

九一色衆・西之海衆の状況をながめてみると、まったく対照的な様相を引き出すことができる。この地域一帯の領主層が、先にあげた本栖の城山をはじめとして、国境付近の防御拠点に在番し、衆としてのまとまりの中で警固していたことはほぼ確実である。その形態は、おそらく武田氏滅亡後の天正壬午の役においても、徳川氏に与する中で引き継がれていったのであろう。

これらの衆の屋敷地について、本栖の渡辺囚獄佐、本郷の土橋氏のほか、あまり知られていない。しかし、これらの領主層がそれぞれの地域に割拠し、屋敷を構えていたことは否定できず、日常は在番としての交代制であろうが、軍事的緊急時などには本栖の城山等に集結する任務を負っていたと見なければならないのであろう。

このような、九一色衆・西之海衆による城館経営のあり方は、甲斐国の四周を守る城館群に一様に共通する特徴とすることが可能である。これは、武川衆の城館経営ときわめて対照的な状況を映しだすのであるが、中世戦国期の城館を経営する主体者像には少なくともこの二者のあり方が存在することを認めねばならないと考える。武川衆的な城館がなにゆえに存在するのか、のちに少しく述べることにしたいが、しかし、戦国大名権力の増大、支配の拡大に伴い、城館の経営主体は武川衆的なあり方が次第に否定されていく傾向を示していくのである。

御岳衆の場合は、どうであろうか。

彼らが守衛すべき城館は、ひとつはおそらく川窪城の在番と推測できるが、もうひとつはそれぞれの領主層がかかえる烽火台群である。これらの烽火台群は、軍事的機能の乏しい城館で、おもに情報伝達等の機能を担う重要施設であり、立地的状況と各集落との関わりから考慮すると、集落単位で日常の維持経営の任務を負わされていたことが想定できる。武川衆の例に一見似るが、防備に万全な城館と烽火台の差は、前者が戦闘的であるのに対し、後者は非戦闘的要素が強いことは確かである。「御師の性格が強い」と指摘される御岳衆のあり方に、この地域一帯の城館は一致する傾向を示すのである。

御岳衆の場合、おそらく九一色衆らと同様の形態で、川窪城の番役を勤めると共に、集落内にあっては共同して烽火台の管理、経営に従事したのであろう。ここには武川衆的な個々による軍事施設の保有は見られず、武川衆に比して戦闘能力が劣ることは否定できない。

三　戦国大名権力と地域武士団

戦国大名武田氏とこれらの城館との関わりはどうであろうか。九一色衆・西之海衆が在番を命じられた本栖の城山、ないしその付近の防御施設は、甲斐の国境を守備すべき拠点として、武田氏の直接支配する城館であることは明らかである。その軍役につくことによって、代償として諸役が免許されるという特典も与えられ、ここに戦国大名と地域武士団との権力関係も成立しているのである。

このことについては、すでに本栖の城山に関わる諸文書の中で見てきたので繰り返さないが、近似する例として、大月地域にある岩殿城の在番についても、つぎの文書が有名である(28)。

定

落合の新左衛門　大師の縫殿右衛門　小笠原の助右衛門
小笠原の源つぎ郎　百々の四郎右衛門　今宿の新五左衛門
寺辺孫右衛門　徳行助右衛門　曽根の新七郎　黒駒の新左衛門

右捨人岩殿令在城、御番御普請等無疎略相勤之由候条、郷次之御普請役被成御赦免候間、自分之用所可被申付之由、所被仰出也、仍如件、

天正九年辛巳　土屋右衛門尉
三月廿日　○（龍朱印）　奉之
荻原豊前

この書状は、岩殿城の在番と普請を勤めあげるかわりに郷次の普請役を免除するという趣旨のもので、軍事的任務を遂行する代償として普請役を免除するという図式を見ることができる。岩殿城は、武田氏にとって対相模、郡内領支配のための重要戦略拠点として位置づけられている関係上、在番衆の徴収は甲斐国一円に及んでいた可能性が強いのであるが、本栖の城山に代表される国境警固のための城館の在番は、おそらく近在の地域武士団がその任にあたっていたのであろう。いずれにせよ、これら武田氏が直接関わる城館には、戦国大名武田氏と地域武士団との相互の権力関係が成立しているのである。

一方、武川衆がかかえる山城はどうか。少なくとも、武田氏から九一色衆らに与えられたような「在番」の記述はない。興味深いのはむしろ『甲陽軍鑑』の述べる「面々ノ小屋」で、これには武川衆を構成する個々の武士団の固有の城館という意味が含まれているように思われ、武田氏が直接支配する城館ではない可能性が強い。武田氏の戦国大名権力が直接及ばない、「私」的な性格をにじませる防御施設として機能し、それぞれの責任において管理、経営していた可能性が見いだせるのである。先の九一色衆らの守衛する城館や岩殿城などの「公」的性格に対し、「私」的性格をもつ城館としての位置づけができると考えるのである。

武田氏の戦国大名権力が甲斐国全体に深く浸透し、拡大する中で、果たして「私」的性格の強い城館が存在したであろうか。本来、甲斐国内の城館、とくに軍事的機能を有する山城類は、小山田氏権力の支配する郡内領の一部や穴山氏の支配領域に属する河内地方を除いて、武田氏の支城として経営されたか、なんらかのかたちで直接支配が及んでいたと考えなければならないであろう。

しかし、武川衆の「面々ノ小屋」について、各領主層の屋敷との関係、占地状況を見るかぎりでは、裏づけとなる直接的史料はないが、武川衆個々の保有として、武田氏が掌握しきっていない、「私」的経営がなされていた城館であった可能性が強いことが指摘できる。

これらの山城類は、それではどのような性格と機能を有していたのか。本栖の城山、岩殿城等と異なる要素は何か。

四　「山小屋」に対する「私」的性格

天正九年（一五八一）三月、織田・徳川連合軍の甲斐侵攻を目前に控え、新築なったばかりの新府城を捨ててどこに落ちるか評議の折、武田勝頼の嫡子信勝はつぎのような発言をしている。

古府中にても、いずかたにも籠なさるべき処有間敷候。山小屋などへ入給はんより此半造作の新府にて御切腹なされ候へかし。

すなわち、いさぎよく新府城にて果てることを強く主張したのであり、その時の信勝の胸中には「山小屋」に入るのは恥辱であるとする考えが根底にはたらいていたのである。しかし、先に述べたように武川衆はそれぞれ「山小屋」を保持し、「面々ノ小屋へ引入リアルベシトノ儀ナリ」として、両者の間には、「山小屋」に対して対照的ともいえる姿勢を見せているのである。

さて、「山小屋」に対する研究は、近年活発に展開され、いくつかの認識が対立している。ひとつは、「山小屋」をあくまで軍事的施設と見なし、山城との間に階級的性格の相違を指摘した井原今朝男氏の問題提起を受け、小穴芳実氏の「山小屋」＝山城という見解、さらには市村高男氏の先に紹介した所論に展開する流れである。そして最近では、前述したように藤木久志氏らが提起した、大名の属城ではない「村の城」「百姓持タル城」という見方である。

もうひとつは、笹本正治氏の「山小屋」は避難所アジールとする主張で、「戦国時代の山小屋は当時社会的慣習として存在した山のアジール性を前提にして、戦乱から避難するために用意した建物であった[29]」という認識である。

これら一連の主張の中で例示された「山小屋」、あるいは「小屋」とされた城館を見ると、本来井原氏のいう山城とほとんど遜色のない縄張、構造をもつものが少なくない。

たとえば、信濃の代表例とされる古厩小屋とよばれる小岩岳城は、南安曇郡穂高町有明に所在し、主郭のほか二の郭もあり、多数の帯郭や堀切を施すなど軍事的にすぐれた構造をもっている。

小岩岳城攻略については、『勝山記』の天文二十一年(一五五二)条に「此年信州御働候。小岩兵部雲戒ヲ責落シ被食候。打取首五百余人。足弱取事数ヲ不知」とあり、また『高白斎記』の同年八月十二日条に「小岩竹攻城主生害」と見えるほど、甲斐においても著名なできごとであった。また、文中より老人、子供等まで籠城していた可能性さえうかがえるのである。「中洞小屋」とされる同郡梓川村字中塔にある中塔城も、主郭の他多数の郭類や帯郭、堀切をもつ城郭で、天文十九年小笠原長時が籠城しているという。

それでは甲斐国内の状況はどうか。『甲陽軍鑑』『武徳編年集成』など諸記録に「江草小屋」として登場する獅子吼城は、北杜市須玉町江草に所在し、城山山頂に主郭、周囲に多数の郭を配置し、竪堀や帯郭を付設した堅固な城郭である。この付近の城館を見ると、江草大渡の烽火台、比志の烽火台、さらに神戸の烽火台、和田の烽火台と数キロごとに点在しており、獅子吼城はこれらのかなめとなる拠点的城郭であることが理解できる。付近一帯は地域武士団津金衆・小尾党が割拠しており、これらの領主層の中核的存在の城郭であったのである。

また、先に述べてきた武川衆の「面々ノ小屋」とされるうちの白山城は、規模はそれほど大きくはないが、甲斐国の城館跡中でも、とくに縄張においてすぐれたものである。

以上のようにわずかな史料ながら「山小屋」についての縄張・構造面は、他の山城と比較しても決して遜色のないものが多い。このように見ると、井原氏の主張するように「山小屋」が「簡単な構築物」であるかどうか再度検討する必要があろう。

一方、本栖の城山は、近郷の九一色衆・西之海衆らが在番した城館で、獅子吼城・白山城とほぼ同じような規模を有しているが、諸記録には「小屋」という表現は見当たらない。国境警固のための城館としての位置づけが明確で、そこには武田氏直轄支配の、いわゆる「公」的な概念が存在するからであろう。軍事的施設である城郭には百姓・女・子供等非戦闘集団の入場を禁ずる例も見られ、軍役を担う在番衆によって防御が固められることが多い。

しかし、先に述べた「山小屋」を見ると、武川衆、津金衆のいずれの場合も、個々ないし地域の領主層の集団に属する城郭として、地域の武士団の他、百姓・女・子供まで籠ったものと理解される。上野晴朗氏は、「天正十年、武田氏の滅亡期、これらの人々は妻子を山小屋にひそませ、そのための小屋が常時山中に設備してあったといわれる。武河衆の場合、このようにひそんでいたのを、その慣習を知って引き出してきたのは、一説に法泉寺の住持快岩で…」と述べ[30]、武川衆のそれぞれの「山小屋」は妻子までかくまうための施設であったことを指摘している。また『甲陽軍鑑』は、「鳥居彦右衛門甲州固屋あがりの侍をおろし都合二千不足の人数にて…」と記述する[31]ように、天正十年の戦いに「山小屋」にひそむ武士達が徳川氏側に与したことを伝えているのである。先の信濃の小岩岳城や中塔城も妻子を含む多くの人達が籠城していた様子が見える。

このように見ていくと、「山小屋」は、第一に戦国大名権力が直轄経営しない、あるいは直接掌握しきっていない「私」的ともいえる山城を総称しているのではないかと考えることができる。それが地域武士団の集団に属する場合もあろうし、あるいは個人が管理経営していた場合もあろうかと思われる。市村高男氏の指摘するように、「大名・有力国人の拠点的城郭よりも低位な位置づけをされ」るもので、結果として「小規模で簡略な城郭」[32]が多いのであるが、それは大名権力等の築造したものでなく、「私」的な保有物としてつくられたことに多くは起因するからであろう。

『甲陽軍鑑』にはつぎのような注目すべき記述もある。

三月三日の朝、地下人尽地焼を仕り、山こやへ入とて西郡・東郡・北はおびなのいり・御嶽、さては穴山殿逆心の地へ退もあり。(33)

武田氏滅亡の折には、地下人は「地焼」を行ったうえで、それぞれ「山小屋」に退き、逃げ隠れした様子がうかがえるのであり、また、徳川氏は「甲州固屋あがりの侍をおろし」、その軍事力を活用して天正壬午の戦いに勝利を収めていくことになるのである。

ここに見る「山小屋」には、明らかに百姓・女・子供までをかくまうために準備された施設のイメージも浮かびあがってくるのであり、また地域武士団が一時的に身をひそめることも可能なものとして山中に築造されていたと考えることもできるのである。

しかし、こうした「山小屋」がなにゆえに存在したのであろうか。この背景のひとつに、戦国期の兵農未分離の状況がある。地域の領主層がその知行地にあって農耕に従事するかたわら自らを守衛すると同時に、自らも大名権力とは別の、一定の軍事力を内在していたからにほかならない。

おわりに

以上、各地域に存在する中世城館跡、とくに山城の立地形態に着目して、在地領主層、地域武士団との関わり方、すなわち経営主体者、経営のあり方等を探る試みを行ってみた。

これらの城館跡は、それぞれの経営主体者像の性格を多少なりとも反映しているであろうという認識を前提に議論を展開したのであるが、先に見てきたように武川衆・九一色衆・御岳衆それぞれが特有の保有形態を残していることがわかり、これらから衆の性格、戦国大名武田氏権力との関わり方を少しでも導き出そうとしたのである。また、特に武田氏との関わり方、保有形態において、「公」と「私」の概念が城館跡には存在することを引き出した。おそらく、これらの城館跡は戦国期以後にはしだいに消滅していく性格のものであろうが、戦国期以前には比較的顕著なかたちでこうした「私」的城館跡が存在したにちがいない。

さて、「公」的なる城館の概念とはなにか。すでに全体をとおして述べてきたつもりであるが、もっとも簡潔な表現をすれば、武田氏大名権力が直接的、間接的に支配、経営する城館のことであり、多くは軍役として城主や在番衆が派遣される。かわりに諸役免除などの特典が与えられる場合も多い。直轄経営の支城、国境警固の砦類などはその典型であろう。とくに新たに支配地となった信濃・西上野・駿河方面には要衝の地に多くの支城を配したことは論ずるまでもない。

反面、これらの大名権力の直接及ばない地域の集団経営ないし個々の保有になる城館も存在する。これを「私」的な城館とした。地域の武士団の集団経営となれば、「公」的性格も多少見られることになるが、ここでは甲斐国一円を統治した武田氏権力との関わり方における「公」的概念である。おそらくそれぞれの地域の中でも、相対的に「公」的と「私」的保有形態は、また別のかたちで存在することになろう。戦国末期に顕著なかたちで文書類に登場する「山小屋」についても、この「私」的な山城を総称しているのではないかと考えた。武田氏側からして「私」的なる山城、あるいはのちの徳川氏側からして「私」的なる山城の多くが「山小屋」とよばれている傾向が強いのである。

さらには有力国衆層のもつ「私」的なる山城も、それぞれ「山小屋」と称されることも注意されなければならない。こうした「山小屋」が、結果として、井原氏・市村氏、さらに笹本氏らの所論から導き出されている特質を内包しているのである。

しかし、「山小屋」の概念規定をこの「私」的性格を有する城館とする視点からながめると、縄張にしても規模にしても一律に規定できないことになるのであるが、それもおそらく「山小屋」の本質的な特徴のひとつになるのであろう。

さて、中世城館跡は地域史の解明のためにいかに活用されるべきか。またその研究はどのような方法論をもって進めるべきかを検討することを主眼に本稿に取り組んできたが、結局、地域にある城館跡の性格づけと「山小屋」と称される城館跡について若干論じたにすぎない結果となってしまった。ここで主張したかった第一の目的は、全国に数多く存在する城館跡は、それぞれの地域の歴史を直接的に反映する史料であるため、この歴史資料を通して地域の歴史解明にのぞむ方法論を少しでも提示することにあった。

今後なお、地域の城館跡の調査分析を重ねながら、歴史資料としての城館跡の調査・研究が一層進展するよう努力したいと考えている。

註

（1）　近年中世城郭研究会等を中心に、「城郭研究者セミナー」が毎年開催され、活発に研究発表がなされている。とくに、一九八八年には、帝京大学山梨文化財研究所と共催で、「戦国期城下町と城」と題したシンポジウムが開催され、考古学・文献史学・城郭研究者等幅広い研究者の参加のもとで、学際的に研究交流が図られた。

（2）とくに、山本雅靖氏の一連の研究に代表される。
（3）服部治則「近世初頭武士集団における親族関係―特に甲州武川衆における―」（『山梨大学学芸学部研究報告』一六、一九七一年）一一四頁。
（4）松平定能編『甲斐国志』巻之百十三、士庶部第十二。
（5）『甲陽軍鑑』品第五十七。
（6）井原今朝男「山城と山小屋の階級的性格」（『長野』一一〇、一九八三年）。なお、井原「中世城館と民衆生活」（『月刊文化財』三〇一、一九八八年）にも同様の趣旨の記述が見られる。
（7）笹本正治「戦国時代の山小屋」（『信濃』三六―七、一九八四年）。
（8）小穴芳実「山小屋は逃避小屋か」（『信濃』三六―一〇、一九八四年）。
（9）市村高男「中世城郭史研究の一視点―史料と遺構の統一的把握の試み―」（中世東国史研究会『中世東国史の研究』、東京大学出版会、一九八八年）。
（10）井上哲朗「村の城について―上野国三波川地域の城館址調査から―」（『中世城郭研究』二、一九八八年）。
（11）藤木久志「村の隠物・預物」（網野善彦他編『ことばの文化史』中世一、平凡社、一九八八年）。
（12）村田修三編『図説中世城郭事典』二（新人物往来社、一九八七年）一二五頁。
（13）『寛政重修諸家譜』巻第百六十一の青木・山寺氏の項。
（14）『甲斐国志』巻之四十八、古跡部第十一。
（15）『甲斐国志』巻之四十八、古跡部第十一。
（16）『甲斐国志』巻之四十七、古跡部第十。

(17) 笹本正治「九一色郷特権の成立について」（磯貝正義先生古稀記念論文集編纂委員会『甲斐の地域史的展開』、雄山閣、一九八二年）一五九頁。
(18) 上野晴朗『甲斐武田氏』（戦国史叢書四、新人物往来社、一九七二年）三一四頁。
(19) 荻野三七彦・柴辻俊六編『新編　甲州古文書』第三巻（角川書店、一九六九年）一〇九〜一一〇頁に、旧西湖村共有文書として掲載されている。
(20) 『武田三代軍記』巻二十二。
(21) 『高白斎記』天文十四年、十九年などにこれらの記述がみられる。
(22) 前掲註(19)『新編　甲州古文書』第三巻、六二頁。
(23) 『甲斐国志』巻之百十、士庶部第九。
(24) 上野前掲註(18)、三一九頁。
(25) 笹本正治「武田氏と国境」（地方史研究協議会編『甲斐盆地―その歴史と地域性』、雄山閣、一九八四年）、一八九頁。
(26) 服部前掲註(3)、一〇六頁。
(27) 上野前掲註(18)、二九五頁。
(28) 須藤茂樹「武田氏と郡内領に関する一史料」（『甲斐路』四六、一九八二年）。
(29) 笹本前掲註(7)、五一三頁。
(30) 上野前掲註(18)、二九〇頁。
(31) 『甲陽軍鑑』品第五十八。
(32) 市村前掲註(9)、五六四、五六五頁。

(33)　『甲陽軍鑑』品第五十七。

「居館と詰城」に関する覚書

はじめに

二〇〇五年頃だったか記憶は定かではないが、城郭研究者の松岡進氏より、中世戦国期に築城された城郭の一形態として「居館と詰城」というセット関係の城郭があるが、このことについて最初に提起したのは甲斐国の地誌である『甲斐国志』(以下、『国志』と略)ではないかと指摘され、強い衝撃を受けたことを覚えている。『国志』とは、江戸後期の文化十一年(一八一四)に編纂された甲斐国の地誌で、甲斐国の歴史研究には欠かせない貴重な書物である。(1)そのなかにはたしかに、「詰城」についての記載が何か所かにみられ、甲斐の城郭研究上ではよく利用されてきたものである。しかし、その『国志』が、「詰城」についてなぜ最初に提示したのか、その裏づけとなる史料は何だったのかといったような、いくつかの疑問も生じてきたのである。

かねてより私は、一般的にいわれている「居館と詰城」の城郭体制について、甲斐国内には躑躅ヶ崎館と要害城のセット関係のほかにはほとんどなく、それほど普遍性がないことに気がついており、これは甲斐国だけの特異な現象であろうと思っていた。そしておそらくそれは、甲斐国内に強大な権力機構を築いた武田氏の支配下にあるため、それぞれの国人層や土豪層らは詰城が築けなかったか、それとも何らかの理由で築く必要がなかったと想定していたのである。

ところが近年になって、列島各地の状況をみると、居館と詰城のパターンをもつ城郭が予想以上に少ないことがわかり、しかも最近松岡進氏や西股総生氏らの刺激的な論考に接し[2]、居館と詰城の城郭体制とはいったいなんなのか、あらためて考えてみようと思いたった。

本稿は、そうした問題意識から、この居館と詰城の城郭体制について、現段階で考えている点を覚書風にまとめたものである。論理的構成がなお不十分な点や、近年とくに松岡進氏から提起されている「居館」という用語の意味など検証すべき点は多々あるが、本稿の論旨からややそれるために、ここでは一般的な用語として使用していることをあらかじめお断りしておきたい。

一　『甲斐国志』にみる「居館と詰城」

居館と詰城のセット関係について、松岡氏の指摘を受けて、あらためて『甲斐国志』のなかに求めていくと、何か所かに関連した記載がみられる。

松岡氏が例示したのは、甲府盆地の西部に拠点をおいた氏族の秋山氏の居址の項で、この秋山氏の要害として『国志』は中野城跡を比定し、旧中野村に所在している「秋山氏ノ居址」を居館として両者をセットとして論じている箇所である。『国志』は、続けて「古代ハ山ニ倚リテ要害ヲ構ヘ平坦ニ居館アリ[3]」と述べて、「居館と詰城」のセット論を補強している。この秋山という氏族は鎌倉時代からの名族で、これらの居館と山城の年代観もその頃に想定して、中世の早い時期からこのセット論は成立していたことを示唆している。同様な事例として、『国志』はさらに「古跡

部第十三　八代郡西郡筋」の項で「古城山」をとりあげ、この城を鎌倉期に勢力をもった甲斐源氏の祖である源義清の「要害本城」と比定し、「平塩岡」を居館として、両者をセットとして論じている。

『国志』は上記の二例を見てもわかるように、「居館と詰城」のセット関係はすでに古代末ないし中世初期には成立していたものと認識しており、戦国期に至るまでの一般的な特質であると考えていたようである。また『国志』に見る戦国期の「居館と詰城」の事例として著名な存在は、郡内方面に本拠をおいた小山田氏の本城とされた「岩殿城」(4)である。居館は都留市内に所在している「谷村城」ないし「中津森館」とされているが、しかし両者はおよそ一二㎞も離れており、両者の結びつきは不自然にもかかわらず、この両者をセットとしてとらえている。

同じような事例として、甲斐国の河内地域を支配した武田氏の親族である穴山氏の城もこのようなセットの関係にあることを紹介している。すなわち、「穴山氏ノ城墟」として本国寺の境内一帯を穴山氏の居館とし、本城は城山とよばれる「西ノ山上」に存在しているとした(5)。小山田氏と穴山氏は共に武田氏の譜代の重臣でそれぞれの地域で大きな勢力をもった氏族であり、当然のように、このセット関係は存在していたものと考えたのであろう。

武田氏の配下の有力武将だけでなく、『国志』は地域に根を張った中小武士団についてもこの「居館と詰城」の体制についてとりあげている。「古跡部第十六之下　都留郡郡内領」のなかに「古城跡」として何人の居跡なのかは不明であるものの、「古城跡」として「村内ニ居館ヲカマエ東西ニ木戸ヲ構ヘ山上ハ要害城ニ築ク」と紹介している(6)。東と西に木戸を設けた城下集落もあることから、この地域に相応の勢力をもった人物の拠点であったのだろう。『国志』はこのほか、小菅村の「小菅遠江守信景ノ城跡」として、村内にある城跡とその麓にある居館を紹介し、両者がセットの関係にあることを示している(7)。ここでは甲相国境に近いこの地域に根を張った小菅という氏族名を具体的にあげて、その本拠としてとりあげており、これらの事例は、山城と居館のパターンが強大な権力を有した氏族だけでなく、中小武士層の間にも浸透していたことを示している。

『国志』には、上記にあげたような、甲斐国内でのいくつかの事例が紹介されているが、数量的にはかなり少ないことに気づくのである。しかし、「小山田氏館跡」の項では「岩殿山ハ要害城ニシテ居館ハ谷村タルコト明カナリ」、また「岩殿城跡」の項でも「小山田ハ中津森又谷村ニ居館アリ此ノ山ヲバ要害ニ構ヘタリ」と述べるように[8]、居館とその詰城という両者がセットとして密接に結びつくという城郭のありように対して強い認識を持っており、こうした認識がいかなる経緯から『国志』内に植えつけられていったのか、興味深いところである。

二　居館と詰城に関するこれまでの認識

この詰城について論じた初期の論考は、すでに松岡進氏によって紹介されているように、明治四十三年(一九一〇)に『史学雑誌』上に発表された大類伸博士の論考「本邦城櫓並天守閣の発達[9]」であるように思われる。そのなかでは、戦闘に際しては居館を捨てて、付近の山岳に拠るとし、『太平記』や『応仁記』に事例を引きつつ、中世後期には「詰め城」が設けられたと述べている。大類博士はその後の一九三六年には鳥羽正雄博士と共に『日本城郭史』を著し、先の論考を補強した著作を発表している。武家時代の前期、建武中興から室町時代末までの築城の特徴として指摘されている点は重要であるので、やや長文ではあるが、以下に示しておく。

この時代の築城上の特徴は、その初期には、天険を利用し比較的高い山による傾向が著しかったが、後次第に戦乱の状態の長引くにつれ、従来の平地の居館も次第に塁を高くし、濠を大にして来たとともに、大領主は之を領土中の要害の地に移し、殊に、高山の山麓にかまへて、山上の城郭と連絡して戦時には直ちに拠点ともなる様

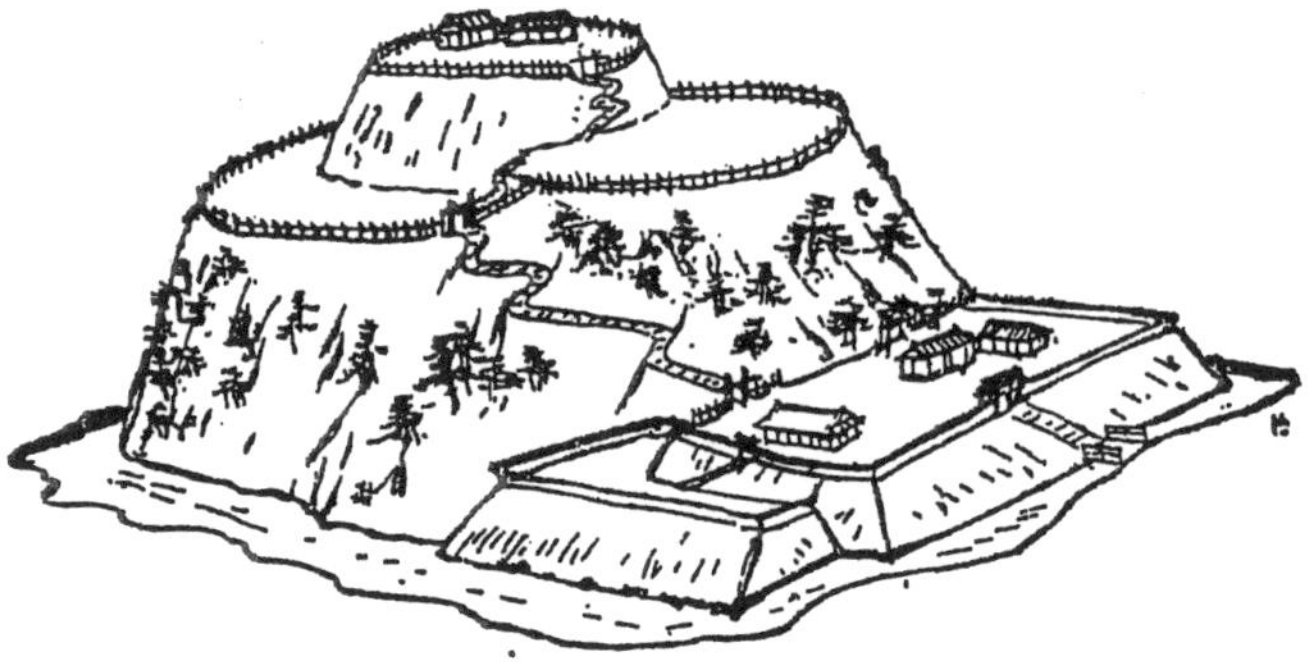

図１　居館と山城（模型図）
（大類伸・鳥羽正雄『日本城郭史』雄山閣 1936 より）

な風にされたものも多くなった[10]。

また、「中世の築城」の個所でも、「居館と山城」として両者の関係を図に示しつつ、「当時の城郭として主なるものは、平地丘陵に於ける邸宅に防備を施した居館と高山に據る臨時の山城との両者であった[11]」と述べ、ここでは「詰城」なる用語は使用していないものの、中世の時代には「居館と詰城」による城郭体制が特徴であったことを強調している。

明治期から昭和十年代において城郭研究をリードした大類・鳥羽両博士による右の見解は、当時の城郭観の形成に強い影響を与え、「居館と詰城」という城郭体制が各地につくられ、それがまた普遍的な姿であったという認識を強く植えつけることになった。

いま手元にある一九七〇年に刊行された大類伸監修の『日本城郭事典』を見ると、「詰め城」の項には「城は元来、その発生過程において、『館』と『詰め城』に分けられる。日常生活を営むにあたっては、城館は平地の方がよく、戦闘面においては平地の城より、要害堅固な山上の方が利である。すなわち『詰め城』とはこの戦闘面のみの城をいうのである。中世城郭には全国各所に見受けられる[12]」とあり、また翌一九七一年に出版された鳥羽正雄著『日本城郭辞典』にも、「詰め城」という項が立てられ「最後に籠る一番奥にある城[13]」と述べられている。城郭研究におけるこの両権威の、明治期からの一貫したこうした発言は巷間に広く浸透し、動かしがたい定説になっていった。一九七三年に刊行された井上宗和氏の『ものと人間の文化史　城』でも、「一般的には平時は山麓の居館を住居とし、戦時にのみ山上の城を拠点とする構想[14]」が鎌倉時代からはじまったとし、戦国初期の「根小屋城」というものはこうした構想の城郭であったとしているし、その後の二〇〇五年刊行の『日本の城の基礎知識』のなかでも「山上には詰の城と称して非常籠城用の住居設備と防御設備のみを施し、日常の生活はその山麓に居館を営む、というアクロポリス型構想によるものが多かった[15]」と述べており、このセット関係をごくあたりまえの通説として紹介している。

また、二〇〇七年に刊行された小和田哲男氏の『戦国の城』をみると、「平時の居館と戦時の詰の城」という項が立てられ、「戦国期の山城は、山城だけが単独で存在する方が珍しく、多くは、平地の居館とセットになっているのである[16]」と述べられ、全国にこのセット関係の城が無数に築かれていたとしている。ちなみに、一九八六年刊行の『国史大辞典』には、「中世の城郭には平地において地形を利用して居館を造り、周囲に堀と土塁を巡らした簡単な城郭と、居館のある平地の背後にある山の上に石垣・土塁・堀などによって小さな台地を造り、有事にここに籠もって敵を防衛する山上の城郭とがあった[17]」とあり、この「居館と詰城」の城郭体制は、多くの歴史書や辞典類のなかでも、中世城郭の典型的なあり方として記述され、根強く定着していったことがわかる。

このように強固にしみこんでいった「居館と詰城」観について、冒頭に紹介した松岡氏は、二〇〇九年に発表された論考[18]において、従来のこうした城郭観に対する強い疑義を提起したのである。そもそもこの論考は、「居館」そのものについての再検討を論旨にしたものであったが、「居館」と「詰の城」との関係にも着目し、大類博士にはじまる通説に根底からの見直しを迫ったものであり提起された問題は大きい。近年では西股総生氏も松岡氏のこうした問題提起を受けて、この居館と山城のセットという関係はほとんど見当たらないとし[19]、決して普遍的なあり方ではなかったと述べている。城郭研究上あまりにも通説化していたこの図式に対し、根底からの見直しを提起したこの両者の問題提起は大きな意義があるが、それではたして実態はどうであったのだろうか。

三 「居館と詰城」論の実際

先の論考のなかで西股氏がとりあげている戦国大名甲斐武田氏の本拠の躑躅ヶ崎館と詰城の要害城について、この両者の関係を居館と詰城をセットとする典型例とすることには、疑義をはさむ余地はなかろう。永正十六年(一五一九)に、国主武田信虎によってまず館が築造され、時をおかずに、その翌年に山城の要害城が築城されたのであるが、このことはさまざまな記録類にもしっかりと書きとどめられており[20]、当時においては強い政治的関心事であったことがうかがえる。また、記録者たちも当然、この両者を一体のものとしてとらえていたのであろう。むろん、武田信虎自身にも新しい拠点の建設にあたって、居館と山城の両者をセットとして築造しようとする強い意図があったわけで、それはおそらく戦国初期の十六世紀前後にはこの図式による拠点づくりが、こうした戦国大名クラスのあいだでは盛行していたと見なすべきであろう。

冒頭にとりあげている『国志』の記載は、この躑躅ヶ崎館と要害城の本拠の体制も念頭においたものであることは想定できるのであるが、しかしこのセットとする城郭体制を甲斐国内の城郭に対して普遍化しようとした点に多少の無理が生じてしまったようである。郡内を支配した小山田氏が本拠とする谷村に対し、およそ一二km も離れている大月の岩殿城を詰城に比定した点などはその典型例であろう。じつは、甲斐国内にはさきにとりあげた二、三の事例以外にはこのセット関係をもつ城郭は存在しない。

西股氏が「山城の麓に居館の存在を確認（ないしは高い確度で推定）できる事例は、皆無ではないけれども滅多に見かけない[21]」と論じたこのセットの城郭体制は、氏の指摘するとおり、わが国の城郭群においては普遍的どころか、ごく少数のあり方と見なすべきなのかもしれない。

ただし、普遍性はないが、皆無ではないことも確かである。ここでその実態を集成する余裕はないが、一、二の事例をみていくと、戦国大名クラスの本拠についてはこの図式があてはまる場合が多い。越前の朝倉氏の本拠の朝倉氏館と一乗谷城、若狭の武田氏館と後瀬山城、近江の浅井氏の清水谷の館と小谷城をはじめ、駿河の今川氏の賤機山城や安芸の毛利氏の郡山城の事例などがあり、こうした「居館と詰城」のセットになる本拠づくりが戦国大名クラスで積極的に行われていた可能性は高い。これに対して、国人・土豪クラスの城郭づくりにどれほど浸透していったのかが問題となろう。

この国人クラスの城郭づくりを見るうえで欠かせない事例は、駿河の葛山氏の本拠の体制づくりであろう。駿河の今川氏と甲斐武田氏、それに相模の後北条氏三者の境目に本拠をおいた葛山氏は、駿河国駿東郡に本拠を構え、そこに居館と山城をかかえ、地域支配の拠点づくりに腐心していた。先の小和田氏の著作のなかでも、この葛山氏の城郭体制を居館と詰め城の良好な事例としてとりあげて、「国人、国衆たちも、本拠の城をもち、それが居館と詰の城のセットとなっていることが多いのである[22]」と述べ、戦国大名だけでなく、国人クラスにまで、こうした城郭体制が浸透していったとしている。

こうした状況は信濃国の城郭体制に目立つようである。この居館と山城のセット関係が信濃で良好に残っているところは少ないが、伝承地も含めてながめていくと、村上氏の葛尾城や真田氏の真田本城をはじめ、須坂市に拠点をおいた井上氏の居館と井上城、須田氏の須田城などがある。北佐久郡に本拠をおいた望月氏の居館と望月城や海野氏の

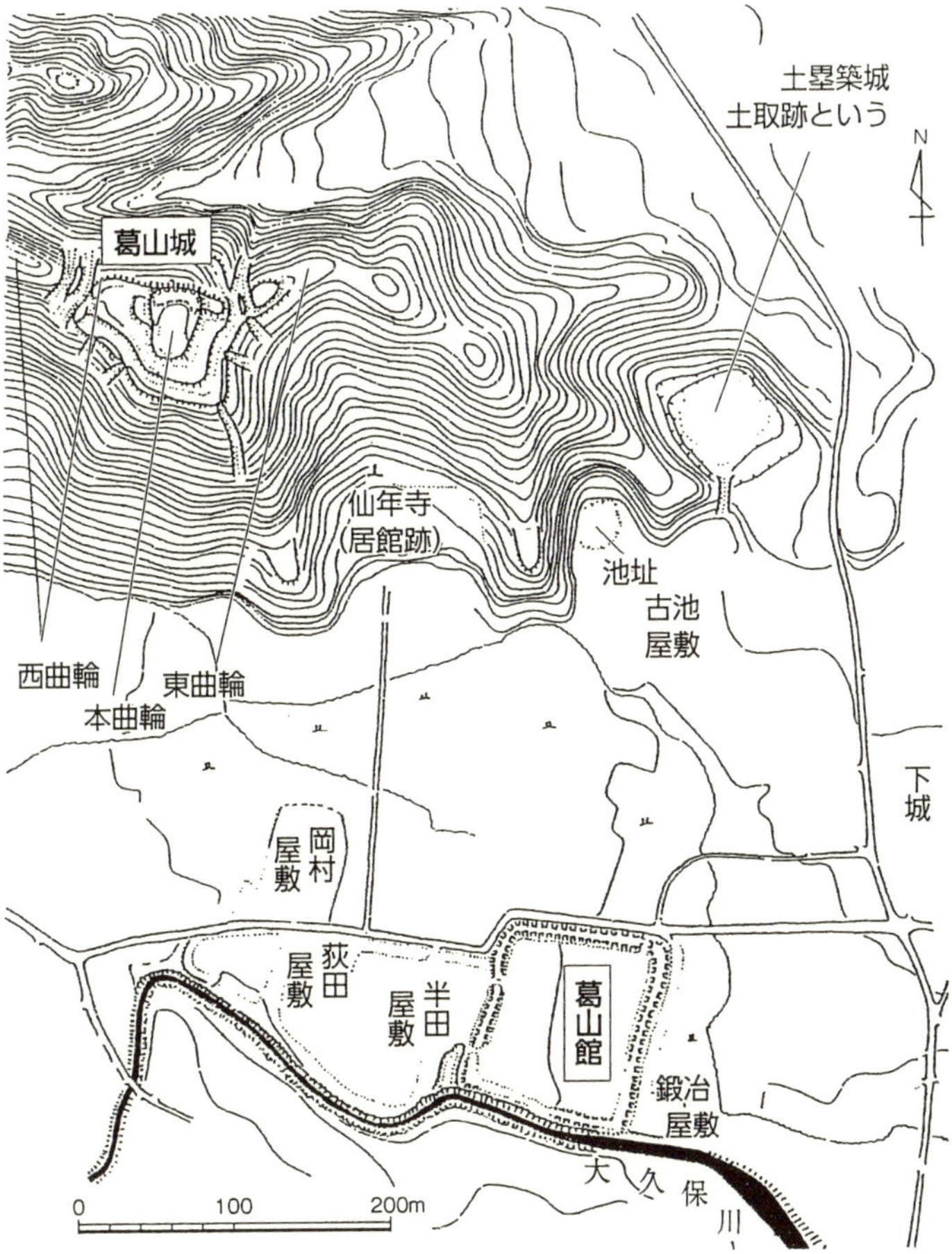

図２　葛山城と葛山館
（小和田哲男『戦国の城』学習研究社 2007より）

城郭体制、あるいは上田市に所在している浦野氏の城郭などにも注目して見る必要があろう。やや議論の余地があるが、高梨氏の城郭体制もその是否を含め無視できない存在である。(23)

こういった状況に類似する地域は下野国であろう。たとえば鹿沼市域の事例を手元にある『鹿沼の城と館』(24)から見ていくと、鹿沼市下沢の「ホンノウチ・下沢城」や同市上南摩町に所在する「上南摩下の城」、あるいは同町所在の「上南摩上の城」などが山城とその麓にある館とのセット関係にあるようであり、このごく限られた地域のなかでもいくつも見られるのである。

越後国についても、比較的良好な事例が目立つようである。南魚沼市坂戸に所在する上田長尾氏の本拠坂戸城と麓に営まれた居館や、村上市平林の色部氏の本拠である居館と平林城、胎内市の江上館と鳥坂城、長岡市与板町の与板城と居館のセット関係など数多く存在しているのである。(25)

ただし、武蔵国になると、この城郭体制はきわめて少なく、良好な資料としては、桧山の館と花園城が知られているのみである。(26)

四　「居館と詰城」に対する城郭史的意義

この居館と詰城のセット関係について、以上のように概観していくと、それほど多くはないが、たしかなかたちで存在していることは、間違いない。しかも、守護大名クラスなど上位権力層のあいだでは、むしろ積極的に採用されていったことがわかる。この点はすでに、西ヶ谷恭弘氏らにより指摘されていることであり、守護の政庁である「守護所」に館がおかれた場合には、その背後には必ず山城がセットされているとして、赤松氏や大内氏・今川氏らの有力守護の本拠の城郭体制をあげている[27]。そうした体制がいかなる経緯で成立していったのかはまた別の問題として興味深いのであるが、たしかに甲斐武田氏をはじめ、彼らの本拠における居館と山城による城郭体制は際立って特徴的である。

こうした城郭史的特質が、冒頭に述べたように、大類博士などによって積極的にとりあげられ、城郭史上では普遍性のあるあり方のように巷間に浸透していったのであろうが、近年ではこうしたありようについて、積極的にその意義を論じた見解も出はじめている。たとえば、「日常の生活空間としての山麓居館と、軍事的な防御空間としての山城という使い分けがあった」という見解を紹介した中井均氏は、こういうあり方を二元論ないし二元的構造と提起しつつ、たとえば滋賀県大津市に所在している関津城跡が、山上と山麓いずれにも礎石建物が確認されていることから、「普段は山麓の居館で生活し、いざ戦となると山上に立て籠もったのだろう」と具体的な事例の一つとしてとりあげている[28]。

さらに、「こうした構造の城は概して土豪・国人クラスの山城に多く、二元的構造を最後まで維持していたのだろう」とする見方をも提示した。守護大名権力層のほかに、土豪層や国人クラスが、居館のほかに、山城を保持している状況を見通した点は評価すべきだが、それでは彼らがなぜ、こうした二元的構造を維持していたのかが、問題となる。この点については、下野の平地城館跡について精力的な研究を続けている関口和也氏も、先にあげた鹿沼市域の居館と山城に対する研究のなかで注目しているものであるが[29]、その存在意義については改めて考えてみる必要がある。

さてそれではなぜ、先に述べた守護大名クラスのほかに、国人層や土豪層らのあいだでこの二元的構造が成立し維持し得たのであろうか。その背景は何か。このことを考えるうえで、重要な点は、甲信越や関東地域などのこうした城郭体制をみるかぎり、けっして普遍性はなく、地域的な偏りがあることであろう。とくに、下野や越後などは、国人層や土豪層でのこの二元的構造が際立っている。

　その両地域と、たとえば、数少ない甲斐の状況を比較してみると、その違いは、大名権力と国人層や土豪層との力関係、上位権力の地域支配のあり方、あるいは距離間ともいうべき特質が浮かびあがってくる。圧倒的な大名権力の支配下では、この二元的構造は成立しにくく、当然維持できなくなるのだろうか。大名権力から政治的かつ軍事的な距離が遠く、より自立性の強い地域の国人や土豪層のあいだでは、この二元的な城郭体制が成立し、維持されつづけたのだろうか。

　この居館のほかに、山城を築造するという二元的な構造の背景について、中西義昌氏は築城主体の「自立性」に求めた見解を早くから提起しているが(30)、この偏在的な状況を見るかぎり、ほぼ妥当な見解とすべきであろう。大名権力のもとでも、自立性の強い勢力は、居館のほかに山城を築造し、維持しつつ、その権力を内外に示したのであろうか。

おわりに

　居館と山城がセットの関係にある城郭は、通説上いわれているほど普遍性があるものではない。しかし、数は少ないもののたしかなかたちで存在しつつ、城郭論の形成のために強いインパクトを与えており、こんにちでは普遍性のある城郭体制というイメージをつくりあげてきてしまっている。すでに述べてきたように、地域的に偏在しているこうした城郭体制について、少なくとも中世城郭の普遍的な特徴とすべきかは今後の検討を要するが、しかしこうした城郭体制の成立要因は「自立性」にのみ求められるものなのかも、なお今後の重要な検討課題として残りそうである。

　小論は、論文名にあげたように、居館と詰め城に関するまさに覚書であり、不十分な点も多々あるが、今後に残された課題も含め引き続き研究を重ねていきたいと思う。

註

（1） 佐藤八郎他校訂『甲斐国志』第二巻（雄山閣、一九七〇年）。
（2） 松岡進「東国における「館」・その虚像と原像」（『中世城郭研究』二三、二〇〇九年）八～九頁。西股総生『「城取り」の軍事学』（学研パブリッシング、二〇一三年）一〇二～一〇七頁。
（3） 前掲註（1）『甲斐国志』第二巻、三二三頁。
（4） 同右、三九一頁。
（5） 同右、三四四頁。
（6） 同右、三九三頁。
（7） 同右、三九七～三九八頁。
（8） 同右、三六三・三九一頁。
（9） 大類伸「本邦城櫓並天守閣の発達」（『史学雑誌』二一―三、一九一〇年）一七～一九頁。
（10） 大類伸・鳥羽正雄『日本城郭史』（雄山閣、一九三六年）二四頁。
（11） 同右、二〇五頁。
（12） 大類伸監修『日本城郭事典』（秋田書店、一九七〇年）四九八頁。
（13） 鳥羽正雄『日本城郭辞典』（東京堂出版、一九七一年）二〇九頁。
（14） 井上宗和『ものと人間の文化史　城』（法政大学出版局、一九七三年）六一頁。
（15） 井上宗和『日本の城の基礎知識』（雄山閣、二〇〇五年）四〇頁。

(16) 小和田哲男『戦国の城』(学習研究社、二〇〇七年)六六頁。
(17) 国史大辞典編集委員会『国史大辞典』第七巻(一九八六年)四五九頁。
(18) 松岡前掲註(2)。
(19) 西股前掲註(2)。
(20)『勝山記』『王代記』などの同時代の記録類に築城の経緯が記録されている。
(21) 西股前掲註(2)。
(22) 小和田前掲註(16)。
(23) 湯本軍一・磯貝正義編『日本城郭大系』八 長野・山梨(新人物往来社、一九八〇年)ほか。
(24) 鹿沼市史編さん委員会編『鹿沼の城と館』(鹿沼市、二〇〇二年)六六・九〇・九二頁。
(25) 金子拓男・高岡徹・橋本澄夫編『日本城郭大系』七 新潟・富山・石川(新人物往来社、一九八〇年)ほか。
(26) 梅沢太久夫『戦国の境目　秩父谷の城と武将』(まつやま書房、二〇一三年)八三〜八六頁。
(27) 西ヶ谷恭弘『日本史小百科　城郭』(近藤出版社、一九八八年)六八〜七〇頁。
(28) 中井均「小谷城の曲輪―山城の居住空間を考える―」(『中世城郭研究』二七、中世城郭研究会、二〇一三年)二〇二〜二〇六頁。
(29) 関口和也「栃木県の平地城館跡―壬生氏領を中心に―」(『城館史料学』四、城館史料学会、二〇〇六年)一〇四頁。小和田前掲註(16)。
(30) 中西義昌「戦国期城郭にみる戦国期国衆の領国構造―縄張り研究に基づく戦国期北部九州の基礎的考察―」(『中世城郭研究』一八、二〇〇四年)一三〇頁。

境界にのぞむ城郭

1　境界の城郭の研究史

中世戦国期の城郭研究のなかで、とりわけ強い関心がもたれているのが境界領域にある城郭、いわゆる「境目の城」に関する研究である。与えられた表題の「境界にのぞむ城郭」といってもよい。とくに戦国期の大名間の領国をめぐるさまざまな紛争や、領国をめぐる意識を探る材料として「境目の城」は格好の資料となり、多くの識者によってその性格や史的意義が論述されてきた。とくに齋藤慎一氏や松岡進氏は、この研究に早くからとりくみ、当該研究の牽引的存在になっており、学ぶ点は数知れない(1)。

こんにちの「境目の城」研究の隆盛は、しかしそれほど永い研究史に積み重ねられたものではない。たとえば大類伸監修の『日本城郭事典』の「境目の城」をみると、「支城の一種で、語意の通り領地の境にある城砦で、境目の城より本城にいたるまでの連絡機関として繋の城・伝えの城などがある」と見え(2)、また一九八一年に刊行された『日本城郭大系』別巻Ⅰ(新人物往来社)にある「城郭用語辞典」にも「さかいめのしろ　支城の一つ。敵領と味方領との境に築かれた城」とあり、いずれも当時盛んに議論されていた本城支城論のなかで理解され、内包する役割や機能、存在する意味などを深く議論する段階には至っていなかった。

こうした研究状況から大きく脱皮するのは、先に述べた一九八〇年代後半頃から境目の城研究を精力的に進められた齋藤慎一氏や、これを受ける形で境目の城郭論に深く傾倒した松岡進氏らの斬新な視角による研究であった。齋藤「上野国中山城の考察」や松岡「戦国期における「境目の城」と領域」などの一連の研究は、「境目の城」研究を大きく飛躍させたすぐれた論考である(3)。その後も両者を中心に「境目の城」研究は活発になされ、城郭史のみでなく戦国史研究での表舞台におしあげられていった。

2　境界の城郭、「境目の城」を見る

国境をめぐる紛争が激化する戦国期には、日本列島内に「境目の城」は数多く出現する。その規模は、大規模なものもあれば、小規模のいわば監視所的な城もある。また、恒常的に設置されているものもあれば、臨時的一時的に境目を防衛する陣城的なものもある。こうした多様なかたちをもつ境界領域にある城郭群のなかから、まずいくつかの事例をとりあげてそのありようをながめてみよう。

甲斐と駿河の国境付近にあたる富士西麓の本栖湖付近には、本栖城が存在する(図1)。烏帽子岳から東方に延びるやせ尾根上に占地し、眼下を走る中道往還を睨んでいる。中道往還は甲斐と駿河を短距離で結ぶ古代からの官道で、人々の往来が激しい重要な幹線であった。戦国期には東海道と甲斐を結んだ重要な街道として、政治的にも経済的にも、さらに軍事的にも最も重視されていた。

本栖城は、甲駿国境から甲斐国側に数km程度引いた場所に立地しており、本城と国境間に多少の緩衝地帯がある。縄張りは、やせ尾根上の狭い空間に立地している関係上、最も奥まった場所にある主郭から連郭状に小さな郭がいくつか並ぶ程度で、大規模な兵力を収容し得るような空間はない。主郭には本城で唯一の土塁が設けられている。主郭の背後には岩盤を大きく掘り込んだ堀切が設けられ、背後に対する防御意識は高い。本城がのる尾根は両側が険しく

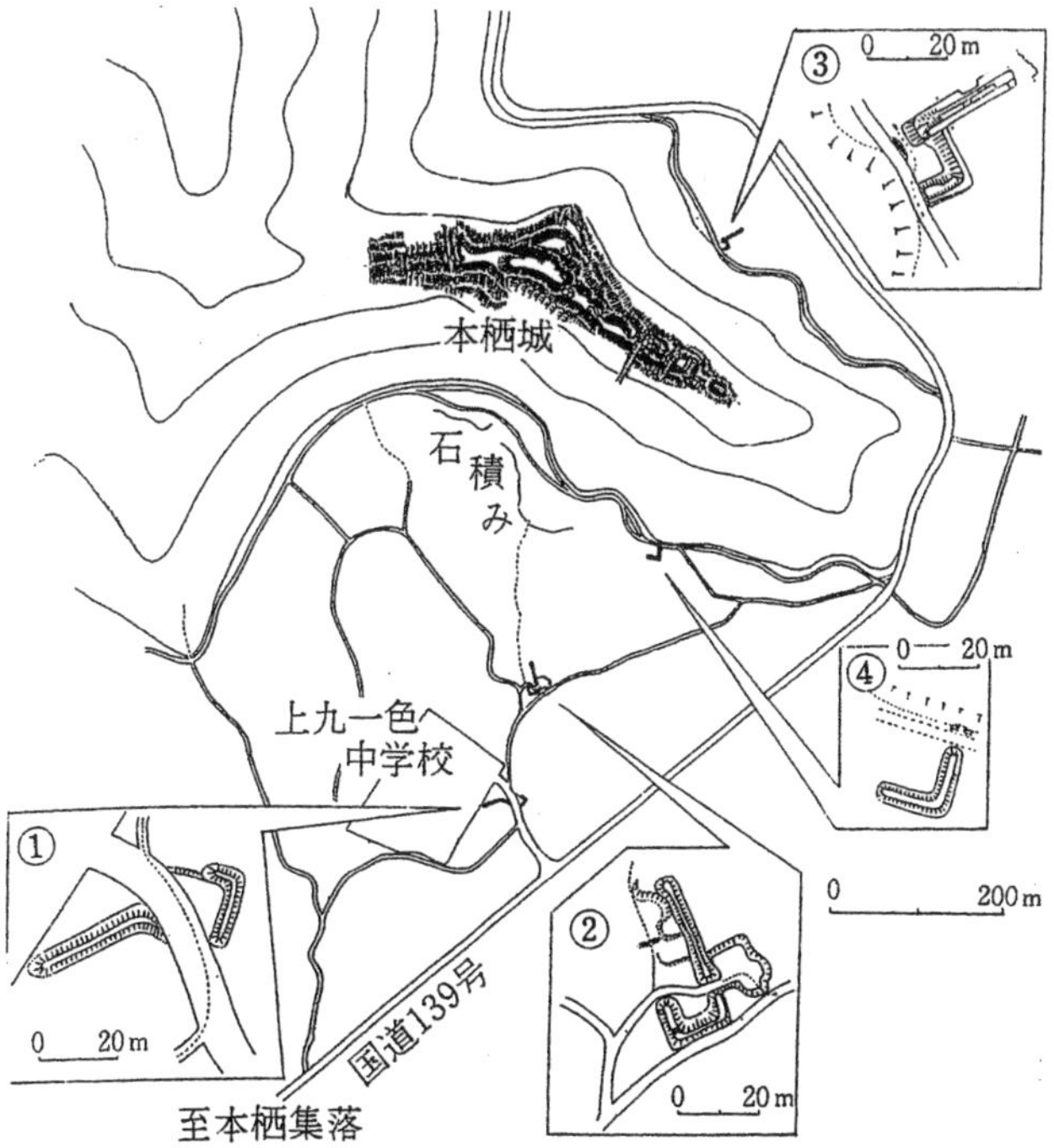

図１　甲駿の境目を守る本栖城と街道防備の石塁遺構
（畑大介氏作図、『定本山梨県の城』1991より転載）

競り立っていて容易にひとを寄せ付けない様相を見せており、したがって周囲に対する眺望は良好である。築造年代は明確ではないが、この地域一帯に割拠した土豪層宛ての本城警固を命ずる戦国大名武田氏の朱印状があり、国境警備と主要街道の監視のために設置されたことは明らかで、武田氏の領国防衛の一環に組み込まれた重要な城郭であったことは確かである。

甲斐国内の事例でもう一つながめてみよう。甲斐の国中地域と都留郡一帯のいわば郡内地域の間に横たわる山々は御坂山系と呼ばれ、両地域は険しい地形によって分け隔てられている。そのためもあってか、両地域間の風土はやや異なり、政治的にも文化的にも互いに独自の歩みを続けてきた時期もあった。この両地域を結ぶ古代からの官道は御坂街道とよばれ、甲斐から駿河・相模方面へ通じる主要

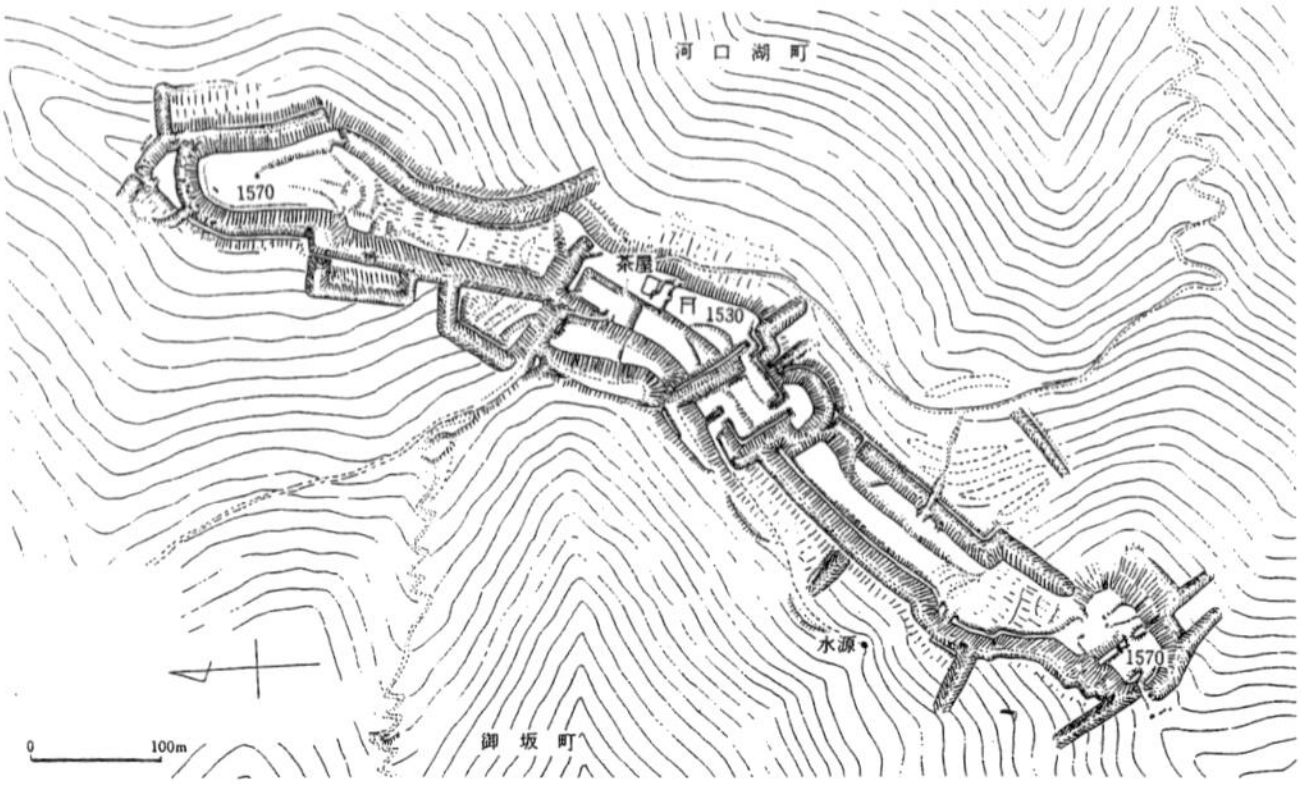

図２　御坂城縄張図（本田昇氏作図、『定本山梨県の城』1991より転載）

街道の一つとなっている。

天正十年（一五八二）の武田氏滅亡後の徳川、後北条両氏による甲斐国争奪をめぐる戦いの折、相模方面から侵入した後北条氏は、国中と郡内を分ける標高一五七〇ｍのこの御坂峠上に巨大な城郭を築きあげた。御坂城である（図２）。この城は峠を挟んで左右に総延長およそ六〇〇ｍにも及んで展開し、地形を巧みに活用した後北条氏特有の縄張りによって構築されている。街道を遮断し峠を挟み込むように築城する技法は、後北条氏の最も得意とする築城法である。このとき、甲斐国中地域はいち早く侵攻した徳川家康によってほぼ抑えられており、後北条氏は郡内地域の確保と国中方面を睨む目的でこの地に巨大な城郭を築きあげたのである。一国内でも、何らかの境目と意識された場所に、こうした防御ラインは築かれる典型例である。むろん境目というのは、その時々の政治的軍事的状況によって変化し、重要度も当然異なるのであるが、後北条氏は、この戦況時に、御坂峠を新たな政治的軍事的境目と強く認識していたことがわかる。

相模と駿河と甲斐の三国の国境付近に築かれた御殿場の興国寺城は、後北条氏や武田氏による争奪の場となった城郭である。同地域一帯の領有のためには興国寺城の確保が絶対であり、いきおい争奪が激化し政治的駆け引きの場ともなる。境目の城の宿命でもあり、当たり前ともいうべきありようを示している城郭であった。

東北地方の会津付近の城郭研究を精力的に進めている石田明夫氏は、境目の城郭や防御施設に関してたいへん興味深い報告を重ねている[4]。石田氏によれば、会津地方の国境の峠筋一帯には戦国期のみではなく、古代末中世初頭の段階から近代初頭の維新期にいたるまで、境目防衛のための軍事施設が構築され、領土防衛のための重要な役割を果たしていたという。石田氏は、葦名氏と伊達氏が対立した「戦国時代」と、豊臣徳川両氏が対立した「関ヶ原時代」、それに「戊辰戦争時代」の三回に及んでさまざまな城郭や陣城、防塁などが築造されたとし、東北に割拠した大名権力などが領土防衛のために国境をきわめて重視していたことのあらわれであることを指摘している。境目・境界を重視し、そこに意を注ぐ強烈な姿勢は、古代から近代に至るまで一貫しており、ひとり戦国期特有の現象ではなかったこともわかる。

3　城郭からみる「境界」「境目」の意味

境界にのぞむ城郭は、日本列島上に普遍的に存在し、そのありようはきわめて多様であり、また境界における政治的軍事的な状況に対応して、さまざまな城郭が築かれたことがわかる。

境目の城に着目し斬新な視角から研究を進めていた齋藤慎一氏は、早くから、境目の城を見る目として、「領主がいかに領域を考え、境界を考えたかを考察する」ことが重要であると指摘しており、「境目の城」研究の一視点を提示している。こうした「境目の城」が生まれたのは東国では十六世紀であるとした。また、松岡進氏は「境目の城」を多方面から分析しながら、とくにその担い手たちを照射して考究を進めている。

かつて村田修三氏は、「境目の城」に対して、領国制の確立を表現するものと述べたが[5]、たしかに国境に築造された数多くの城郭は領国の支配者たる領主側の、領国に対する強い意識のあらわれであり、領国統治のための政治的軍事的機構の一つであったのである。

また一方では、国境や「境目」ではない場所に、新たにそうした軍事的な拠点として城郭を設置し、新たな「境目」をつくりだそうとした場合もある。先にあげた御坂城の例などは、後北条氏による甲斐国郡内地域に対する強い領有意識のもとに御坂城という新城を築造したのである。

ところで、境界を重要視する姿勢は、各領主層とも共通しているが、その境界の防衛の方法にはそれぞれに特徴がある。先に述べた御坂城のような街道や峠そのものを遮断する技法は後北条氏が好んで用いたものであり、相模の足柄城や駿河の山中城などに典型的な例を見るが、一方武田氏はこうした戦術はあまりとらない。重要拠点を強引に封鎖する手法と、境目などを端からにらむような、武田氏に見るゆるやかな監視手法の違いは、いったい何に起因するのだろうか。

境界にのぞむ城郭、いわば境目の城は、この政治的かつ軍事的な目的のみから成立していたというのだろうか。そこに、果たしてそれ以外の意味は見いだせないだろうか。気になる点の一つに、国境にのぞんでいる城郭は、たとえば甲斐国の場合、国境そのものに築かれるのではなく、一定の緩衝地帯のような空間地域を置いて、国境からやや引きながら築城されていることである。そこに内と外を分ける「境」に対する冒しがたい意識が内在していると考えられないだろうか。

註

（1）　これらの研究成果は、齋藤慎一『中世東国の領域と城館』（吉川弘文館、二〇〇二年）や、松岡進『戦国期城館群の景観』（校倉書房、二〇〇二年）に収められている。
（2）大類伸監修『日本城郭事典』（秋田書店、一九七〇年）。
（3）齋藤・松岡前掲註（1）。
（4）石田明夫「国境に造られた攻守の遺構」（『会津若松市史研究』九、会津若松市、二〇〇七年）。
（5）村田修三「城の発達」（『図説中世城郭事典』第二巻、新人物往来社、一九八七年）。

第二編　武田氏の築城技術

丸馬出の研究

はじめに

永正十六年(一五一九)八月築城の鍬立が行われた甲斐武田氏の本拠地である躑躅ヶ崎館は、四か月を経て同年十二月に完成をみている。その翌年の永正十七年六月には本城の要害城の普請がはじまり、翌大永元年(一五二一)八月落成し、戦国大名武田氏の本拠は実現した。これ以後、天正九年(一五八一)の韮崎新府城築造移転までの六〇余年は甲斐国内では城館の普請があまり行われず、近世城郭への過渡期に築城史上重要な役割を果たした甲斐武田氏の築城法は甲斐国内で探ることは大変むずかしい。

かつて私は、躑躅ヶ崎館は当初単郭方形の形態から順次郭の拡張、付設が行われ、今日の姿に至ったことを述べた(1)。それはわずか四か月の短い工事期間もさることながら、歴代の守護館の形式と躑躅ヶ崎館の郭の微細な特徴点から導き出したものであったが、しかし躑躅ヶ崎館は武田氏滅亡以後も徳川氏等による修築が繰り返されているために、そこから武田氏の築城法や変遷過程を読みとることが至難な状況であった。一方、武田氏最終末に築城された新府城は、甲斐国内の他の城館に比べてずばぬけて規模が大きく、発達した縄張をもつ城である。ここに至るおよそ半世紀は、甲斐武田氏にかぎらず城郭史上最も発展した近世城郭への橋わたしとなった時期とみられ、特に虎口の形状など築城技術の進歩に目を見張るものがある。新府城の虎口に使用され、のちに甲州築城法の特徴的な技法の一つといわれている丸馬出《まるうまだし》はその過程で出現し、以後、近世城郭へも積極的にとり入れられた興味深い施設であるが、本稿はこの丸馬出に焦点をあてて分布や出現の時期等を整理し、あわせて形態や機能を探ろうとするものである。

一　甲斐の城館跡の実態と研究略史

甲斐に存在する城館跡は、甲府城のほか一、二の近世城郭を除きそのほとんどは中世の所産である。現在では三三〇ほど知られているが、この数はさらに増加することが確実である。この三三〇を上まわる甲斐国内の城館跡を地域別、性格別に分類したのが次の表である。

この表で理解できるように、屋敷として性格づけをした在地領主層の屋敷跡が一三八で全体の四割にものぼっており、ここに甲斐国内の城館跡の特徴の一つを見ることができる。屋敷跡は一村一屋敷と表現されるように、それぞれの地域に分拠した領主層の拠点として存在し、保存状況が大変良好な於曾屋敷に代表されるように、その形状も堀と土塁をめぐらした方形単郭が一般的である。また甲斐守護職とそれに比適する勢力を保持する国人層の拠点とした館も、躑躅ヶ崎館を除いて形状的に屋敷跡と似かよっており、単郭方形を基本形態としている。

甲斐の地勢を生かして情報伝達のために築かれた烽火台も特徴的である。躑躅ヶ崎館を核として甲斐国一円に縦横に張りめぐらされており、六〇あまり見られる。眺望の良い地点を選んで築城されているが、一つの郭とそれを囲む帯郭、若干の堀切程度の縄張で形態的に単純である。

右に述べた以外に、山城と砦に分類した六〇を超える城館跡は、それぞれ特徴ある縄張を有しており、甲斐の城館

甲斐国内の城館跡

地域	市郡	山城	砦	烽火台	館	屋敷	他	計
峡北	北杜市・韮崎市	7	12	6	5	53	7	90
峡西・峡中	甲府市・甲斐市・南アルプス市	3	3	6	9	20	4	45
峡東	笛吹市・甲州市・山梨市	8	5	13	11	37	8	82
峡南	西八代郡・南巨摩郡	6	10	10	3	13	7	49
郡内	南北都留郡・大月市・都留市・富士吉田市	4	6	24	14	15	1	64
計		28	36	59	42	138	27	330

跡の形態上の特徴や変遷はこの両者に求めなければならない。しかし本稿で取り扱う馬出の築造は、新府城のほか数城を除いて甲斐国内ではほとんど行われず、多くは信濃、駿河等の武田氏の侵攻地域の城館に発達していった。

ところで、甲斐の中世城館跡の調査研究は周知のように文化十一年（一八一四）に編纂された『甲斐国志』[2]を嚆矢とし、以後これに準拠して研究が進められてきた。しかしながら同書の調査研究は、城館跡の実態調査を基本とし、伝承、文献等に基づきながら城主の把握に力点がおかれている。城館跡の調査研究が同書の成果を踏まえながらも飛躍的に展開した時期は、近世城郭ではあるが甲府城でのあらゆる角度からの総合調査[3]と、甲州市勝沼町の勝沼氏館跡の発掘調査を端緒とする考古学の研究手法の導入以後のことであろう。特に一九七三年からはじめられた勝沼氏館跡の発掘調査では、埋もれている館跡の実態がほぼ明らかにされ、中世戦国期の武士の日常生活が具体的になり、従来の城館跡研究を明らかに転換させている。それ以後中世城館跡の調査研究は、中世考古学の主要なテーマとして追究され、発掘調査でも年々重要な成果が生まれている[4]。

このような調査研究によって個々の城館跡の形態や機能が次第に明らかにされ、中世史研究に具体的な史料を提供しているが、しかし城館跡を総合的にとらえて体系化し、諸特徴の分析や機能の追究、さらにはその背景となる武田氏の社会構造にせまった研究は少ない。甲斐の城館跡の大きな特色ともいえる烽火台の研究にしてもようやく端緒を開いたに過ぎないし[5]、甲州流築城法とうたわれてきた縄張や馬出については現状すらあまり知られていないのである。現在、山梨県では甲斐の中世城館跡の総合調査が進められているが、実態を正確に把握したのちには、これらの視点からの調査研究が進められることを期待したい。同時に、武田氏の築城法は、信濃・駿河等の侵攻地域で大きく発展を見たわけで、こうした地域に存在する城館もあわせた総合的視野にたった研究にせまられている。

二　丸馬出とその分布

馬出とは、大手口などの虎口の防御等のためにその前面に設けられた郭又は施設をいい、土塁や堀によって構成されている。形態によって、的山馬出・曲尺馬出・丸馬出・角馬出などの名称があり[6]、ここでとりあげる丸馬出とは土塁の形状が丸い形をしている。その前方には土塁に沿って堀が設けられることも多く、丸馬出との関係から弧状の形状をもち、いわゆる三日月堀とよばれている。丸馬出あるいは三日月堀は数多くの先学によって注目され議論も盛んであるが、管見するかぎりこれに直接関わった論考は残念ながら極めて少ないのが現状である。その中で馬出に焦点をあてて全国的に集成を試みた中山光久氏の論考は貴重である[7]。氏は、「上野、武蔵、信濃、駿河、遠江等に進出し新城取立の時は勿論、占領した城も利用の際は必ず馬出を設けたと思える」と述べ、甲斐武田氏が虎口を重視したことを強調している。また最近では伊礼正雄氏の、丸馬出は甲斐武田氏以外にはないとする見解か[8]、村田修三氏のいう

「武田氏が丸馬出をもっとも多く用いて発達させた」[9]という考え方、駿河地方では最近の調査結果から「駿・遠東部にあって、三日月堀の遺構のある城があれば、その城は武田氏の手が入っていると判断してほぼ間違いないとされる」[10]との指摘など、丸馬出が武田氏築城法の特徴的な施設とする見解はほぼ定着している。

このように丸馬出に対する見解はほとんどの研究者間で争いがないが、それでは丸馬出を用いている城館跡を特に甲斐武田氏との関わりのなかから抽出し、どのように分布を示しているかをながめてみよう。

なお、本稿では特にことわらないかぎり、三日月堀も含めて丸馬出の用語で総称していく。

まず、武田氏の他国への侵攻の過程を追ってみると、武田氏が自国の統一をほぼ達成して他国への本格的な侵攻を開始する時期は、晴信が父信虎を駿河の今川氏の元に退隠させ自立を図った天文十年（一五四一）の頃で天文十一年の諏訪頼重の上原城攻略以後、永禄四年（一五六一）頃のおよそ二十年間に信濃の攻略はほぼ完了している。その間に、信濃国で再興あるいは新しく築城を見ている主な城館をあげてみると、高遠城・上原城・福与城・牧之島城・内山城・深志城・小室城・上田城・海津城・長沼城などがある。信濃の制覇に続いて、西上野方面では永禄三年の長尾景虎の関東進出以降本格的な侵攻がはじまり、永禄九年には長野氏が守る堅城箕輪城を陥している。

一方、駿河方面に対する侵攻は永禄十一年から開始され、元亀二年（一五七一）頃までには駿河一国を領有し、その間に江尻城・諏訪原城・久能城・興国寺城・深沢城などを築城・修築した。その後、遠江・東三河・東美濃方面への西上作戦が元亀三年頃から開始され足助城・長篠城を占領している。

天文十年以降信玄の死を迎える元亀四年までのおよそ三十年間に、武田氏は右のように信濃・西上野・駿河・遠江にまで及ぶ領地の拡大を達成してそれぞれの侵攻地域に拠点をつくっている。これらの城には武田氏特有の築城法が用いられており、そのうちでも丸馬出は顕著な特色となっている。

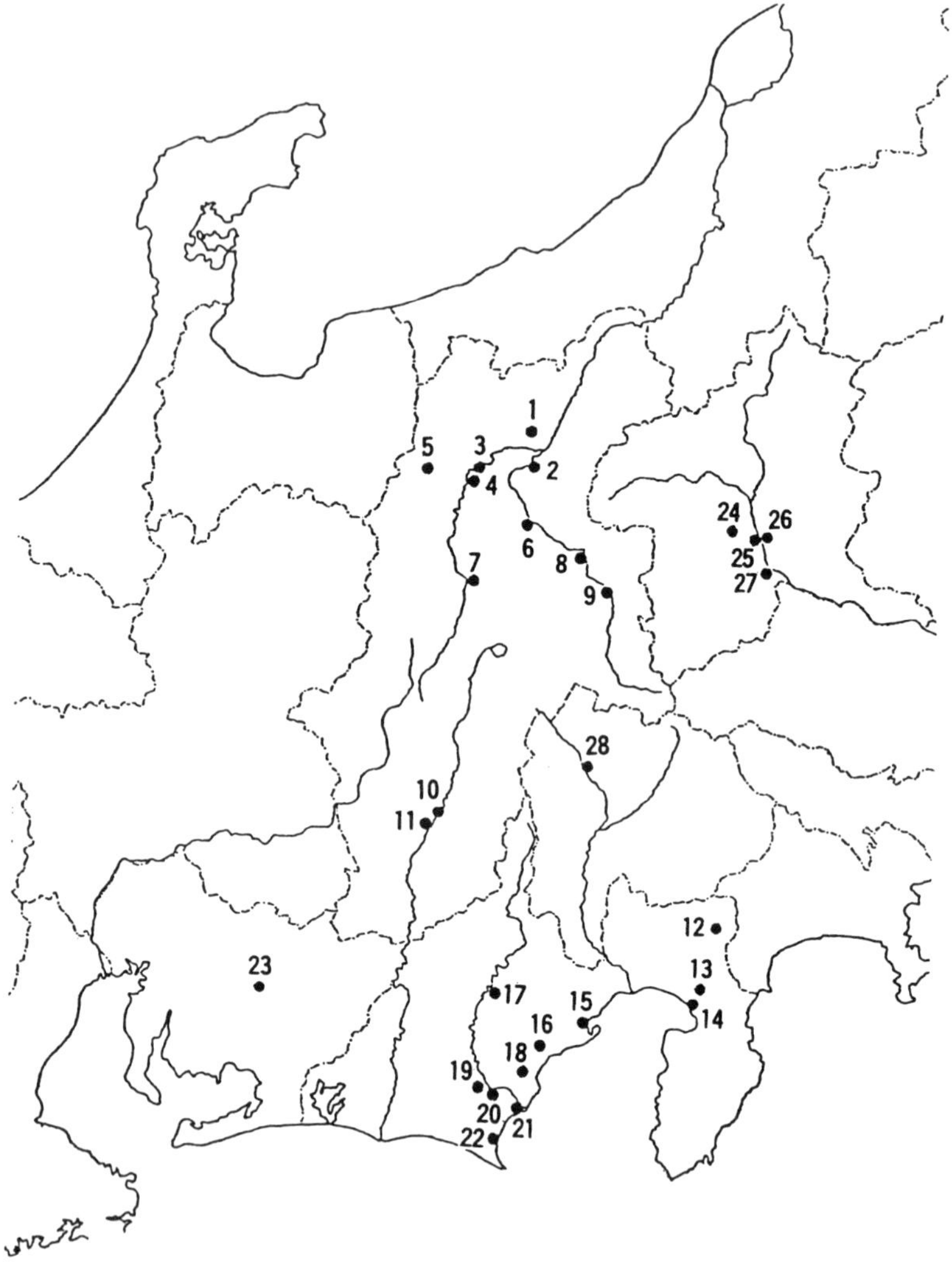

図１　丸馬出（三日月堀）が設けられた城館分布図

1 横山城	2 海津城	3 牧之島城	4 砦山城	5 森　城
6 岡　城	7 深志城	8 堀ノ内城	9 岩尾城	10 大島城
11 松岡城	12 深沢城	13 長久保城	14 沼津古城	15 江尻城
16 丸子城	17 小長井城	18 田中城	19 諏訪原城	20 湯日城
21 小山城	22 相良古城	23 大沼城	24 箕輪城	25 石倉城
26 前橋城	27 倉賀野城	28 新府城		

丸馬出(三日月堀)が設けられた城館一覧

城館名	所　在	縄張者	築城(修築)の推定年代	形態
岩　尾　城	長野県佐久市		1543以降	連郭式
深　志　城(松　本　城)	長野県松本市	駒井高白斎	1550～1553	
岡　　　城	長野県上田市	馬場美濃守か	1553以降	梯郭式
松　岡　城	長野県下伊那郡高森町		1554か	連郭式
砦　山　城	長野県長野市		1558以降	
海　津　城	長野県長野市	香坂、屋代又は馬場美濃守	1560	梯郭式
牧之島城	長野県上水内郡信州新町	馬場美濃守	1562又は1566	連郭式
大　島　城	長野県下伊那郡松川町	秋山信友	1571	連郭式
堀ノ内城	長野県小諸市			連郭式
森　　　城	長野県大町市	仁科盛信		
横　山　城	長野県長野市			
倉賀野城	群馬県高崎市		1565以降	梯郭式
石　倉　城	群馬県前橋市	馬場美濃守	1565	
箕　輪　城	群馬県高崎市		1566	囲郭式
前　橋　城	群馬県前橋市			
丸　子　城	静岡県静岡市駿河区		1568	連郭式
小長井城(小長谷城)	静岡県榛原郡本川根町		1568以降	
江　尻　城	静岡県静岡市清水区	馬場美濃守	1569	梯郭式
諏訪原城	静岡県島田市	馬場美濃守	1569	梯郭式
田　中　城	静岡県藤枝市	馬場美濃守	1570	囲郭式
沼津古城	静岡県沼津市	武田勝頼	1570頃	梯郭式
長久保城	静岡県駿東郡長泉町		1570以降	梯郭式
小　山　城	静岡県榛原郡吉田町	馬場美濃守	1571	梯郭式か
深　沢　城	静岡県御殿場市		1571	連郭式
相良古城	静岡県牧之原市	春日虎綱	1576	
湯　日　城	静岡県島田市			連郭式
大　沼　城	愛知県豊田市		1571以降	
新　府　城	山梨県韮崎市		1581	

これらの地域内で、丸馬出ないし三日月堀が採用されている中世城館の主なものをとりあげたのが分布図（図1）と一覧表である。この他にも先学の指摘や近世の城郭絵図によって丸馬出が用いられたと思われる城館も見受けられるが、確実性に乏しいものは除外している。分布図によって理解できるように丸馬出（三日月堀）の採用されている城館は信濃一一、駿河・遠江方面一二、上野四、甲斐一で、圧倒的に信濃、駿河方面に多く、ほぼ武田氏の侵攻したその時々の最前線の城館に用いられていることが知られる。北は長野市の横山城、西は東美濃の東加茂郡下山村の大沼城、上野では前橋城や箕輪城、駿河では後北条氏に接して両軍の攻防の激しかった御殿場市の深沢城などに築かれ、支配の全域に見られるのである。

三　丸馬出の形態

丸馬出は、城館の縄張に左右されて設けられる場所や数が異なっており、これらの諸特徴がおおまかに以下の四タイプに分類することができる。

Aタイプは田中城・江尻城・岡城などを代表例とする。虎口が数か所設けられ、その各々に丸馬出が多用される。田中城（図2）は、藤枝市西益津の標高約一五mの低い丘陵上の頂部に所在し、永禄十三年（一五七〇）に攻略された今川氏の支城、徳之一色城の付近に築かれたものである。この時の状況を『甲陽軍鑑』には「藤枝とくのいつしき、あけてのく。是は堅固の地なりとて、馬場美濃守に被仰付、馬だしをとらせ、田中の城と名付」(11)と見え、馬場美濃守の縄張と伝えている。方形の主郭を中心におき、二の郭・三の郭が同心円状にめぐる囲郭形式をとる。二の郭・三の郭をめぐる堀の外側の虎口にそれぞれ馬出し郭が設けられており、この形状が亀の甲状であるために、亀甲城あるいは亀井城ともよばれている。

静岡市清水区にある江尻城は、永禄十二年に馬場美濃守の縄張によって築城されたもので、その後穴山梅雪が駿河のおさえとして入城し、領国経営にあたった城といわれている。南側に巴川を背負い、本丸・二の丸・三の丸と梯郭式に展開した城館である。現在遺構は見られないが、二の丸の外側の北・東・西の三方に虎口があり丸馬出を設けていたという。

島田市牧野原に所在する諏訪原城（図3）は、大井川を東に背負って西向きに展開された城館で、前述の田中城の支城といわれている。永禄十二年十一月に馬場美濃守信春によって築かれ、信春が初代城主となる。方形の主郭を中心に西側に北郭、南に南郭をおき、その前を堀で囲んでいる。北・南の両郭にそれぞれ虎口が設けられ、その前方に丸馬出を築いている。

一方信濃で典型的なAタイプの城館である海津城は、武田氏の最前線基地として永禄三年頃に築かれたもので、築城工事には香坂、屋代あるいは馬場美濃守があたったといわれている。千曲川の水系を北に背負って南に構え、本丸・二の丸・三の丸と続く一種の梯郭形式をとる。二の丸は本丸をめぐるように構えられ、その南と西の虎口前方に丸馬出を設置している。

岡城は、上田市岡城の交通の要衝に所在し、武田氏によって築城されたといわれている。天文二十二年（一五五三）の塩田城をめぐる武田・村上の抗争や北信濃に対する前線基地の役割を担って、この頃に築かれたようで、言い伝えに馬場美濃守の名が見える。浦野川を背後にして北側に構えをもち、主郭を中心に二の郭がめぐる梯郭式である。二の郭の堀外側には北・東・西の三方に丸馬出を設けたらしく、現状や発掘調査などによって知られている。

その他このタイプには、相模と駿河の境目の城館で武田氏と後北条氏の攻防が激しく、畝堀・障子堀などの後北条氏の築城法の特色なども見られる長久保城や、「武田信玄深沢矢文」で有名な深沢城のほか沼津古城などがある。

次にBタイプは、小長井城を代表例とする。一か所の虎口に丸馬出を二重に重ねるいわゆる重ね馬出を付設している。

小長井城（図4）は西に大井川をのぞむ尾根の先端部に占地し、南と北には沢が走って天然の堀をなしている。主郭と北側に出丸をもつ縄張をもち、堀は一部二重になっている。大手口は大井川に面しているが、背後の搦手口の防備のため重ね馬出がつくられている。本城は永禄十一年の武田氏の駿河侵攻によって今川氏から武田氏に属するようになったと推定され、その後天正期に入ってから武田氏によって増築されたところが、この重ね馬出の部分といわれている。

このタイプは比較的類例に乏しいが、この他に一か所の虎口が大小四本の堀によって防備され、そのうちの二本の堀が三日月堀の形状をとる丸子城がある。またこれに似た三重堀の様相をもつ城として小山城がある。

Cタイプは大手口に一か所設けられる例で、Bタイプに類似するが重ね馬出をとらず、また後述のDタイプの城館とは規模や縄張の様相から馬出に対する比重が異なり、大島城・松岡城を典型とする。

大島城（図5）は、東を天竜川に面した河岸段丘上に位置し、郭は主郭から三の郭まで連郭式に並び、三の郭の虎口前方に三日月堀が築かれている。元亀二年（一五七一）武田氏によって伊那谷の支配のために修築され、奉行は秋山信繁といわれている。松岡城（図6）は天竜川の河岸段丘の先端部を主郭とし連郭式に五つの郭を配した縄張をもつ城である。武田氏の伊那攻略によって武田側へ帰属し改修が加えられたと推定されているが、五つ目の郭の前方に三日月堀が存在したという。このタイプには他に、岩尾城・湯日城・砦山城などがある。

Dタイプは、永禄九年武田氏によって落城した箕輪城や天正九年（一五八一）築城の新府城（図7）を代表とし、大手

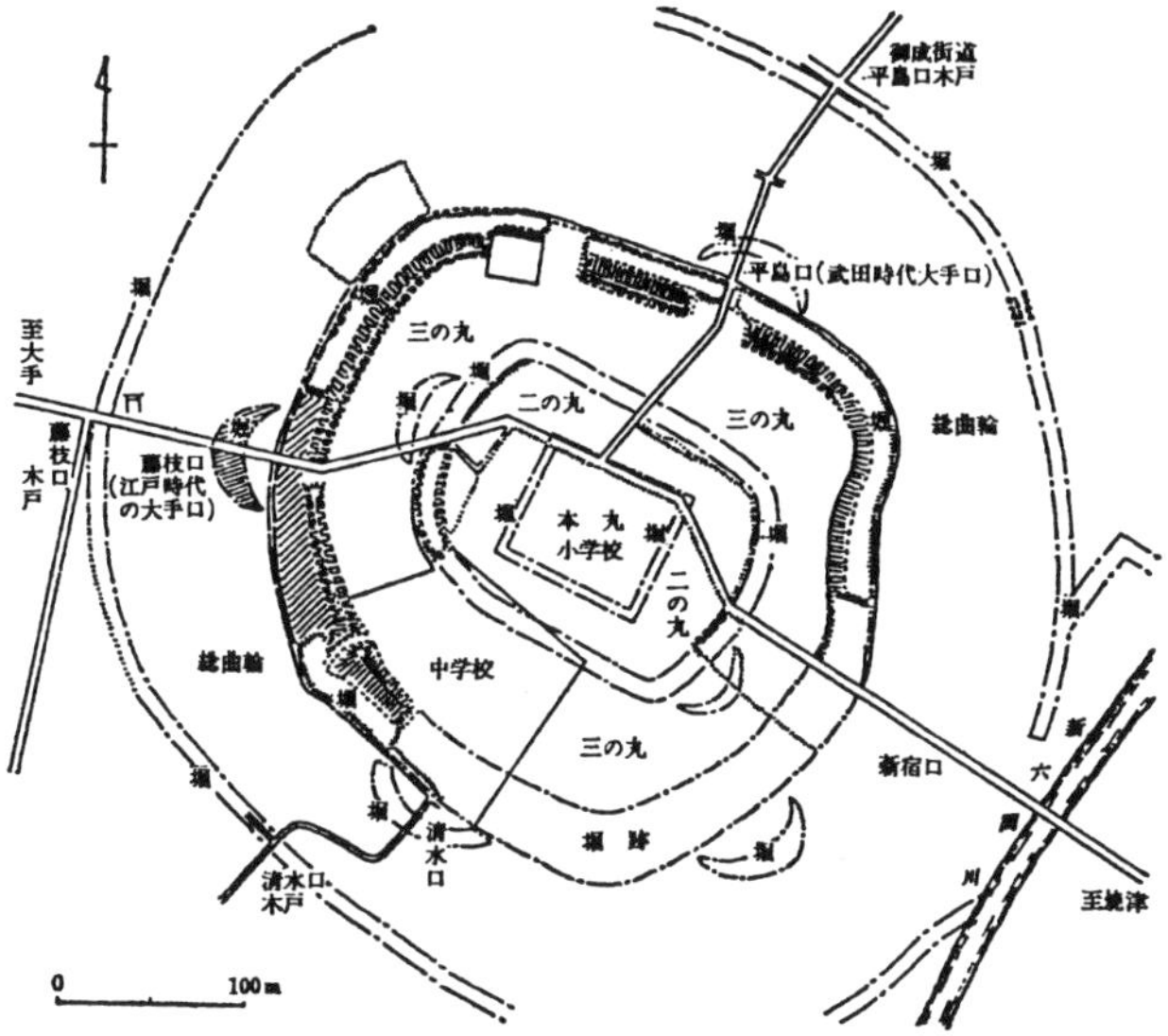

図２　丸馬出(三日月堀)が設けられた城館跡見取図(1)　A田中城

(『日本城郭大系』から転載、以下同じ)

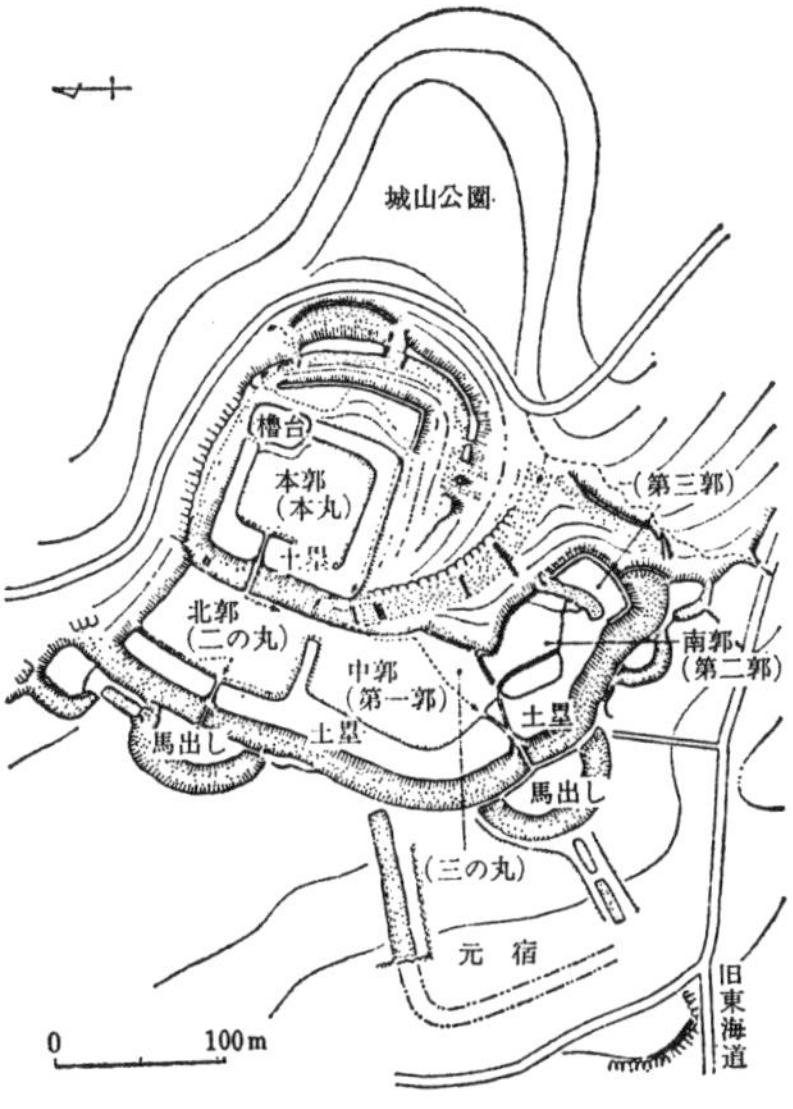

図３　同(2)　A諏訪原城

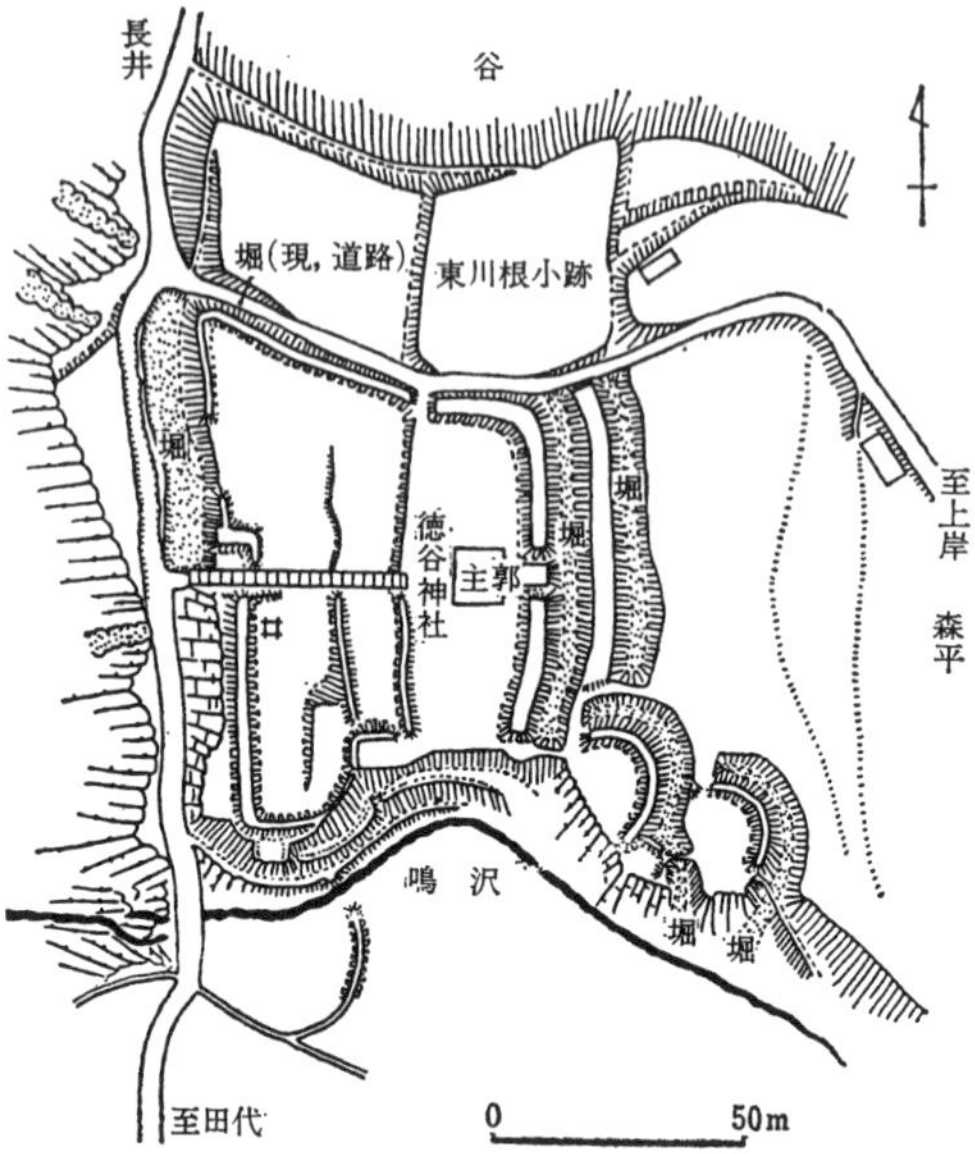

図４　同(3)　Ｂ小長井城

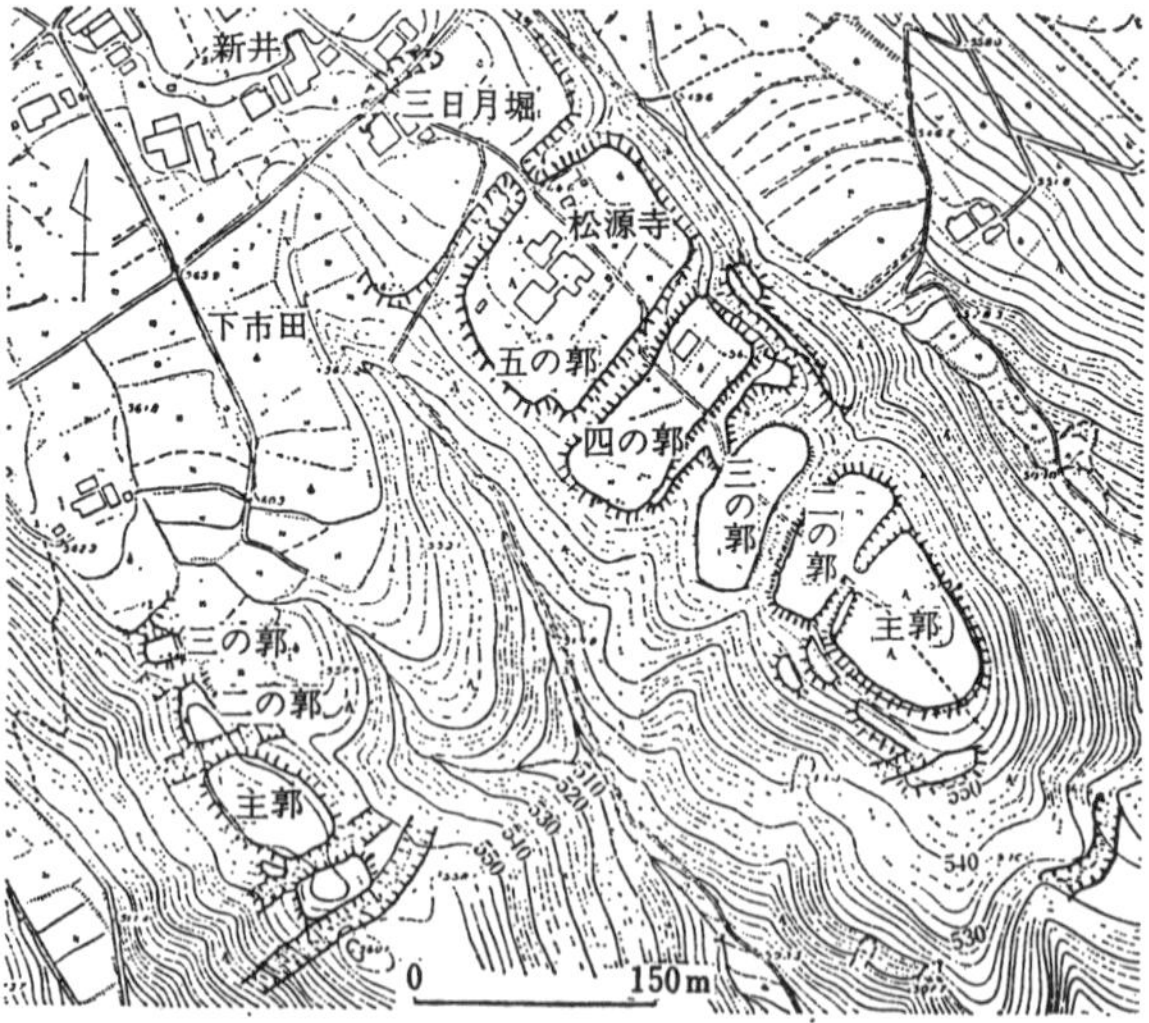

図６　同(5)　Ｃ松岡城

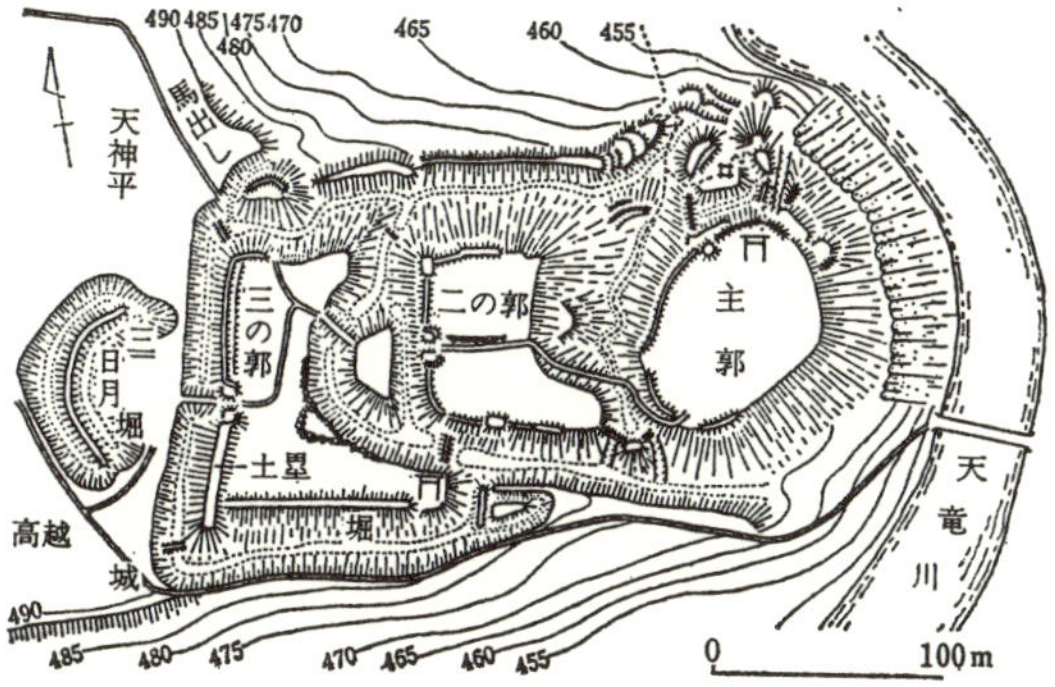

図５　同(4)　C 大島城

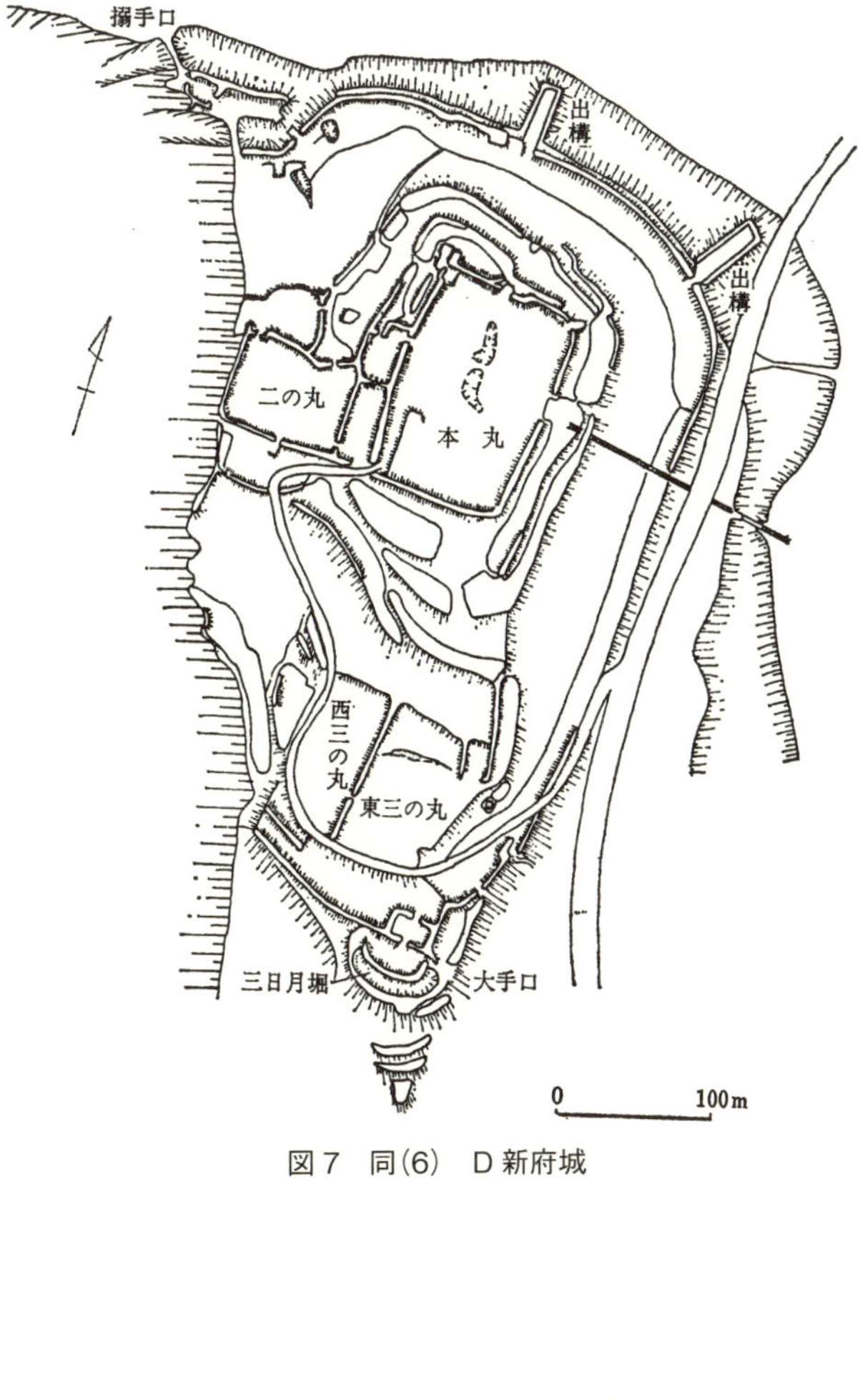

図７　同(6)　D 新府城

口などの虎口に一か所設けられるものである。武田氏滅亡の前年である天文九年二月頃から築城が開始され、同年十二月には完成を見た武田氏最終末の本拠地新府城は、七里岩の台地上の城山に立地し、現在でも良好な姿をとどめている。真田安房守昌幸らによる突貫工事のような状況で築城されたが、東西九〇m、南北一二〇mの長方形を呈した本丸を中心に二の丸・三の丸などの郭や、堀・土塁、複雑な虎口、出構えなどが巧みに配され、規模、縄張いずれを見ても甲斐国を代表する優れた城郭となっている。この新府城の大手口は三の丸の南側に設けられ、桝形と丸馬出、三日月堀によって防御が施されている。本城のように丸馬出が虎口に一か所だけ設けられる点はCタイプにも類似するが、大規模で複雑な縄張からみれば馬出はそれほど目立たない。

以上のように、丸馬出の形態は城館の縄張も考慮に入れるなかで、おおまかに四つのタイプに分類することができる。しかし倉賀野城のように梯郭式の縄張をもちながらも虎口と丸馬出が一か所の例や、砦山城のように一つの郭に一か所の丸馬出の例、とりあえずBタイプに加えておいたが小山城の三重堀の例など、丸馬出の数からいえばそれぞれのタイプに入るけれども縄張が異なるためA・BないしCタイプのいずれにも分類しがたいものもある。

さて、それぞれのタイプの城館をながめてみると、同タイプの馬出をもつ城館は縄張にもやはり共通する点が多いことを指摘できる。例えばAタイプの江尻城・諏訪原城・海津城・岡城はいずれも梯郭式の縄張をもって相互に形態は類似し、またCタイプの大島城、松岡城などは尾根上や半島状につき出た台地上に占地して、おおむね三方は天然の要害となり他の一方の防備に意を注いで連郭式に縄張りされている。その他タイプ別に特徴をみると、A・Bタイプは駿河方面に多く、逆にCタイプは信濃方面に多い。Aタイプの城館はまた、近世城郭に発展する例が目立ち、江尻城、海津城などはその代表例である。なお、Bタイプの重ね馬出は三重・四重もの堀によって防備を固めた虎口をもつ城館に用いられる点が共通する。

四　丸馬出が築かれ用いられる年代と縄張者

次に、丸馬出が設けられる年代について考えてみたい。ただし、城館の築造ないし修築時と丸馬出の付設が同一の時期か否か疑問もあるが、時代的に大きなズレはないと思われ、ここでは同一時期としてとり扱っていきたい。

丸馬出が付設される古い例は、天文十一年(一五四二)以後の武田信玄の信濃攻略に付合するように、信濃の城館に多い。一五四〇～五〇年代築造の城館として、佐久市岩尾城、松本市深志城、上田市岡城、高森町の松岡城などがあり、信濃では六〇年前半でほぼ築城が終了している。

続いて、西上野の倉賀野城・石倉城・箕輪城が六〇年半ばであり、その後に駿河方面の城館が続く。特に駿河方面の城館は七〇年前後に集中的に築造され、丸馬出の技法は異常な発達を示しているが、天正三年(一五七五)の長篠の役大敗後は、天正九年に築造された新府城のほか数城に新たに丸馬出が見られるだけとなる。

以上の状況をうかがうかぎり、丸馬出の技法は一五四〇年以後にはじめて信濃の城館で採用され、駿河方面で採用されていく七〇年前半までのおおよそ三十年間に甲斐国外の城館に発達したと見ることができる。村田修三氏はこの点に関わって、「国人・土豪等が所領を支配するために築いた、いわば在地の城と、戦国大名が征服地に築く支城のように在地を離脱した社会状況の下で築造・維持される城とでは、縄張りの発達の仕方が違うということである。武田の丸馬出しや三ケ月堀が征服地で出現し、本国の甲州には最末期にならないと見られないということが顕著な事例である」(12)と興味深い見解を述べ、征服地と本国の縄張の発達の違いを指摘している。信濃侵攻にはじまり、滅亡までの四十年間には本国甲斐での大規模な築城がほとんど見られないことから比較できないが、虎口に丸馬出を用いる築城法は甲斐国内の城館跡を見るかぎり村田修三氏の見解に従って、侵攻の過程で生み出されてきて漸次発達をとげていったものと考えることができるであろう。この点は丸馬出の機能とも深く関わる問題であるので更に後述したい。なお、丸馬出の発生を探ることは大変むずかしく今後の研究に待ちたいが、年代的に、より古いと見た信濃方面の城館にCタイプが多いため、このタイプの城館の追究が欠かせないであろう(13)。

丸馬出をもつこれらの城館の縄張に深く関わっている人物は、決定的な史料に欠けるきらいがあるが、それぞれの城館の伝承や以下に述べる史料などによって武田の有力武将の一員、馬場美濃守信春であることが理解できる。特に、大幅な修築あるいは新たに築造された梯郭式や囲郭式のAタイプの城館には馬場美濃守が深く関与しているようで、主な城館でも信濃で岡城、駿河では田中城、江尻城をはじめ諏訪原城、小山城をあげることができる。

馬場美濃守の縄張に関して、『甲斐国志』は、「道鬼・日意ガ兵法ヲ伝へ得タリ(14)」と述べ、馬場美濃守は兵法を得意としていた人物と見ている。また『甲良軍鑑』は、先に述べたように田中城の築造に関連して「馬場美濃守に被仰付、馬だしをとらせ、田中の城と名付」と記してこの城を山本勘介流の城の典型としている。『信玄全集末書』にはまた、「此等皆山本勘介晴幸、武田家善推広委細伝テ馬場美濃守信房、信房幕下之士早川弥三左衛門幸豊伝之、又随心幸豊、而小幡勘兵衛景憲伝受之矣(15)」と見え、その真偽は別として山本勘介から馬場美濃守を経て、小幡勘兵衛へ甲州流兵法が伝受されたと述べているのである。これと同様の趣旨として『甲陽軍鑑』品第二十五に、「勘介申上る、馬だしと申物は、城取の眼にて候。……そこにて晴信公、敬礼し(教来子)民部を召て、是をきかせ給ふ。此民部、後は馬場美濃守と申候」とあり(16)、教来石民部、のちの馬場美濃守が勘介から馬出の重要性を学んでいる内容が示されて大変興味深い。その他美濃守が築城し城主となったと伝えられる牧之島城でも、「牧之島城ハ甲州流軍者甚秘の城取となすなり(17)」と見え、美濃守が縄張にすぐれた手腕を発揮していたことを伝承している。右に述べた以外に、丸馬出が採用されていない城館でも馬場美濃守の縄張と伝えているところが多く、武田家の中で美濃守は城の縄張に関して重要な地位にあったことが理解できる。

しかし、江戸時代以降の城郭はともかくも、この時期の築城には軍学者などの特殊な職業的技術者は介入せず、「縄張に堪能な武士という半専門家によって行なわれていた」[18]とされ、馬場美濃守もその一人と見られている。事実武田家譜代の有力な家臣であった美濃守は多くの城館の縄張を手がけているものの、侵攻地における城主としても力量を発揮するとともに、長篠の役における奮戦などから、縄張だけを専門にした単なる技術者でなく、その才能も備えた戦国武将と考えられるのである。

五　丸馬出の機能

虎口を防御するために設けられる馬出は、一般に城を出入する味方の軍勢の保護と敵の進退を妨げる二つの機能をあわせもつとされている[19]。要するに、軍事的機能の最たる施設であり、以上ながめてきた丸馬出が前進基地である城館に積極的に設けられている証左といえるのである。しかも城館が攻撃的性格を強くもつ場合、二か所以上の虎口が必要という見方[20]を発展させ、虎口の数が多いほどその城館の攻撃性は増して、虎口保護のための馬出も完備されていくのであろうと考えたい。先に見たAタイプの城館での虎口と丸馬出の異常な発達は、これらの城館が攻めの城として築かれたことを端的に示しているのであって、このことが同様にすぐれた築城技術をもつ後北条氏と比較して、武田氏はより積極的な築城法を展開したとする見解[21]の根拠となっているのであろう。畝堀の技法や堀の屈曲など堀に非常な意を払っている後北条氏を見たとき、虎口を重視する武田氏よりも守りに徹した姿勢がうかがえるのではないだろうか。

箕輪城、新府城などのDタイプの城館には丸馬出の採用に消極的であった。これは立地的な制約もあったが、これらの城館が攻撃より守衛に重きをおいた結果であると見たい。そのほか甲斐国内に多数存在する館や屋敷など、日常生活が主眼で軍事的な性格の乏しい城館には丸馬出の付設はほとんど見られず、本国で丸馬出があまり採用されない結果となっている。したがって、甲斐国内における丸馬出の未発達と、反面侵攻地での発達という対照的ともいえる現象は、国内の城館は守衛を主目的とし、侵攻地では攻撃を主とする城館自体の機能の差異にもとづいて生じたのであろうと考えるのである。

おわりに

躑躅ヶ崎館築造以後六十有年を経てほぼ近世城郭の城に達している新府城の誕生を見る武田氏の築城技術はどうであったか、十六世紀半ばから急速に発展様相をたどる城館の形態や機能はどうかを、すぐれた築城法の一つである丸馬出から見ようとしたが、その結果武田氏築造の他の多くの城館を除外して武田氏の築城法の全体像を見失なうことになり、本稿では単に丸馬出の分布の概略と丸馬出の従来の見解を支持するにとどまってしまった。しかしながらとくに駿河方面の城館と新府城の形態には丸馬出にかかわらず大きな差異が認められ、駿河での築城技術を発展させて新府城が築造されてきたのではないという状況も知り得ることができた。これは新府城の立地上の制約によるものか、守備を重視した結果なのか、あるいは縄張にかかわった武将の違いか、武田氏築城法をめぐる今後の大きな研究課題でもある。また武田氏の侵攻地域には角馬出を用いた城館も少なからず見受けられるが、その背景にどのような差異があるのか、「円形の得、角形の損」という江戸時代の軍学は田中城のような城館全体の縄張を指すのであろうが、丸馬出に関わりがないか、やはり追究しなければならない課題であろう。

それにしても、武田氏の築城技術が侵攻地域ですぐれた城館を築造して著しい発展過程をたどる一面、それが本国での城館にそれほど反映されない状況は、繰り返すことになるが、侵攻地域では軍事最優先の城館が必要であるという要因を考慮しても、やはり守りにあまり重きをおかない武田氏の、きわめて攻撃的な性格のあらわれと見ることができないだろうか。

文末になってしまったが、本稿執筆にあたり、上野晴朗氏や、田代孝氏・小野正文氏・数野雅彦氏をはじめとする甲斐丘陵考古学研究会の諸氏には貴重な助言をいただいた。深く謝意を表するとともに先学諸兄のご批判をお願いする次第である。

註

（1）磯貝正義他編『日本城郭大系』八　長野・山梨（新人物往来社、一九八〇年）。
（2）文化十一年（一八一四）に完成をみた甲斐の代表的な地誌。甲府勤番支配松平定能撰、全百二十四巻。
（3）甲府城総合学術調査団編『甲府城総合調査報告書』（一九六九年）。
（4）勝沼氏館跡の発掘調査以後、笹尾砦・伝岩崎館跡・中山砦・谷戸城・若神子城・躑躅ヶ崎館・旧中道町勝山城などの調査や、最近では南部氏館跡・小和田館跡・中尾城の発掘調査が実施され貴重な資料が得られている。
（5）萩原・八巻与志夫「甲斐の中世城館址研究―勝沼氏館跡の調査を中心に―」（『どるめん』一八、一九七八年）。
（6）大類伸監修『日本城郭事典』（秋田書店、一九七〇年）、鳥羽正雄『日本城郭辞典』（東京堂出版、一九七一年）。

（7）中山光久「『馬出』の研究―その全国普及状態と特に武田氏との関係に就いて―」（鳥羽正雄博士古稀記念論文集編纂委員会編『日本城郭史論叢』、雄山閣出版、一九六九年）。
（8）峰岸純夫ほか「シンポジウム　城郭研究の諸問題」（『日本城郭大系』別巻Ⅰ、新人物往来社、一九八一年）。
（9）村田修三「城郭用語辞典　馬出」（『日本城郭大系』別巻Ⅱ、新人物往来社、一九八一年）。
（10）山下晃「文化財レポート　静岡県内の中世城館分布調査を終って」（『日本歴史』四〇八、一九八二年）。この他、小和田哲男「戦国大名による縄張の特徴」（静岡県教育委員会編『静岡県の中世城館跡』、静岡県文化財調査報告書二三、一九八一年）にも、ほぼ同様の趣旨の見解が見られる。
（11）『甲陽軍鑑』品第三十六。以下『甲陽軍鑑』の引用は、磯貝正義・服部治則校注の人物往来社本による。
（12）村田修三「中世城郭の縄張り」（『日本城郭大系』別巻Ⅰ、新人物往来社、一九八一年）。
（13）馬出の発生に関して村田修三氏は前掲註（9）の中で、躑躅ヶ崎館の大手口に両端がやや内側にくびれる茀土居が残っていることから、茀土居から馬出が発達したと述べている。形態論的にみれば氏のいわれるような発展過程をたどるのであろうが、躑躅ヶ崎館の茀土居の構築年代がいつ頃なのか明らかでなく、馬出のもつ機能そのものの発生の面からさらに検討を要しよう。
（14）『甲斐国志』巻之九十六（佐藤八郎他校訂『大日本地誌大系』、雄山閣、一九七〇年）。
（15）『信玄全集末書』上巻之三。
（16）『甲陽軍鑑』品第二十五。また同品第四二にも「当家の城取はこの勘介流なり。勘介に馬場美濃守能相伝す」と見える。
（17）瀬下敬忠『千曲之真砂』一〇巻・附録一巻（一八九三年）。
（18）伊藤ていじ『城　築城の技法と歴史』（読売選書、一九七三年）。

(19)　鳥羽前掲註(6)・伊藤前掲註(18)。
(20)　山崎一『群馬県古城塁址の研究』上巻(群馬県文化事業振興会、一九七二年)。
(21)　山崎一「上野国における山城の構成」(『歴史手帖』六―八、一九七八年)。

なお、一覧表と分布図の作成、見取図等の転載にあたっては、『日本城郭大系』(新人物往来社刊)のほか、『長野県の中世城館跡』(長野県教育委員会編)、『静岡県の中世城館跡』(静岡県教育委員会文化課編)を参考にしている。

[付記]　一九八四年八月四日・五日の両日、中世城郭研究会主催の全国城郭研究者セミナーが開催され、私も「甲斐の城郭と丸馬出について」と題して発表する機会が得られた。この折、参加者各位から丸馬出の形態分類中特にBタイプの城館跡の現状や分類の是否、今回とりあげることができなかった丸馬出を採用する他の城館跡の例、甲斐武田氏侵攻地外での丸馬出の存在など種々ご教示を得ることができた。これらの諸点については、稿を改めて発表したいと考えている。

[補遺]　本稿は、三十五年ほど前の一九八四年に発表したきわめて粗雑な論考なため、本論集の中にこれをとりあげるべきかどうか随分と迷ったのであるが、岩田書院の岩田博氏のお勧めもあり、あえて載せることにしたものである。
思い返してみればその当時、「丸馬出」に関する研究は、昭和四十年代の中山光久氏の論文が一点しかなく、甲斐武田氏による著名な築城技術でありながらも、その史的意義について論じているものはほとんどない状態であった。今回本論集を纏めるにあたり、本稿をあらためて読み返してみると、きわめて雑駁な内容であることには変わりはないが、論旨についてはそれほど変更すべき点はないし、また「丸馬出」研究の学史を汚すことにもなるが、学史上の通過点の

論考の一つとして、思い切って掲載することにしたものである。

「丸馬出」の研究についてはその後、八巻孝夫氏や高田徹氏・石川浩治氏・北垣聰一郎氏ら多くの研究者によってすぐれた論文が発表され、精緻な研究に発展しており、武田氏を代表する築城技術の一つとしてその存在感は揺るぎのないものになってきた。

そうした分厚い研究成果とはやや視点は異なるが、ここで、気にかかっているいくつかの点について所見を述べてみたい。

その一つは、武田氏がこの「丸馬出」を虎口に付設した意味は何かという点である。これまでの「丸馬出」に関する研究成果を集約すると、武田氏は信玄の時代になってから城郭の虎口に「丸馬出」を使い始め、以後連綿と使用し、武田氏滅亡直前に築城された韮崎新府城にもしっかりと付設するなど、この軍事施設に相当のこだわりをもっていたことがわかる。これほどまでのこだわりをみせるのは、単に軍事的有意性という機能面からだけではどうも解釈できそうにもない。例えば、後述するが、武田氏滅亡後に甲斐国を領有した徳川家康は、この「丸馬出」を積極的に継承していることがほぼ判明しているが、反面、武田氏と鋭い対立を繰り返した隣国の戦国大名である上杉氏や後北条氏らは、この軍事施設の導入には全く無関心である。虎口の防御にとってすぐれた施設であれば、導入に少なからず興味を示すはずであるが、彼らは導入していない。上杉氏や後北条氏は「丸馬出」を軍事的な側面だけではなく、武田氏を象徴する軍事施設と認識していたからではないか。

江戸初期に成立した軍学書である『甲陽軍鑑』も山本勘助とからめて随所で記載しており、真偽については確かめようがないが、その異常なまでのとり上げ方をみれば、武田氏とその周辺は、なお一層武田氏の象徴的軍事施設と認めていた可能性が高い。

それでは、徳川家康がこの「丸馬出」を導入した意味をどのように考えるべきなのか。徳川家康は、武田氏の軍事拠点の一つであった駿河の諏訪原城も、武田氏から奪取後、外郭に巨大な郭を増設し、しかもそれぞれの虎口にさらに巨大な「丸馬出」を設けている。むろん、武田氏滅亡後のことではない。また、石川浩治氏の研究によれば、徳川譜代の大名たちは江戸時代に入ってからも自らの城郭に積極的に「丸馬出」を設けていたという。なぜ、徳川家康が「丸馬出」を導入したのかを含め、「丸馬出」に関してはなお多くの検討課題が横たわっている。

なお、「丸馬出」については、以下の文献も参照されたい。

①『史跡 諏訪原城跡』(島田市教育委員会、二〇一八年)。

②『シンポジウム 馬出を考える―定義と分布―』(第三五回全国城郭研究者セミナー実行委員会・中世城郭研究会、二〇一八年)。

武田氏築城技術と新府築城

はじめに

新府城に関する研究が深まっている。国史跡新府城跡の整備事業に伴い、さまざまな知見が得られたことによって新たな研究視点や多くの城郭史的な分析視覚が生まれたことによるものであるが、さらにそれに歩調をあわせるように、築城者武田勝頼に対する政治的評価についても学問的関心が及んでいる。

新府城の整備事業に関連してこれまで二度のシンポジウムも開催され、成果は広く公刊されており、新府城に関する史的評価はおおよそ定まった感もあるが、しかし近年のいわゆる「武田氏築城技術」の精緻極まる研究史上でも、見落とされてきた重要な点があるように思われる。そこで本稿では、右に述べた「武田氏築城技術」のなかの、とくに縄張や郭構造に焦点をあてて、新府城の縄張的特質がどのような史的意義を有するのか検討してみたいと思う。

なおここでは、近年の研究のなかで提起されている「武田系築城法」という概念を用いていないが、それはすでに指摘したように(1)、武田氏が築城した城郭に対して、現段階では「系」という用語を冠して系統的に概念づけるほど研究が熟していないと認識しているからであり、本稿ではひとまず従前の「武田氏築城技術」という用語を使用していくことにする。

一　武田氏築城技術における縄張と郭配置

武田氏が築城に関わった主な城郭には、虎口外側に「丸馬出」、その内側には特有な「枡形虎口」が採用されていることが多く、それらが武田氏を特徴づける築城技術とされてきた。こうした城郭史上の評価は、近年徳川氏による「丸馬出」の採用事例の提起[2]によって一部見直しの機運も生まれたものの、大筋において武田氏築城技術を代表するものであるとの見解が支持されているものと考えてよいと思う。

新府城にもこれらの技術が採用されている。規模は大きくないが、絵に描かれたような見事な「枡形虎口」と「丸馬出」である。しかし、内堀をもたない「丸馬出」であり、ほかの多くの城郭における「丸馬出」形態とは異質な構造となっている。八巻孝夫氏は「馬出」の共通項として「虎口前の堀を隔てた対岸にあること」「堀で囲まれた小さな曲輪であること」の二点をあげながら、新府城のやや特異な、本来の役割を発揮し得ない場所への「丸馬出」の採用については、「丘城の特殊性」「場所が狭い」といった理由のほかに、「丸馬出の橋頭堡あるいは前進基地としての役割」の減少といった理由をあげているが[3]、それでもなお武田氏が「丸馬出」の採用にこだわったのはいったいなぜなのか。これを、普請を担ったとされる知将真田昌幸の一種の築城表現とすべきなのか、国主武田勝頼のこの技術に対するこだわりというべきか。それはともかくとして、新府城の「丸馬出」を見るかぎり、戦国大名武田氏は、最後まで、いろいろな意味で、この技術を重視していたことはたしかであろう。

ところで、「丸馬出」と「枡形虎口」という築城技術とともに、新府城で留意すべき重要な点がある。それは、郭の構造である。新府城は東西九〇m、南北一五〇mの方形を呈した相当大規模な本丸と、それに並んで、東西七〇m、南北五五ｍという、やはり規模の大きい二の丸の、二つの主要な郭を核にして成立している。それらの南側には三の丸が付設されており、ここも中央を土塁で二分するほど規模が大きい。

本丸を含めこの三つの郭が新府城の主要な郭である。この郭群の構造は、数野雅彦氏が躑躅ヶ崎館の強い伝統のうえに成り立っている「館造り」であると指摘した[4]とおり、甲府の躑躅ヶ崎館を「写し」て築造したからにちがいない。史料中にも、新府城に対して「新館」「館」と表記されることが多く、この城が築城史的にも、あるいはそれ以上に政治的に、躑躅ヶ崎館の延長線上に存在していることを意味していよう。

近年ではさらに、新府城搦手門の建物構造が躑躅ヶ崎館の西曲輪の虎口に見られる門の構造ときわめて類似していることが指摘され、建物群も躑躅ヶ崎館を「写し」て建設したものであろうとされている。また、新府城から出土している遺物も躑躅ヶ崎館から搬入したものが多いという所見も出されており[5]、出土遺構や出土遺物からでも躑躅ヶ崎館と新府城がきわめて強い繋がりをもっていることが読み取れる。

新府城のこのような縄張に対して、武田氏が築城した城郭の大多数は、じつはこうした郭構造はもたないのである。新府城は戦国大名武田氏が築城技術の粋を集めて建設した最後の城と評価されてはいるものの、その発展段階に位置づけられるものではなく、むしろ武田氏築城技術のなかではほかに類例の少ない稀有のものとしてとらえた方がよいように思われる。

以上のような問題関心をもとに、武田氏が築城した城郭のうちの代表例のいくつかをとりあげてその特徴を分析し、新府城の縄張構造がいかなる技術史的位置にあるのか検討していこうと思う。

信濃の川中島に築造された海津城[6]は、永禄二、三年（一五五九、六〇）頃の築城とされている武田氏を代表する城である。川中島四郡の支配の拠点であるとともに、越後上杉氏に対し睨みを利かせた要害堅固な城郭で、政治的にも軍事的にも最重要な城郭である。城代は、信玄から最も信頼された春日虎綱である。この城は、千曲川の急崖に面し、その一方側に本丸と二の丸をいわゆる「梯郭式《ていかくしき》」に展開させていく構造をもっている。武田氏時代の縄張については不明瞭な点も多いが、当初は本丸と二の丸によって成立していた城郭と評価してよいであろう。二の丸の虎口には丸馬出も付設されている。河川を防御ラインに組み込みながら、「梯郭式」に郭を展開する構造がよく見てとれよう。

同じく上田市に所在している岡城(7)をみると、ここでも浦野川の断崖上に占地して築城され、一辺約八〇mほどの方形の主郭とそれを大きくとり巻く二の郭の二つの郭で構成されている。外郭の虎口は三方に存在するが、前方にはいずれも丸馬出と三日月堀が設けられている。永禄三、四年ごろの築城ないし修築と推定されている。郭配置は海津城と同じ「梯郭式」である。長野市の長沼城(8)もよく似た構造の城である。千曲川の断崖を利用して永禄六年頃に築かれた武田氏の最前線の重要な城郭で、主郭と二の郭が「梯郭式」に並ぶ構造をもっている。

南信に目を転じてみると、伊那谷に興味深い城が存在している。伊那市東春近の天竜川東岸に位置する殿島城である(9)。この城は、天竜川がつくり出した河岸段丘上の断崖を利用して、主郭とそれを大きくとり巻いている二の郭によって構成されており、前述の岡城などに類似した城郭である。資史料などが乏しく築城年代や築城者などについては不明な点が多いが、「梯郭式」の構造をみれば、武田氏によって修築された城郭であると推定して問題はなかろう。

松本城の前身である深志城は天文十九年(一五五〇)に松本平の支配のために武田氏によって修築されたものである。この城は、近世城郭松本城の影に隠れ、武田氏時代の縄張についてほとんど不明であるが、蓬左文庫所蔵の絵図類や現在の縄張などをみると本丸と二の丸の二つの郭は梯郭式の構造を呈しているようである(10)。武田氏時代の縄張構造はなお検討の余地も残しているが、これまで述べてきた城郭と同様な郭配置をしている。

興味深いのは、上田城(11)である。武田氏滅亡後の天正十一年(一五八三)に、新府城の普請にあたったといわれる真田氏の居城として築かれたとされているが、この城も千曲川の氾濫原を望んで立地しており、本丸と二の丸が「梯郭式」に展開している城である。この城の築城時期がたとえ武田氏滅亡後としても、いわば武田氏流とも思えるこうした縄張が武田氏の旧臣のあいだにその後引き継がれていったとするならば、「梯郭式」構造の城づくりというものが武田氏のなかに相当根強く定着していたことを示す証左ともなり、近世城郭成立への道程を探るうえでまことに興味がつきない。

信濃において武田氏築城の城郭がこのように共通の特徴を有している点について河西克造氏は、「武田氏時代の城は、自然堤防や河岸段丘に立地し、一方を崖に面するものであった。城郭構造は、方形の主郭を中心に周囲に曲輪がめぐる構造であったと考えられる(12)」とし、織豊期以降に継続される場合には、武田氏時代の城郭構造がベースとなっていたと指摘されている。海津城や深志城の発展過程はおそらく河西氏の指摘どおりの経緯をたどったものとみて、およそ大過ないであろう。

信濃侵攻後、武田氏は駿河に軍事行動を起こしていくことになるが、その地域で築城された城郭も、同じような特徴を見せるものが多い。

まず、清水浦における武田水軍の拠点の一つとなった江尻城(13)を見てみよう。当城の城代は、武田氏親族衆の筆頭クラスの穴山信君らである。現在この城は市街化のために残存状況はよくないが、復元し得る郭構造は、前述の海津城にきわめて類似していることがわかる。巴川に面して築城されており、その反対側に本丸と二の丸を連続して置く、いわゆる「梯郭式」構造である。三か所の虎口には丸馬出を付設しており、武田氏築城技術の典型とされるものである。海に対して睨みを利かせており、武田氏が駿河湾などにおける海上権を確保するうえで重要な役目を担った海賊城といわれている。同様に、縄張はほとんど復元不可能に近いが、沼津市の三枚橋城、のちの沼津城も江尻城によく

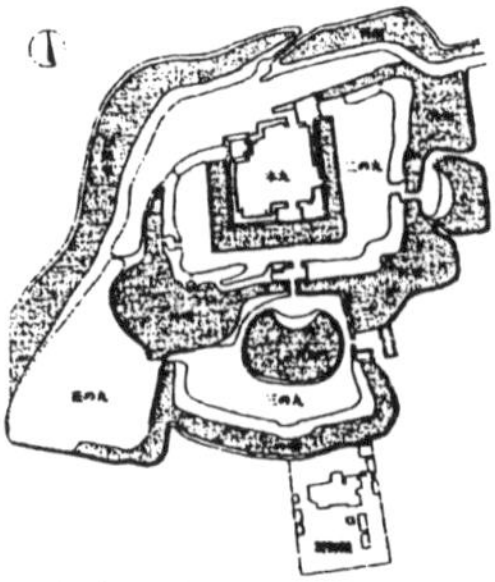

1　海津城（註 6 文献より転載）

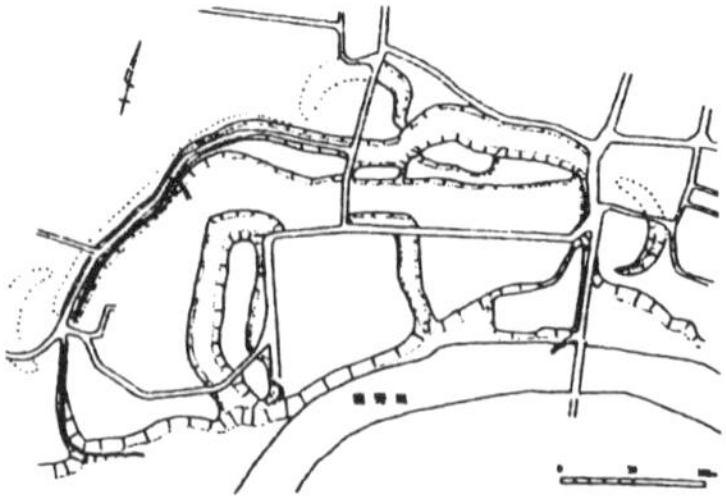

2　岡城（註 7 文献より転載）

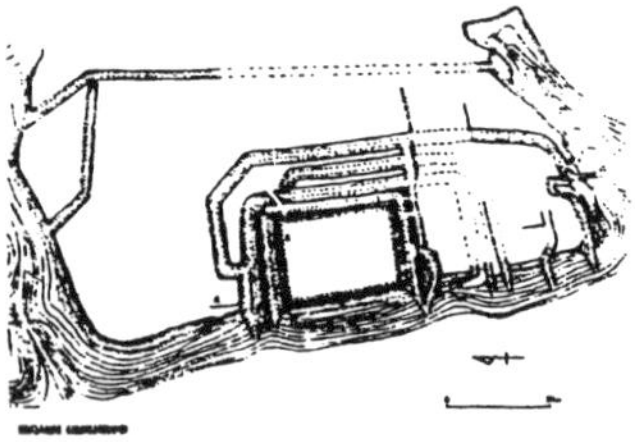

3　殿島城（註 9 文献より転載）

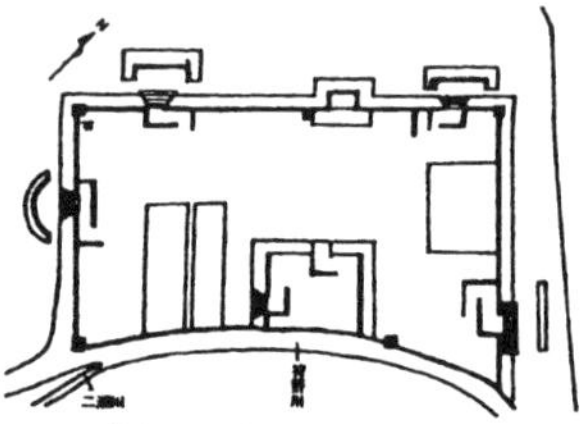

4　三枚橋城（註 14 文献より転載）

5　倉賀野城（註 15 文献より転載）

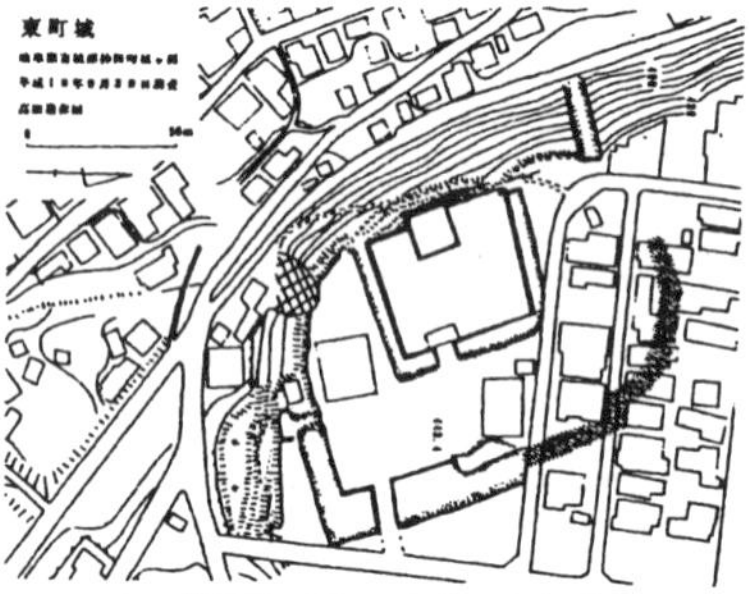

6　東町城（註 9 文献より転載）
（スクリーントーンは地籍図から推定した堀ライン）

7　箕輪城玉木山の郭（註 16 文献より転載）

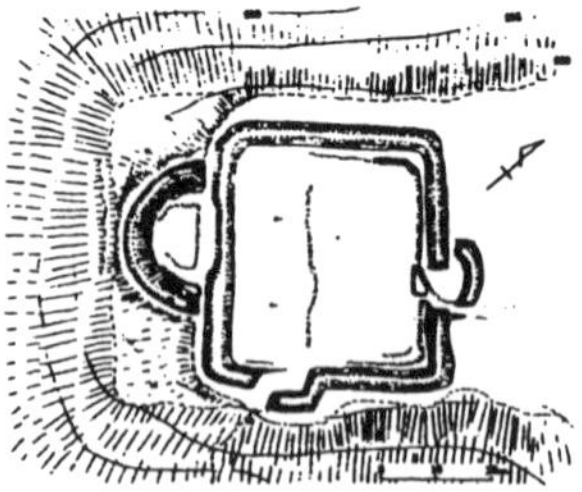

8　砦山城（註 9 文献より転載）

図 1　「武田氏築城技術」を所有する城郭（1 ～ 7）と砦山城（8）

似た構造を呈していたようである。(14)元亀元年(一五七〇)「沼津之普請」と見えるように、その頃武田氏によって駿河湾の軍事的支配のために築造されたもので、狩野川に面しており郭の構造も江尻城によく似た「梯郭式」である。なお、ここで改めて縄張構造を述べることはしないが、武田氏築城技術の最高峰とされている島田市の諏訪原城も、郭の形状はやや異なるが、同じような城郭構造と理解してよいであろう。

西上野方面の武田氏の関与した城郭はどうであろうか。近年の研究によれば、武田氏の直接的な築城ないし修築が知られているのは、倉賀野城や名胡桃城のほか、根小屋城などであり、箕輪城や厩橋城などはその後の改修などが多く、武田氏時代の縄張を探ることは困難だとされている。そのなかで、倉賀野城(15)はいままで述べてきたような「梯郭式」構造を呈しており、武田氏の築城方法を強く受けている城として興味深い。

倉賀野城は、高崎市倉賀野町の烏川左岸の河岸段丘上に立地し、川に面す急崖を背にして主郭や二の郭・三の郭などが「梯郭式」に展開している。「丸馬出」も用いられている。高崎市山名町の根小屋城(16)は丘陵上を利用した城であり、地形的な制約もあって主郭主体の構造をもつが、構造的には「梯郭式」を志向したような縄張になっている。箕輪城について、武田氏時代の構造を窺うのは困難な点が多いが、興味深いのは、城の北部に存在している玉木山の郭である。この郭は永禄年間に真田氏によって普請されたと指摘されており、武田色の強い郭と見なされてきたものであるが、この郭自体の縄張は二段構成の「梯郭式」に近く、しかも前方に「丸馬出」が付設されており、この付設の仕方は通常の「丸馬出」とは違い、急傾斜の位置に設置されているのが特徴である。(17)この点は、新府城の状況に似かよっている。

岐阜県飛驒市に東町城(18)という江間氏の居城がある。この城は、武田氏の重臣山県昌景の縄張と伝えられるものであるが、城郭構造はいままで信濃、駿河地域でながめてきたものと同様に、「梯郭式」である。武田氏が関与したのか否か議論もあるが、城郭構造から見れば武田氏が築城に関わった公算は大きい。

永禄年間の早い時期に築城された岡城や海津城を皮切りに、武田氏は地域支配の重要な拠点として、「梯郭式」の郭配置をもつ城を積極的に築いたことは、以上のとおり、もはや動かしがたいであろう。それらの構造は、相互に類似性が強く、定型的である。武田氏は、侵攻地域における支配の拠点として、「梯郭式」の郭配置をもち、かつこれらの城の虎口には「丸馬出」を付設するという、類似の城郭群を各地に築造し続けたのである。

なお付記すれば、「梯郭式」の郭配置をもつ城郭は甲斐本国ではほとんど見られないものである。おそらく、武田氏が甲斐から信濃、駿河方面に支配の手を拡げていく過程で、新たに獲得し得た築城技術であったと見てほぼ間違いないと思われるが、この築城技術的な発展過程は、まさに「丸馬出」の場合と同じで、両者は相互に等しく連動していたものと考えてよいであろう。

しかし、武田氏は、「梯郭式」の構造の城郭だけを築いていたのではない。今回は積極的にはとりあげなかったが、たとえば信濃の伊那谷の拠点として築かれた大島城(19)のように、郭を横に連ねるいわゆる「連梯式」の構造をもち、虎口に「丸馬出」を付設する城郭も存在しており、したがって「丸馬出」を有する城郭の郭構造には、主として「梯郭式」を採用しているが地形によっては「連郭式」も用いるという、少なくとも二類型の主要な築城パターンがあったことがわかる。

ただし、ここで留意しなければならないのは、山城の場合である。山城は立地や地形に大きく左右され、右に見られるような定型的な縄張構造を確保することが困難であり、地形に合わせて、あるいは地形を巧みに利用して築く例が多い。したがって「梯郭式」構造をとる城郭は少なく、また「丸馬出」を設ける必然性もない。山城の場合、武田氏の築城技術は、堀や土塁、虎口構造に意が注がれている。

二　異色の城郭

これまで述べてきた二つのタイプの郭構造を有する城郭とは異なった武田氏築城技術をもつ城が存在する。代表的なものをあげるならば、長野市に所在する砦山城と藤枝市の田中城である。前者は、牧野島城から深志城へのルートの抑えとして弘治年間から永禄年間（一五五五～七〇）頃に築かれた城で、規模は小さいが武田氏が信濃支配の軍事的拠点の一つとして築いたものである。[20]縄張は単郭方形でいたってわかりやすく、軍事拠点に築かれた城郭としては異色の存在である。虎口は前後二か所にあり、そのいずれにも前方に「丸馬出」が付設されている。「丸馬出」が付設されていなければ、武田氏が関与した城郭とはとうてい考えられないような存在である。

なぜ、こうした縄張構造の城郭が築かれたのだろうか。その要因の一つは、立地環境であろう。すでに見てきたように、武田氏築城技術のなかで「丸馬出」をもつ城郭の多くは、河川の断崖や河岸段丘上に占地を求め、その地形を巧みに利用して築かれている。そのために、郭を「梯郭式」や「連郭式」に展開させていくことが可能になっている。しかし、こうした地形が選択できない場合には、いきおい全方位的な防御体制を組まざるを得ず、砦山城のような前後に意を払わざるを得ない構造が生まれてくる。

この特徴が最も強くあらわれているのが田中城[21]である。武田氏築城技術をよく示しているとされるこの城は、標高約一五mほどの低丘陵上の頂部に円形基調の郭を同心円状に配置し、周囲に虎口を何か所も設け、その前方にいずれも「丸馬出」を付設している。「武田氏流築城法」の典型と古くから高い評価を得てきたが、しかし武田氏が築城した城郭のなかには、こうした縄張構造をもつ城はほとんどなく、むしろ異色である。『甲陽軍鑑』品第三十六にも、「藤枝とくのいつしき、あけてのく。是は堅固の地なりとて、馬場美濃守に被仰付、馬だしをとらせ、田中の城と名付」とあり、軍学の世界でもたびたびとりあげられ、目立った存在である。「梯郭式」構造の普請性のある城郭であるならばともかくも、稀有な例だからこそ、『甲陽軍鑑』があえてとりあげているのであろう。武田氏築城技術のなかでは田中城もまさに異色の存在とすべきで、かつ武田氏としては大胆に縄張した城郭と評価しなければならないであろう。

三　再び新府城

それではなぜ、武田氏は最後の築城となった新府城で、右にとりあげてきた多くの城郭とは異なった構造を有する築城技術を採用したのかが問題となろう。

理由の一つは、従来から指摘されているように、躑躅ヶ崎館の郭全体を「そのまま山上に載せる」構造をもつことが、築城にあたっての前提となっていたからであろう。武田氏は、本拠のイメージについて、あくまでも「館造り」にこだわっていたと考えざるを得ない。

二つ目の理由は、規模が大きく本格的な山城の建設を志向したからであろう。『甲陽軍鑑』によれば、韮崎新府の地を進言したのは親族衆の穴山氏だとされているが、現実のところ、甲斐国内で、城下形成が可能で、しかも多数の郭群をもつ本格的な居城を築造できる場所は、甲府盆地内にはほとんど見当たらない。新府の地は、新城建設上、最適地であると判断したのであろうが、しかし山上一体を利用して郭配置を行う場合には、「梯郭式」構造は郭配置として採用しにくいものであった。その結果として、山城にはあまり用いられないものであるが、大手口に内堀を持たない「丸馬出」だけが採用される特異な構造になったものと考えられる。

それでは、新府城の普請に関わったとされる真田昌幸の築城技術的ないわゆる「好み」がこの新府城にあらわれていないかが問題となろう。昌幸自身、武田氏最末期の頃には上野方面に進出し、沼田城や箕輪城などの修築や支配にあたっている。長篠での戦いで、馬場美濃守など城づくりに長けた武将が敗死しており、次世代として真田昌幸らが城づくりに手馴れた武将として任じられてきたのであろうが、新府城は築城技術史的に見れば、それ以前の武田氏の城郭の系譜上には見られない遺構がなぜか多く、その背景として縄張の担い手の代替わりが影響しているように感じられる。この点については、新府城における今後の重要な研究課題の一つになろう。

おわりに

本稿では、武田氏最後の築城となった新府城の郭配置が「武田氏築城技術」のなかでどのような築城史的位置を占めていたのかを検討してきたが、信濃や駿河などの地域に展開していった武田氏築造の主要な城郭群が、定型的な郭構造をもち、しかもそのほとんどに「丸馬出」が付設されるという共通した特徴を有するという結論を得ることができた。そしてまた、新府城はそれらの定型的なパターンとはまったく異なる論理のもとに築城されたことをおおよそ明らかにすることができた。

最後に、これまで述べてきた内容を整理してまとめにしよう。
一、武田氏が信濃、駿河などの侵攻地域で築城した城郭群のうち、拠点的城郭とされている城は、多くが「梯郭式」構造を有しており、しかも築城当初は主郭と二の郭という二つの郭で構成され、それに「丸馬出」を付設すると

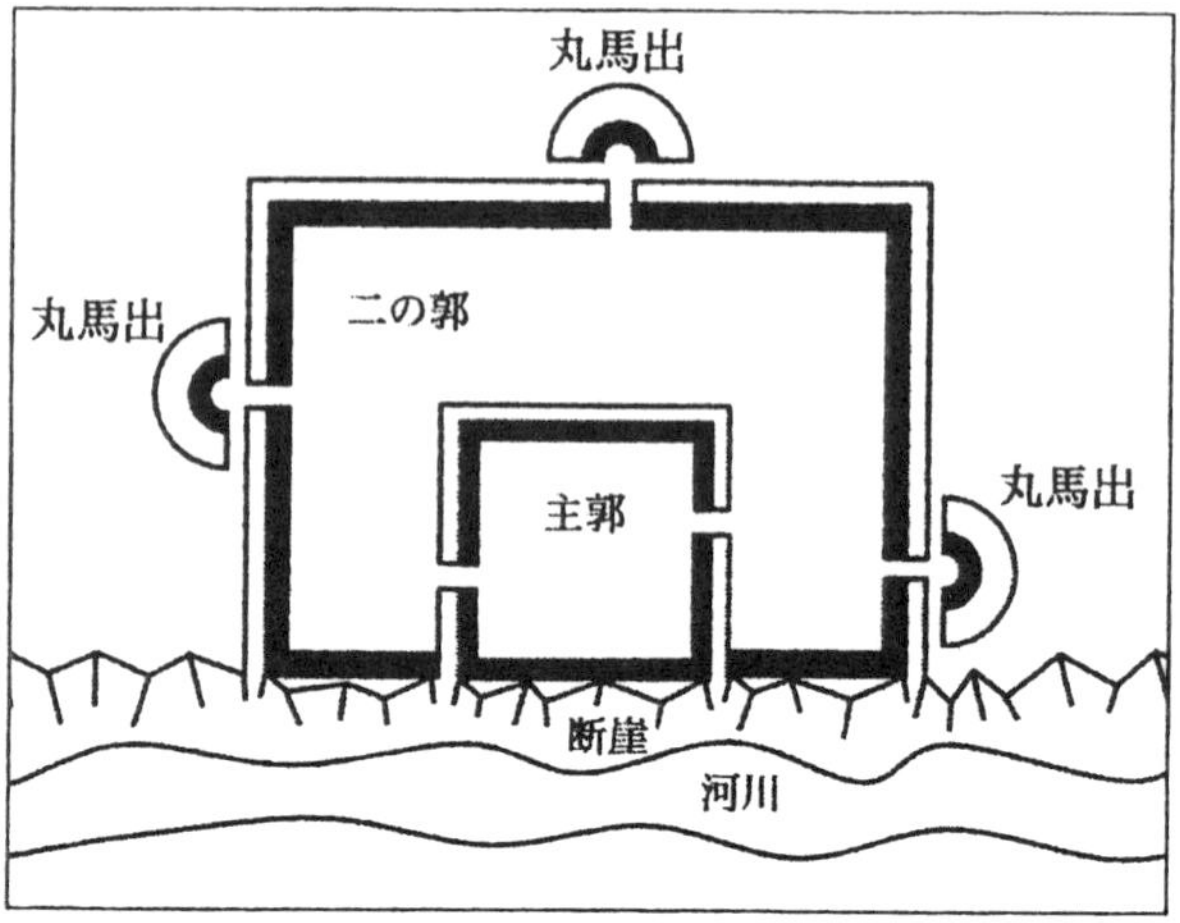

図２「武田氏築城技術」による「梯郭式」構造の模試図
（江尻城を参考にした）

いう比較的単純な構造であったことが明らかとなった。こうした構造が生まれたのは、おおよそ永禄年間頃ではないかと推定される。

二、主郭と二の郭の二つの郭による構造から、戦略上重要な城郭にはその後三の郭が併設されるようになり、城郭は大規模化し、強化されていくようである。その時期は元亀年間から天正年間（一五七〇～九二）にかけての、およそ信玄末期から勝頼期段階と想定される。(22)

三、新府城では、以上に述べたような定型的な郭配置をとらず、躑躅ヶ崎館のような「館造り」という旧態的な構造を採用しているが、これはあくまで武田氏の本拠であるという強い自負と伝統にこだわった結果であろうと思われる。

四、新府城の「丸馬出」は、背後に堀をもたない特異な構造を有している。類似の構造をもつ城郭として箕輪城の玉木山の郭があるが、これも真田昌幸が関わったものとされる。城づくりには、実際に築城の任にあたった者の技術的「好み」というものが表れるものだろうか。

註

（1）拙稿「武田系城郭研究の現状と課題」（『武田系城郭研究の最前線』、山梨県考古学協会、二〇〇一年。本書第二編所収）。

（2）石川浩治「三河の武田氏城郭について」（『愛城研報告』創刊号、一九九四年）。

（3）八巻孝夫「武田系城郭の構造的特質」（『武田系城郭研究の最前線』、山梨県考古学協会、二〇〇一年）。

（4）数野雅彦「甲斐における守護所の変遷」（金子拓男・前川要編『守護所から戦国城下へ』、名著出版、一九九四年）、ほか。

（5）小野正敏「新府城の出土陶磁器が語ること」（山梨県韮崎市教育委員会編『新府城と武田勝頼』、新人物往来社、二〇〇一年）。

（6）前島卓・山崎左織・河野聡子「松代城の調査概要」（『松代』一〇、一九九七年）。

（7）河西克造「信濃国小縣郡・岡城跡をめぐる再検討―武田氏系城郭としての位置付け―」（『信濃』四九―一、信濃史学会、一九九七年）。

（8）磯貝正義他編『日本城郭大系』八　長野・山梨（新人物往来社、一九八〇年）。

（9）村田修三編『図説中世城郭事典』二（新人物往来社、一九八七年）。

（10）註（8）に同じ。

（11）註（8）に同じ。

（12）河西前掲註（7）。なお、「信濃における戦国大名の城郭様相」（『織豊城郭』九、二〇〇二年）でも同様な指摘をされている。

(13) 小和田哲男「武田水軍と駿河の海賊衆」(佐藤八郎先生頌寿記念論文集刊行会編『戦国大名武田氏』、名著出版、一九九一年)。
(14) 静岡県教育委員会『静岡県の中世城館跡』(静岡県文化財保存協会、一九八一年)。
(15) 阿久津久他編『日本城郭大系』四　茨城・栃木・群馬(新人物往来社、一九七九年)。
(16) 秋本太郎「根小屋城跡」(『武田系城郭研究の最前線』、山梨県考古学協会、二〇〇一年)、及び註(15)に同じ。
(17) 同右。
(18) 高田徹「静岡・岐阜・愛知県内の武田系城郭」(『武田系城郭研究の最前線』、山梨県考古学協会、二〇〇一年)。
(19) 註(9)に同じ。
(20) 註(9)に同じ。
(21) 小和田哲男他編『日本城郭大系』九　静岡・愛知・岐阜(新人物往来社、一九七九年)。
(22) この点については、かなり早い段階で北垣聰一郎氏によって指摘されている。北垣「戦国期の城郭遺構とその変遷―「馬出し」を中心として―」(横田健一先生古希記念『文化史論叢』下、創元社、一九八七年)を参照されたい。

戦国期城郭の年代観

はじめに――いまなぜ、戦国期の城の年代観を議論するのか――

二〇〇〇年代に入ると、埼玉県の戦国期の城として、とりわけ相模に本拠をおく後北条氏築城の典型的な城として著名な杉山城をめぐって、活発な議論が交わされるようになった。議論の発端は、発掘調査の成果から、杉山城の築城年代が十六世紀前半代におさまることになり、したがって築城者も後北条氏ではないという発掘者側からの報告である［植木・村山 二〇〇五］。この議論はその後、各地でさまざまなかたちでとりあげられるようになり、中世城郭研究者層を中心に城郭の年代観についてあらためて関心を呼び起こすようになった。「杉山城問題」という言葉も生まれるようになった［松岡 二〇〇五］。

それ以前から、中世後半期とくに十六世紀代の城郭について、文献史料などによる年代観と考古資料とのあいだに、若干の齟齬がある、と指摘されていた。戦国期の後半の十六世紀後半代の城郭と位置づけられているにも関わらず、発掘資料は十六世紀前半代のものである、という指摘などはその代表的なものであったろう。まさに、「杉山城問題」が提起している問題とぴったりの議論である。

中世城郭の研究にとって、築城や廃城の年代の確定はきわめて重要であり、研究を進めるうえでの大前提になるものであるが、しかしその重要な点がこれまで意外におろそかにされ、あまりにも等閑視されてきたきらいがあり、「杉山城問題」を契機に、年代観をめぐる関心が各地で一気に高まってきた感がある。

城郭研究で主導的役割を果たしてきた縄張研究者にとっても、杉山城で提起された年代観は深刻であった。杉山城はこれまで、後北条氏築城による典型的な城として高く評価されてきたものであり〔伊禮　一九六九〕、杉山城の縄張的特徴が、仮に後北条氏によるものでないとしたら、近年主張されている「後北条系城郭論」などの系譜論にも微妙な影を落とすことになるからである（千田嘉博氏らによる「織豊系城郭」の提唱以来、とくに東国の戦国大名の築城技術の特徴を把握し「後北条系城郭」「武田系城郭」等の城郭系譜論が盛んに議論されるようになった）。当然、後北条氏関係の城郭以外の、たとえば武田氏や上杉氏などに関わる城郭の年代観にも、直接的に影響を及ぼすものであり、「杉山城問題」は城郭研究者にとって避けてとおれない重要な課題となってきたのである。

一　戦国期の城の年代観の現在

本論が課題としている戦国期の城の年代は、それでは今までどのようにして決められてきたのだろうか。年代を探る方法は、主に二つある。一つは、文献史料に依拠する方法である。その場合には、築城や廃城年代が信頼できる諸記録に載る城を基準資料としている。もう一つは、発掘調査などで得られた考古資料、特に年代が特定しやすい陶磁器やかわらけなどを基準資料とする方法である。この手法は、中世城郭遺跡や中世都市遺跡などの調査研究がはじまった一九七〇年代から行われており、最も一般的な方法である。

文献史料と考古資料のこの両者が位置づける年代観を基礎にして、縄張の年代観がおおよそ定められ、この作業が多くの資料によって重ねあわされることにより、より確かな年代が導きだされていき、不安定ながらも、今日の戦国期の城の年代観が構築されてきた。しかし、当初より問題をいくつも抱えていた。

一つには、文献史料から年代が確定できる城郭資料が圧倒的に少ない点である。およそ中世の城の築城に関する諸記録は、文字上に現れることはきわめて少ないし、たとえ記録に見えたとしても、それが縄張や諸遺構を具体的に指し示すことは稀である。記録と、縄張や遺構との関連性をどう把握するのかといった問題である。二つには、考古資料が抱える課題である。陶磁器などの考古資料は、たしかに城郭の諸遺構と結びついて検出される場合が多く、遺構の年代決定に有力な手がかりを与えてくれるものではあるが、問題はその考古資料の年代観である。陶磁器の場合を例にしても、生産地における生産時期から流通の過程を経て、消費に至る時間幅をどうとらえるか、といった課題を有している。しかも、威信材のような伝世されやすいものは当然のこと、日常の消費財にしても使用時間の幅が予想以上に広いことがわかってきた。中世後半、とくに戦国期のような城の場合、およそ数年から十年単位の年代観を求められる場合が多く、使用年代に幅のある考古資料からはより効果的な年代観が絞り込めないときも多い。そのうえに、生産地よりも消費地のありようから主に年代観を組み立ててきた陶磁器は、肝心の消費先である城郭遺構の年代が曖昧な場合が多く、そうなると陶磁器編年の有効性も問われかねない。

戦国期の城の年代観は、文献史料と考古資料、それに縄張や遺構などが相互に絡み合って把握されてきたのであるが、しかしいずれも不安定な資史料に互いに寄りかかって導きだされてきたともいえるものであり、もう一度原点に返って再検証することが緊要な課題となってきた。

ところで、戦国期の城の年代観をめぐる研究はどのようになされてきたのだろうか。意外なことに、ほとんどなされていないといっても過言ではない。それは、中世の城郭の年代観に関する論文がほとんど見られないことから理解できよう。その理由を問うとすれば、年代観を採り得るための資史料の不足だけではなく、むしろ年代観を自明のこととしてきたこれまでの学問的風潮に求められるのであり、戦国期の城のいわば置き去りにされた世界ともなっている点である。

さらに指摘しておかなければならないのは、中世の城郭研究の主要な課題が、年代決定や編年づくりではなく、「地域史と在地構造分析」［村田 一九八〇］を目的とし、「権力体の構造とその展開課程を追究する」［松岡 一九八八］ことに意が注がれてきたことである。そのためにおよそ年代観についての研究は、城郭研究の主要な研究関心からはずれ、必然的に等閑視されてきたのである。

しかし村田修三氏は早くからつぎのような興味深い指摘を行っている。「早晩、城郭研究は考古学研究者によって担われるようになると思われるが、その段階でも縄張りの把握は城の年代比定の重要な要素であるだろう。古墳の形態編年のように」［村田 一九八五］。これは、城郭資料がもつ、たとえば建造物のあり方や築城技術、出土品をとおした具体的な諸相などの把握は考古学が得意とする分野であり、城郭の総合的理解のうえでは考古学が早晩リードしていくだろうという学問的な見とおしを述べたものであるが、しかしここで見過ごせない点は、古墳の編年のように、城郭の編年あるいは年代順の確立のためには縄張研究を欠いてはなし得ないということを示唆している点である。先見性のある見解であろう。むろん、例示された古墳の編年の場合も、墳丘の形態のみで年代観が確立してきたのではなく、石室などの内部主体や各種の副葬品などの総合的研究のうえに成立しているものであり、同じように、今後縄張による年代観の研究が文献史料や考古資料などの確実な裏づけを得ながら行われていくべきであり、そうした学問的過程を経ていくならば、縄張による中世の城郭の年代的序列、すなわち城郭編年の確立は決して不可能なことではない。

二　戦国期の城の年代決定は困難か

それではなぜ、現在に至るまで、中世の城郭の編年体系の確立に向けた努力がおろそかにされてきたのだろうか。年代観を探る試みはなぜされてこなかったのか。先に紹介した村田修三氏自身も縄張による城郭発達史の追究を試みており、城郭編年の確立に意欲をもった識者であったが、多くの城郭研究者は城郭編年に注意を向けてこなかったようである。

まず前提として認識しなければならないのは、先に述べたように、築城や廃城などの確実な年代が判明している城郭資料がきわめて少ないという資料的制約がある。城郭の年代的序列を決めるうえでのいわば基準資料に乏しく、文献史料中に具体的な築城時期が確実なかたちで現れることがきわめて少ない点である。多くは、のちの編纂物や伝説伝承類に依拠しながら、おおよその年代が割り出されている。

また、城郭は中世・近世を問わず、常に修築改変が繰り返され、そのために遺構間の重複も激しい。一般的に規模も大きく、遺構相互の関連性、同時性も把握しにくい。したがって遺構と遺物との諸関係の検証も困難な場合が多い。城郭を構成する各種の遺構から年代を割り出すことは、容易ではない。伴出する陶磁器をはじめとするさまざまな遺物によって主に年代観が定まるのであるが、最も精緻な編年が組まれている陶磁器やかわらけであっても、消費地での使用期間に幅があり、城郭の歴史史料化に必要となる厳密な年代の把握ができない場合が多い。そのうえに、遺物をほとんどもたない城郭もある。

さらにここであえて指摘しておかなければならない点は、編年作業自体、考古学が最も得意としている分野であるはずなのに、こんにちまで無関心であったことである。城郭は、「もの」資料である。それにさまざまな観察と検証を繰り返して、年代的序列を与えていく作業は、考古学が基本とする学問的行為であるが、城郭編年にいまだ積極的に乗り出せないでいる。先行している文献史や縄張研究の成果を吸収しながら、総合的・学際的な見地から編年体系を作り出すことに、なお躊躇しているといわざるを得ないのである。

三　いかに戦国期の城の年代を確定するのか

右にみたように、中世、とくに戦国期の城の年代観を確定する作業は、多くの課題と困難を伴うものである。しかし、いわゆる城郭編年というものは今後の城郭研究のうえで欠かせないものであり、いかに試行錯誤を繰り返そうと、その確立に向けて、不断の歩みを続けなくてはならないであろう。

まず重要な点は、築城年代等が明確な城、すなわち基準となり得る資料を抽出し分析することである。編年のための標識的資料づくり、いわゆる編年のための定点を決めていく作業を行うことである。考古学において、もっとも重要で、なおかつごく基本的なこの作業がいままでおろそかにされてきたのである。

戦国期の城は、一九七〇年代以降、ものすごい勢いで発掘調査の対象とされ、膨大な量のデータが蓄積されてきた。また、縄張研究の立場からの調査研究もより精緻になってきたが、それに文献史料による城郭研究の成果を加えた総合的な研究は、資史料の増加にもかかわらず、これまで積極的になされてきたとは決していいがたい。この三者による学際的共同作業と、そのための土俵づくりも、緊要な課題である。

膨大な数の発掘調査による城郭資料をもつ考古学側に対して、これまで城郭の特質を十分に引き出してきたのか、また容易なかたちで年代決定を行ってきてはいないか、など多くの批判もある。すでに述べてきたように、城郭は規模が大きく、長期間利用が繰り返されているために、遺構間の関連性、遺構と遺物の整合性、いわゆる同時性など検証が困難な場合が多い。より緻密で慎重な分析が要求されるのは当然のことであるが、なおその前提となる検証方法が未だ十分に確立しているとはいいがたく、城郭研究のあり方も含め考古学研究者に課せられた課題は多い。

近年、歴史学全般に及んで史料学の重要性が叫ばれている。考古学分野でも、比較的新しい領域とされる中近世考古学の場合、とくにその確立に向けた動きが見られるものの、城郭の史料学についてはとくに出遅れた感が強い。研究実績のある文献史料や縄張研究、それに膨大な量の城郭資料を抱える考古学の三者による学際研究のうえにたち、まず城郭編年のための城郭史料学の確立をめざすことが緊要な課題であろう。

本書は、二〇〇八年十月に「戦国の城と年代観―縄張研究と考古学の方法論―」と題して開催したシンポジウムの報告をまとめたものである（補遺参照）。

シンポジウムでは峰岸純夫氏による記念講演のほか、六名の考古学や縄張研究者らによる力のこもった諸報告をもとに、戦国期の城の年代観をめぐって活発な議論が重ねられ、まことに意義あるものとなった。もとより、このシンポジウムだけで戦国期の城の年代をめぐる諸課題がいっきょに解決されるものではない。むしろ、今後の研究の出発点となる多くの課題などが浮き彫りになった感がある。しかし、こうした議論があらゆる場でさまざまな角度からさらに重ねられることが重要であり、そうした積み重ねが戦国期の城の研究をより深く、また広く発展させていくものと考えている。繰り返し述べてきたことであるが、文献史料や考古学、さらに縄張研究のそれぞれの立場の研究者が共通の課題に向かって互いに議論していくことが現在もっとも求められているのであり、そのための努力がこれから惜しむことなく多方面でなされることを大いに期待するものである。
なお、このシンポジウム開催にあたり、企画段階から開催に至るまで、藤木久志・峰岸純夫両氏には大変なご指導ご協力を頂戴した。また各報告者には熱のはいった諸報告をいただき、まことに充実したシンポジウムになり、多方面から高い評価をいただくことができた。末筆ながら、各位に対し深甚なる謝意を表したい。

参考文献

伊禮正雄　一九六九年「一つの謎　杉山城址考」『埼玉史談』一六―三
植木弘・村上伸二　二〇〇五年『埼玉県指定史跡　杉山城跡第一・二次発掘調査報告書』嵐山町教育委員会
松岡　進　一九八八年「戦国期城館遺構の史料的利用をめぐって」『中世城郭研究』二
　　二〇〇五年「『杉山城問題』によせて」藤木久志監修『戦国の城』高志書院
村田修三　一九八〇年「城跡調査と戦国史研究」『日本史研究』二一一
　　一九八五年「戦国時代の城郭」『歴史公論』一一五

［補遺］　本稿は、二〇〇八年十月に帝京大学文化財研究所で行われたシンポジウム「戦国の城と年代観―縄張研究と考古学の方法論―」の冒頭の趣旨説明で述べた内容を文章化したものである。
このシンポジウムでは、年代観をめぐって厳しい議論が続いていたいわゆる「杉山城問題」を主題として、戦国期の城郭の年代観について考えようと開催されたもので、報告者には考古学研究者・文献史学者・城郭研究者の三者が登壇している。

「杉山城問題」がもたらした課題はいくつもあるが、その一つは、戦国期城郭の年代観はきわめて脆弱な基盤のうえに成り立っていたことを知らされたことであり、またそもそも、城郭編年なるものがどのような基礎的な資史料のもとで成立しているのか、考古資料や文献史料、城郭縄張等のあいだでそれははたして整合性があるのか、といったような城郭研究の根本問題が突きつけられたことである。

しかし、陶磁器編年と城郭編年との年代観のズレは以前から指摘されていたことであったし、出土遺物の少ない城郭の存在は考古学研究者間では十分に知られていたのであったが、杉山城の発掘調査成果はそれらの点をあらためて議論の俎上にあげることになり、考古学研究者・文献史学者・城郭研究者の三者で展開された真険な議論は、しばらく停滞していた戦国期城郭研究に大きな刺激を与えるものとなった。

むろん、城郭研究は、少なくとも上記の三者間における協業が必要であることは論をまたないが、しかしこの「杉山城問題」をとおしてみえる研究世界からは、そうした協業体制は果たしてつくれるだろうかという、一抹の不安を感じさせたのも事実であった。

二〇一〇年一二月にも、中世を歩く会主催で、「城館の年代観」をテーマとするシンポジウムが埼玉県立嵐山史跡の博物館で開かれている。このシンポジウムでも、記念講演を行った齋藤慎一氏が述べるように、「考古学の年代把握と実年代とのズレをどのように整合させるか」が主要な課題とされ、とくに関東各地の城郭の考古学調査の事例や、年代把握のための方法論をめぐって活発な議論が展開されている。

そのなかで簗瀬裕一氏の「房総における戦国期城館跡出土遺物とその年代観」という報告は、城郭の年代観に関する問題に真正面から応えているものであった。簗瀬氏は報告の中で、房総地域におけるこれまでの城郭に対する考古学調査の分析結果から、出土遺物と年代観にズレがみられることや伴出遺物がほとんどない事例などから、「出土遺物によって城館跡の年代を推定しようとするとき、その遺物の年代をそのまま直接的に当てはめる方法には問題が多い」とし、多角的で詳細な分析が必要であると述べている。

この報告は、房総地域に絞ったものではあったが、城郭の年代観を決定づけるためには多くの資料群の総合的な分析が重要であることを教えており、また考古学による年代観の究明のための道筋が示されているようにも思えるものであった。こうした発掘調査された城郭の出土遺構や出土遺物の詳細な分析が全国各地で行われ、それらのデータが重ねあわされるならば、おそらくそこから城郭のしっかりとした年代観が浮かびあがってくるのではないかと考えている。

同時に、文献史学の世界でも、史料中にみえる年代観の明らかな城郭の抽出が行われ、縄張研究側でも比較的年代観の安定している城郭の再度の拾い直しが行われて、これら三者のデータをつきあわせるならば、戦国期城郭のたしかな年代観に迫ることができるのではないかと考える。

武田系城郭研究の現状と課題

はじめに

甲斐国内の中世城郭の調査研究は、甲斐武田氏関連の城郭研究から開始する。その本格的契機は、一九七三年から発掘調査がはじまった勝沼氏館跡の考古学的調査であった。この調査が、その後の山梨県における中世城郭研究を方向づけ、研究者集団と研究手法の流れをつくり、さまざまな調査成果を生みだしていくことになった。

ここであらためて現在までの山梨県における中世城郭研究の状況をみながら、「武田系城郭」研究を視野に入れつつ、これからの城郭研究の課題をかんがえてみたい。

1　「武田系城郭」研究の素地

表題に示される「武田系城郭」が、いかなる性格を有するもので、どのような研究の歩みをたどってきたのかを述べるまえに、武田氏関連の城郭研究の端緒になった論文をみると、一つには烽火台研究（萩原三雄・八巻与志夫「甲斐の中世城館址研究」『どるめん』一八、一九七八年）がある。江戸後期編纂の『甲斐国志』の記録と地域伝承、烽火台と称されてきた城郭の形態を組合せて、その分布状況を探りながら烽火台の実態を浮き彫りにした論文であったが、内容の拙さに比べ、城郭研究者への印象は強かったようであった。

その理由を探ると、烽火台そのものが本来、大変興味深いものであるものの実態はまったく解明されておらず、素朴な方法ではあったが、はじめてその姿を見せはじめたこと、もう一つとして、中世城郭はそれまで個々に検討されていたが、甲斐一国を面として城郭を相互に有機的に連携させることでその全体像の把握を試みており、こうした研究手法がその当時では新鮮に映ったからであったろう。この手法は、考古学における分布論の援用であった。

もう一つ重要な論文がある。八巻与志夫氏の「水利慣行と館」(『日本歴史』三九八、一九八一年)である。この論文は平地居館と開発の問題を水利のあり方からながめたもので、考古学に歴史地理的手法を重ねあわせたものであった。城館研究に歴史地理的な手法を加え、地域景観をも巻きこみながら総合的な城館像を描こうとする試みは、いまでは重要な研究方法となっている。

一九八〇年に刊行された『日本城郭大系』長野・山梨編は、これらの地味で未成熟な山梨県の中世城郭研究を一挙に押し上げる役割を果たしたが、編集責任者であった文献史学者の磯貝正義氏を除いて執筆者全員が考古学関係者であったのは、これら一連の流れに乗っている。

縄張を中心とする武田氏関連の城郭研究も、『日本城郭大系』以前から、個々にはさまざまな城郭研究者によって行われその実態が把握されていた。本田昇氏や村田修三氏らのとくに白山城や新府城の調査はよく知られ、「武田氏の築城技術」の研究の嚆矢となっている。

武田氏築城技術の典型的技法として、丸馬出がある。城郭の虎口前方に設置される特徴的な馬出については、武田氏関連の城郭調査を行っていた城郭研究者によって古くから注目されていたが、これを集成して、分布状況からあり方を引き出し、存在意義を問うたのが拙稿「丸馬出の研究」(『甲府盆地―その歴史と地域性―』一九八四年、本書所収)であった。以後、丸馬出に関する論文が多出していく。

しかしこれら武田氏関連の城郭研究は、「武田氏築城技術」の研究であった。

2　「武田系城郭」の成立

―「甲州流築城技術」「武田氏築城技術」から「武田系城郭」へ―

武田氏の築城技術は、戦国大名の中でも突出した存在であった。それは、技術そのものが特徴的であるとともに、いわゆる「甲州流軍学」の盛行によって、江戸前期以降多くの研究者の目にとまり注目されてきたからである。しかし、これら「甲州流築城法」「武田氏築城技術」の研究の視野は、あくまでも相模の後北条氏や越後の上杉氏らの主たる東国大名の築城技術との諸関係におかれていたのであった。

一九八〇年代半ばになると「織豊系城郭」が提唱され、その研究が活発化する。千田嘉博氏は虎口の「折れ」「空間」に「織豊系城郭」の特質を見いだし（千田嘉博「織豊系城郭の構造―虎口プランによる縄張編年の試み―」『史林』七〇―二、一九八七年）、中井均氏は「礎石建物・瓦・石垣」にその意義を説いている（中井均「織豊系城郭の画期」『中世城郭研究論集』村田修三編、一九九〇年）。これらの論文に代表される「織豊系城郭」研究は、「織田・豊臣政権の権力構造を分析する」（前掲、中井論文）ために大きな力を発揮し、武田氏を含む戦国大名の城郭と「織豊系城郭」に一線を引きながら権力の差異を読みとりつつ、「中世的権力と織豊権力の相違」（前掲、中井論文）を織豊系城郭のなかから引き出す試みを行っていったのである。

「織豊系城郭」研究の動きはその後、各戦国大名の築城技術の研究に移っていく。千田嘉博氏による武田氏の本城である要害城の研究（千田嘉博「要害山城の構造」『甲府市史研究』八、一九九〇年）は、その初期の研究であった。この論文によって、いままで武田氏の築城技術の粋を集めた城郭と目されてきた要害城が、武田氏滅亡後甲斐に入国した織豊政権によってさまざまな改変の手が加えられていることが明らかにされるなど、その後の武田氏の城郭研究に新たな視野を提示したのであった。

「織豊系城郭」の研究はまた、各戦国大名の築城技術との対比によって技術的差異を見いだすとともに、それぞれの城郭の複層的構造を指摘していった。個々の城郭の生い立ちは単純ではなく、当然、複雑な様相をもつ。甲斐国内でもたとえば、新府城の防衛線として武田勝頼によって築造されたと推定されていた新府防塁が、武田滅亡後新たに入国した軍事勢力によって造られたのではないかと指摘され、築造主体の再検討を迫られるなど、「織豊系城郭」の研究の影響はさまざまな城郭研究に及んでいった。甲府城の築城者及び築城時期等をめぐる考古学的研究もその一つの事例であろう。

「織豊系城郭」研究の波状的な影響をうけ、「武田系城郭」の成立の大きな原動力になったのは『白山城の総合研究』（韮崎市教育委員会他、一九九九年）であった。このなかでとくに、「武田系城郭の特質をめぐる諸研究」をまとめた数野雅彦氏の「武田系城郭と白山城」は、こうした研究の動きに呼応してこれらの課題に真正面から取り組んだ論文であった。

「織豊系城郭」の研究は、たしかに織豊期における城郭研究に大きな成果を残し、織豊政権の特質を論じるうえでの重要な歴史研究の一つになっている。しかし重要な点は、その前段階に位置づけられる各戦国大名の築城技術とその流れをどのように把握し、体系づけていくかにある。「織豊系城郭」と各戦国大名の城郭は、一部微妙に重なりあいながらも、時期差もあり、「織豊系城郭」の研究理念の生のままの導入が、戦国大名権力の特質等を追究するうえではたしてどれほどの有効性をもつものか、これを問うところからはじめなければなるまい。これは当然、武田氏独自の築城技術が、他に対し、どのような影響を与えていったのか、というような技術の伝播や系譜を把握しなければならないことにもなる。

ここで別表として、先の論文で数野氏があげた「武田系城郭の特質」を掲げておく。

このなかで、無視できないのはやはり「丸馬出」であろう。「丸馬出」は、江戸前期に成立した甲州流軍学の基本書である『甲陽軍鑑』のなかにも象徴的に記されており、武田氏が城を造るうえで、かなり意識していた存在であったといってよい。『甲陽軍鑑』品第一五でも武田信玄の面前で「勘介申上る、馬だしと申物は城取りの眼にて候」と丸馬出がきわめて印象的に語られている場面からもそのことが読みとれる。数野雅彦氏らは丸馬出の役割を軍事的必要性のほか、「権威の象徴」として意義づけている（数野雅彦「武田氏の城」『織豊期城郭研究会第九回研究集会資料集』、二〇〇一年）。

しかしこの「丸馬出」は、徳川家康の築いた城郭のなかにも存在する。石川浩治氏を中心とする三河方面の城郭研究者によって提起されたこの新たな事実は、「丸馬出」技法の波及といったことのほかに、いったいなにを意味するのであろうか。

「武田系城郭」と同じように、いま東国の戦国大名の城郭研究では「後北条系城郭」「上杉系城郭」「伊達系城郭」というように、各戦国大名に「系」を付した城郭研究がはじまろうとしている。これらの戦国大名はいずれも、特色のある築城技術を展開したのはたしかであったが、しかし「系」で括れるほどの独自で普遍性をもった築城技術が成立していたのか、いまだ定かではない。おそらく今後、この「〜系城郭」はさらに発展し、汎日本列島的に一人歩きしていくことになろうが、その成立に至るまでにはのりこえなければならない多くの研究課題がある。

3　「武田系城郭」研究の課題

「武田系城郭」のこれからの研究には、さまざまな課題がある。現段階で気づいた主なものを列記すると、以下の

表　白山城と他の城郭の比較（数野雅彦「武田系城郭と白山城」1999）

地域	名称	所在地	放射状竪堀	横堀状の腰郭	馬出郭（含馬出）	馬出郭の横堀	掘込式枡形虎口	ハの字状竪堀	備考
山梨	白山城	韮崎市神山町	有	有	有	有	有	有	
	要害城	甲府市上積翠寺町			◎		◎	◎	1519年築城
	旭山城	笛吹市御坂町	○				◎		
	蜂城	笛吹市一宮町				△		○	
	古城山砦	西八代郡市川三郷町	○						
	真篠砦	南巨摩部南部町			○				
	葛谷城	南巨摩郡南部町	○	○					
長野	的場城	伊那市高遠町	○	◎	△	△	◎		1547年以降武田氏支配と推定
	山田城	伊那市高遠町	◎				○		1545年以降武田氏支配と推定
	竜ヶ崎城	上伊那郡辰野町	△		○		△		1545年武田氏支配
	山家城	松本市大字入山辺	◎	◎	△		○	○	1550年以降武田氏支配と推定
	林城	松本市大字中山			△	△			1550年以降武田氏支配と推定
	平瀬本城	松本市島内	○		△				1551年以降武田氏支配と推定
	竹田城	東筑摩郡山形村	△	◎	◎				1550年以降武田氏支配と推定
	武居城	東筑摩郡朝日村	△	○	△				1550年以降武田氏支配と推定
	塔ノ原城	安曇野市明科町			△	○			1551年以降武田氏支配と推定
	西山城	常盤大町市		○				○	1550年以降武田氏支配と推定
	三日市場城	北安曇郡白馬村	◎	◎	△	○			1550年以降武田氏支配と推定
	布上城	北安曇郡松川村			△				1550年以降武田氏支配と推定
	黒川城	北安曇郡小谷村	○	○					1557年以降武田氏支配と推定
	寺尾城	長野市松代町	△		△				1557年以降武田氏支配と推定
	塩崎城	長野市塩崎			△				1564年武田信玄本陣をおく
	旭山城	長野市安茂里		○	△		△		1555年武田勢派兵
	鞍骨城	千曲市倉科					○		1550年武田氏支配
群馬	鷹留城	高崎市下室田町	◎	△	△				1566年武田氏支配
	根小屋城	高崎市山名		○	○	○	◎		1570年武田氏築城と推定
	磯部城	安中市鷺宮新地	○	○					
静岡	葛山城	裾野市葛山	○	○			○		1569年以降武田氏支配と推定
	丸子城	静岡市駿河区丸子		○	○	○	○		1570年以降武田氏支配と推定
	犬居城	浜松市天竜区		○	◎	◎			1571年以降武田氏支配と推定
愛知	古宮城	南設楽郡作手村		○	○	○			1571年以降武田氏築城と推定
	亀山城	新城市作手清岳		○	○	○			1571年以降武田氏支配と推定
	九沢砦	豊田市桑原町	◎						1575年頃武田氏支配と推定
	千ノ田城	豊田市上八木町	△	○					1575年頃武田氏支配と推定

◎は、白山城と形態的類似性が強い遺構

ようになる。

(1)　「武田系城郭」研究は現段階では、ほとんどが城郭遺構の表面観察を主体とする縄張調査の成果に依存している。戦国大名の築城技術を探るうえで、城郭が内包する諸要素、たとえば少なくとも作事などの状況も加えて、「武田系」を総合的に把握することが必要となろう。

縄張調査の成果を史料化する前提として、城郭の縄張は築城主体の意識をどのように反映しているのか、あるいは反映するものなのかといった根本問題も考えなくてはならない。築城主体と縄張の諸関係、これは実際に縄張を行う責任者や城郭築造に関わる技術者たちと戦国大名との関係も明らかにすることになる。

(2)　「武田系城郭」研究から、いったい何を導きだすのか、「武田系城郭」研究のめざすものはいったいなにかを明確にしなければならない。かりに「武田氏の権力構造」を把握するとしたら、「武田系城郭」の特質を色濃く見せる拠点的城郭だけでなく、非拠点的城郭、たとえば在地領主層の城館等との諸関係の把握も必要になろう。武田氏が地域支配をいかに展開してきたのか、「武田系」と「非武田系」の城郭が織りなす構造の把握が、武田氏の権力構造の総体的な理解に結びついていく。

(3)　城郭には築城主体のさまざまな心性が籠っている。織田信長の安土城の天守や織豊政権の高石垣などのシンボル性、権威性もその一つであるが、武田氏の築城期や廃城時における宗教的行為の「城割」もかたちをかえた心性である。「かたちの見える」築城技術と「かたちが見えない」築城の意図、心性の把握が城郭の全体像の解明につながっていく。

4 「武田系城郭」研究の未来

城郭の縄張、城の構造からいったいなにを読みとるのか、読みとるための研究手法はどうかといった問題は、城郭研究にたずさわるすべての研究者につねに突きつけられている。

以前から、南九州地方のシラス台地上に展開している城郭群は、それぞれの郭に求心性が乏しく、それは島津氏などの戦国大名の支配構造のあり方を端的に示すものだと理解されてきた。これは、城郭の縄張から権力構造を読みとる一般的手法であるが、縄張にこのように直接的に権力構造が反映するものなのか、他地域の事例を含め、再検討してみる必要がある。

南九州地方の城郭研究を進めている三木靖氏は最近、こうした評価づけに対して根本からの疑問をなげかけ、「曲輪の配置」だけでなく「総体として城郭を解明する」ことの重要性を説いている（三木靖「中世城郭と住民」『南九州城郭研究』二、二〇〇〇年）。

同様な指摘は、すでに松岡進氏によってもなされている。すなわち、「これまでの城館跡研究に権力の直接的な現象形態として個々の城館の縄張を理解する傾向が強かった」ことを前提に、「城館の空間構成は権力構造の集権性・分立性とは必ずしも並行しない独自の次元の問題として考察されるべきである」とし、これからは「権力構造論の次元との直結を求めない視点で研究の深化を図る」（松岡進「戦国期・織豊期における築城技術—ひとつの研究史整理の試み—」『中世城郭研究』一三、一九九九年）べきであると主張されている。

戦国期の武田領域内にも、さまざまな縄張をもつ城郭が存在する。松岡氏は先の論文で、こういった様相を「非斉一性」と表現しているが、この「非斉一」的な状況の生まれ方のなかに戦国大名の独自の権力構造が存在しているのではないか。

「武田系」の典型的な城郭は、それぞれの地域で拠点的となっている場合が多い。そのこと自体が、「武田系城郭」の一つの特質でもあるが、それらの拠点的城郭と「非斉一性」の城郭とが一体となって「軍事力配置」され（前掲、松岡論文）、総体的に「武田系城郭」が形成されている。

いま、城郭研究にとって最も重要なことは、考古学、城郭史、文献史、建築史のほかさまざまな学域によって蓄積されてきた多くの城郭資料を総合的にまとめあげ、科学的で視野の広い、新たな研究方法とそのシステムを確立することであろう。

［補遺］　本稿は、二〇〇一年に開催された山梨県考古学協会主催の研究集会「武田系城郭研究の最前線」における基調講演「武田系城郭研究の現状と課題」をまとめたものである。

このシンポジウムでは、この基調講演のほか、山梨県の城郭では武田氏館跡や新府城跡、勝沼氏館跡などの城郭調査の成果と、また群馬県や長野県、静岡・岐阜・愛知の各県に及ぶいわゆる武田系城郭の調査成果が報告され、それらをもとに「武田系城郭」とは何かについて活発な議論が展開されている。

本稿は、「織豊系城郭」研究に触発されたこの「武田系城郭」とされるものがいったいどのようなものなのか、いかなる特徴を有しているものかなどその中身を問うと同時に、「系」を冠して定義づけるほど武田氏の築城技術やその展開等に対する諸研究が熟しているのか若干の疑問を投げかけたものである。

従来より、武田氏の築城技術としては「丸馬出」などの特異な防御施設が注目され、戦国大名の城郭づくりのなかでは際立った存在であったが、しかし本論で述べるように、「系」で括れるほどの独自で普遍性をもった築城技術が成立していたのか、また他に対しどのような影響を与え、かつそれらの技術がどのように伝播していったのか等々の諸課題がほとんど未解明な状態のままにある。

現段階で、「武田系城郭」と一括して把握していくならば、以上のような特質の検証が疎かになることへの警鐘の意味を込めて本論を提起したものであったが、「後北条系城郭」「伊達系城郭」についてもおそらく同様なことが問われよう。

第三編　武田氏の城郭

中世戦国期における烽火台の特質と史的位置

はじめに

中世戦国期において、城館跡の一形態である烽火台《のろしだい》は、比較的著名な存在であるにもかかわらず、その実態はあまり詳らかにされていない。調査研究の対象としてとりあげられたことも少なく、論考もあまり見られない。

かつてわたくしは、この烽火台について、甲斐国内に多数存在することに着目して、分布と本城・支城との連携、関わり方をすこし述べたことがある(1)。しかし、烽火台の築城主体者、経営方法等の本質的な内容についてはまったくふれることができず、単に烽火をあげる機能を有する城館跡の存在を指摘するにとどまっていた感が強かった。

本稿では、こうした烽火台の実態の二、三の例を紹介するとともに、どのような人々によって維持されてきたのか検討を加えようとするものである。

一　烽火台の分布と立地的特徴

烽火台とは、烽火をもってある種の情報を伝達しようとする軍事的施設で、烽火は狼煙・烽燧ともかき、古代からその存在は知られており、とくに戦国期には著しい発達をみた城館であった。日中は煙、夜間は焚火によったともいわれ、また鐘や太鼓など音による通信方法を併用した例も多いという。

烽火台使用を示す例として著名なものは、『北条五代記』[(2)]のつぎの内容である。

山のみね〳〵に薪をつみをき、貝鐘をつるし、人守り居て敵の舟来るを見付、火をたて貝鐘をならせば、山みねに火を立つゞけ、即時に三崎へ聞え、船を乗いだす、是を夜るはかゞりと名付、昼はのろしといふ、此三国にかぎらず、関東諸国にもあり、兼日燧所をさだめをき、万の約束にも相図に立る事あり、狼の毛糞を求をき、是を日中には少火中に入るとき、烟空へ高くあがる、褒姒が狐狼野干となりたる子細による、狼煙と書てのろしとよむなれば狼の子細有べき事也、扨又烽火と書て、かゞりともとぶ火ともよめり、

この記録は、後北条氏が烽火台を積極的に活用していた状況を示唆するものとして貴重であり、貝や鐘など音による伝達方法や烽火の記述なども具体的で、万全の軍事体制が敷かれていた様子もうかがえてたいへん興味ぶかい。

山国を領国内とする甲斐武田氏の烽火台使用の一例をみごとに示す資料には、つぎの『武田信玄印判状』[(3)]がある。かつて、奥野高廣氏によって紹介されたもので、元亀三年(一五七二)の信玄遠江出陣の折、高遠城を守る保科正俊にあてた書状である。全文二八条からなる長文で、伊那谷支配のための重要な軍事的指令が書きつらなるが、その一八条にはつぎにように見える。

一、兼日向敵陣及行者、以火狼煙之首尾、山々嶺々之人数可相集事、

奥野高廣氏は、「数日間も敵陣に向って行動に及べば、火の狼煙の情況で、山の嶺々に待機させた人数を集めよ」と解しており、狼煙すなわち、烽火によって嶺々に配置した人々に情報を伝えていた様子がみえる。伊那谷の支配の重要拠点は、高遠城と松川の大島城で、右の書状の一七条にも、

一、万乙諸口相破者、松尾・下条者大嶋、春近衆者、高遠へ可相移事、

とあり、両城がこの地方における軍事行動の重要な要であったことも示している。

高遠・大島両城を支配と軍事的戦略の要とする伊那谷の様子について、烽火台の分布状況からながめてみよう。『長野県の中世城館跡』(4)を参考に、烽火台としての伝承等が残る城館跡を拾いあげたのが、次頁の一覧表と分布図である。

ここに示した城館跡は、いずれも伝承等にもとづくため、これらをすべて烽火台と断定できないし、これ以外にも多くの烽火台が存在する可能性は高いが、おおよその傾向は把握することができよう。これらの城館跡の多くは、平地や河川の流域を走る街道筋を眼下ににらむ山頂などに設けられ、規模もそれほど大きくなく、単郭が圧倒的である。伊那市の物見ヤ城や牛ケ城、駒ヶ根市の物見ヤ城はその好例で、高遠城から大島城にかけてこのような特徴を有する城館跡が切れ目なく続いている状況がうかがえるのである。

遠江・三河に接する下伊那方面でも、烽火台の伝承を残す城館跡が見える。根羽村の根羽砦・根羽城ヶ峯・根羽女城、阿南町の赤坂城や向山、南信濃村の盛平城・長山城・大町城などで、国境付近や街道筋に占地し、やや規模が大きく複郭の城館跡も見られ、国境警固の重要な役割を果していた様子もうかがえるのである。

これらの設置状況は、確実な築城、経営年代が不明であるために詳細な内容は追えないが、先に見た元亀三年の信玄の印判状に述べられる烽火台の役割を一面では示しているようでたいへん興味ぶかいと思う。それでは、武田氏の本国である甲斐国の状況はどうだろうか。この先駆的研究として、上野晴朗氏はその著『甲斐武田氏』(5)のなかで「烽火台・鐘撞堂山の意味」として甲斐国内の烽火台の状況を述べており示唆する点が多く、また古くは江戸後期編纂の甲斐国の代表的地誌である『甲斐国志』も随所に烽火台の伝承を載せており、歴史的遺産としてそれぞれの地域の中

備　　　　　考
狼煙台に利用か
物見城又は詰城か
狼煙台
物見台又は狼煙台か
のろし台か
のろし台
狼煙台　呼称城山
狼煙台として使用か
神之峰城の狼煙台
小笠原の出城(物見または狼煙台)か
狼煙台との伝承有りも確定できず
人工的な空堀が二箇所あり狼煙台と判断される
和田城遠山氏の物見台という
別称　名古山城
番城かのろし台であろう
浪合、平谷村境界上狼煙台があったと伝えられる
見張りのための砦と伝えられている
番所か狼煙台があったと伝えられている
物見城
物見城又は狼煙台か
物見城又は狼煙台か　別称 根羽男城

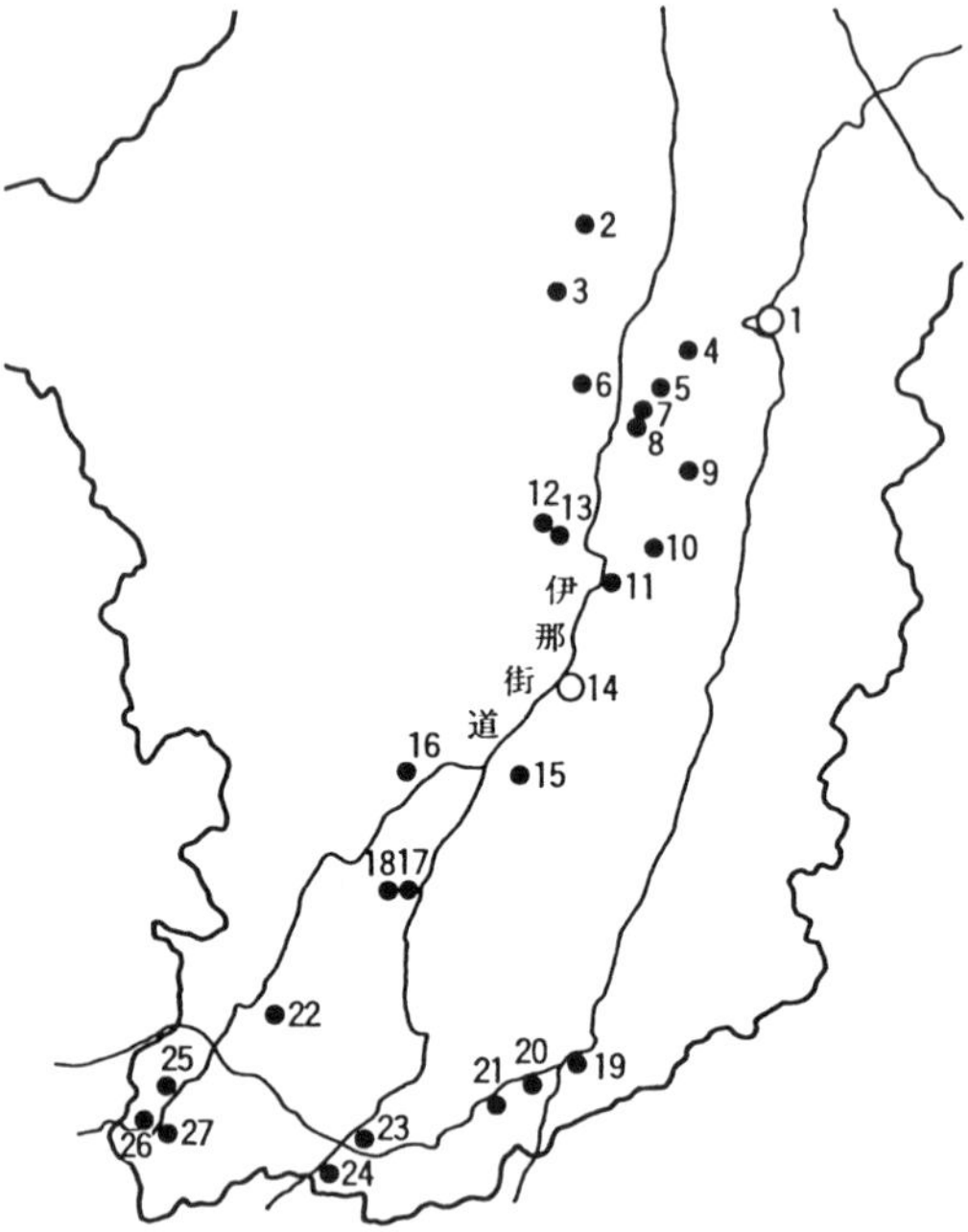

図１　伊那谷の烽火台と推定される城館分布図
(番号は別表に対応)

伊那谷の烽火台一覧

名称	所在地	立地	規模　形状 （m×m）	存続期間	遺構・遺物・ 絵図等
（1高遠城）					
2黒 ん 城	伊那市西箕輪羽広	山　頂	20×20	（戦国）	
3義信の城	〃　荒井内の萱	山　頂	25×12　単郭	（南北朝） ～（戦国）	木炭
4物見ヤ城	〃　西春近柳沢	山　頂	40×7　単郭	～（戦国）	木炭片
5牛 ヶ 城	〃　富県南福地火山	山　頂	45×9　物見台	（戦国）	
6物見ヤ城	〃　富県貝沼	山　頂	15×15　物見台		
7物見ヤ城	駒ヶ根市東伊那	山　頂			
8箱畳の秋葉様	〃　〃	山　頂	単郭		
9中曽倉城山	〃　中沢町中曽倉	山　頂			
10陣場形山	中川村丸尾	山　頂	11×9		
11あ ら 城	〃　大草北組	山　頂	50×40　単郭		
12御 岳 山	飯島町大字飯島	山　頂	20×20　単郭		
13岩間のろし台	〃　大字飯島岩間	丘　陵	25×20　単郭		
（14大島城）					
15茶臼山砦	喬木村加々須	丘　陵	80×40　単郭		
16切 石 城	飯田市伊賀良北方	尾根中腹	100×30　単郭		
17夜 明 山	〃　三穂立石	山　頂 （丘陵）	40×30　単郭		
18荒　　城	〃　〃	山　麓 尾　根	100×50　単郭		空堀
19盛 平 城	南信濃村盛山(盛平)	山　地 山　頂	250×100　単郭	鎌倉～ （江戸初期）	郭
20長 山 城	〃　名古山	山　地 山　頂 山　頂	400×150　複郭	〃	主郭・空堀・ 物見台他
21大 町 城	〃　大町	山　地 山　頂	30×10　単郭	〃	郭
22蛇　　峠	阿南町和合	山　頂		（戦国末）	
23赤 坂 城	〃　新野高城山	山　頂		文安年間	堀らしきもの
24向　　山	〃　新野向山	山　頂		文安年間	
25根 羽 砦	根羽村字取手	尾根先端部	100×60　単郭		
26根羽女城	〃　字西山	山　頂	120×60　複郭		
27根羽城ヶ峯	〃　字城山	山　頂	150×80　連郭		

でながく継承されてきたことがうかがわれるが、その内容を二、三の例を引いてながめてみたい。

甲斐の府中から、古代の御牧の一つに数えられている穂坂牧付近を通り、信濃国の佐久方面に抜ける街道に穂坂路がある（図2）。別名川上口ともよばれており、この街道筋と国境警固の任にあたったのは、津金衆あるいはその一員の小尾衆といわれている。その地域武士団の中心的城郭は北杜市須玉町江草の塩川左岸に所在する獅子吼城で、標高七八八mの城山に立地し、別に江草城とも、江草小屋とも称されている。この獅子吼城から連なる城館を追うと、須玉町岩下の鳥井峠のすぐ西側に大渡の烽火台があり、さらに東北方面に少し進むと比志の集落の東側に城山とよばれる比志の烽火台が存在する。やや離れて、神戸の集落の西方には神戸の烽火台、和田集落の南側の山頂には和田の烽火台、そして信州峠の東側の信州峠の烽火台へと続いていく。いずれも、塩川の流域を併走する穂坂路を眼下ににらむ眺望のすぐれた山頂に設けられ、集落との距離もそれほど遠くない。

甲府市北郊はどうだろうか(図3)。この地域を守衛していた勢力は、主として御岳衆とよばれる地域武士団で、御岳金桜神社の衆人としての性格の強い人々であった(6)。『甲斐国志』も、つぎのように説明している(7)。

金峰ハ州ノ北鎮也、方二十里ニ跨リ信州及ビ本州万力筋・逸見筋・北山筋等ヘ各々路ヲ通ジ御岳ハ其ノ中間ニ在リ、此ニ在住ノ士ヲ置キ警固ヲナサシム、是ヲ御岳衆ト云フ、子孫ノ者今蔵王権現ノ社人トナリ、

この地域の中心的位置を占める城館は、武田信実が守る川窪城で、この城を核として各集落ごとに小規模な城館跡が存在している。別稿(8)に概要を記しているので詳細な説明ははぶくが、甲府市御岳町の御岳の城山、猪狩町にある猪狩の城山、敷島町の平見条の烽火台や福沢の烽火台、やや下って、平瀬の烽火台と、いずれも眼下の集落と立地的な関わりのふかい烽火台が点在している。

相模との国境に近い、いわゆる郡内の北都留郡方面の様子を見てみよう(図4)。ここの防衛の最大の拠点は、大月

図２　穂坂路筋の烽火台と推定される城館分布図（1は獅子吼城）
2大渡の烽火台　3比志の烽火台　4神戸の烽火台　5和田の烽火台　6信州峠の烽火台

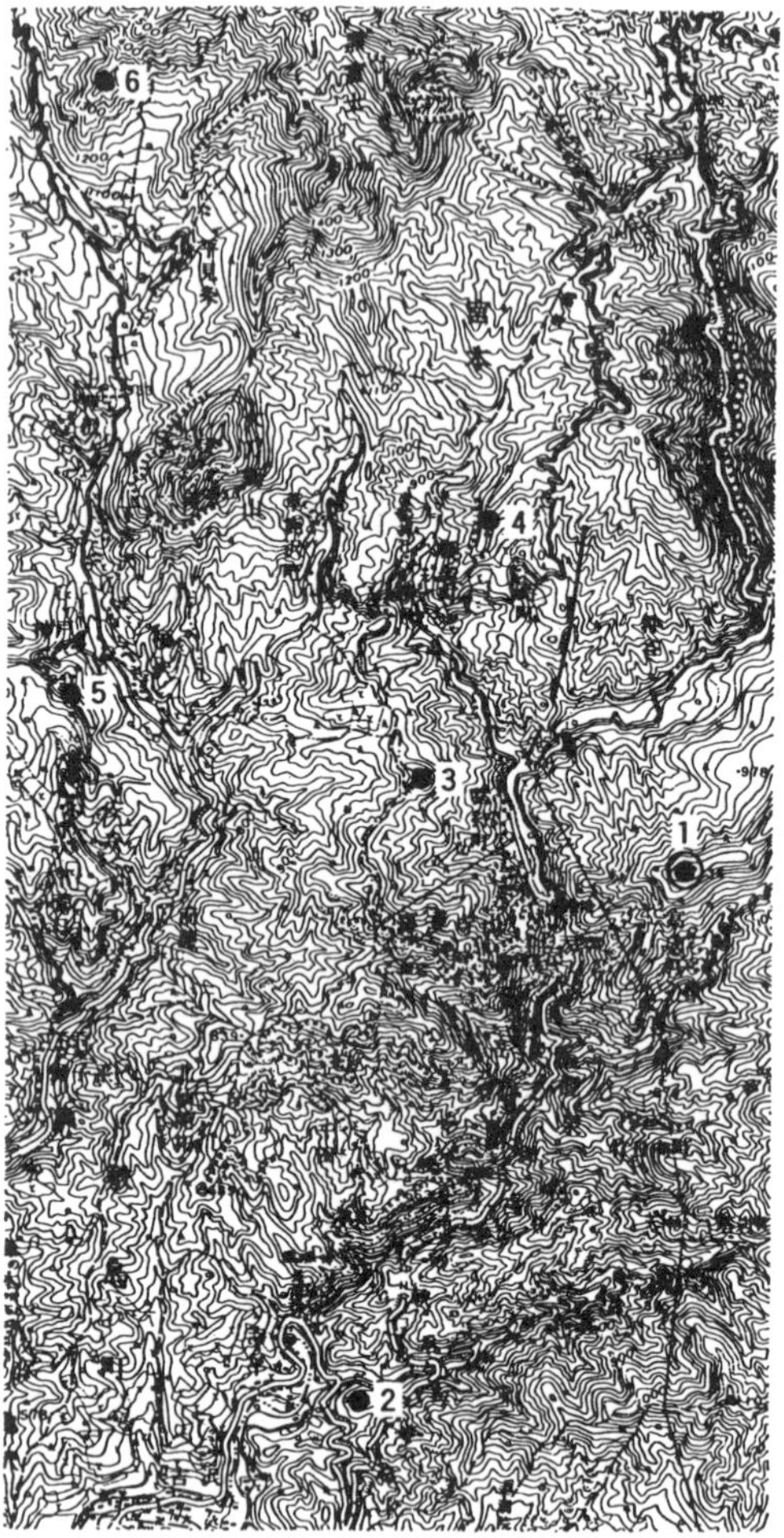

図３　甲府北部の烽火台と推定される城館分布図
（１は川窪城）
２平瀬の烽火台　３猪狩の城山　４御岳の城山　５福沢の烽火台　６平見条の烽火台

市域にある岩殿城である。天正九年（一五八一）に国中の諸士が在番を勤めたことを示す文書は著名で[9]、武田氏の軍事的支配下におかれていた城館であったことを知ることができるが[10]、この岩殿城を核に、北方には大月市七保町駒宮の駒宮砦が丹波山・小菅方面に通ずる街道筋に配され、東方には二〜三km間隔で、駒橋御前山の烽火台、猿橋の城山、斧窪御前山の烽火台、梁川町の綱之上御前山の烽火台、四方津御前山の烽火台などが配されている状況が見える。相模との国境付近で、現在の上野原市四方津には、甲州街道筋に牧野砦と栃穴御前山砦、一方、仲間川を併走する街道筋には大倉砦と長峰砦が両側から街道をはさみ込む形で対に配され、防備に万全を期している。烽火台群は、これら

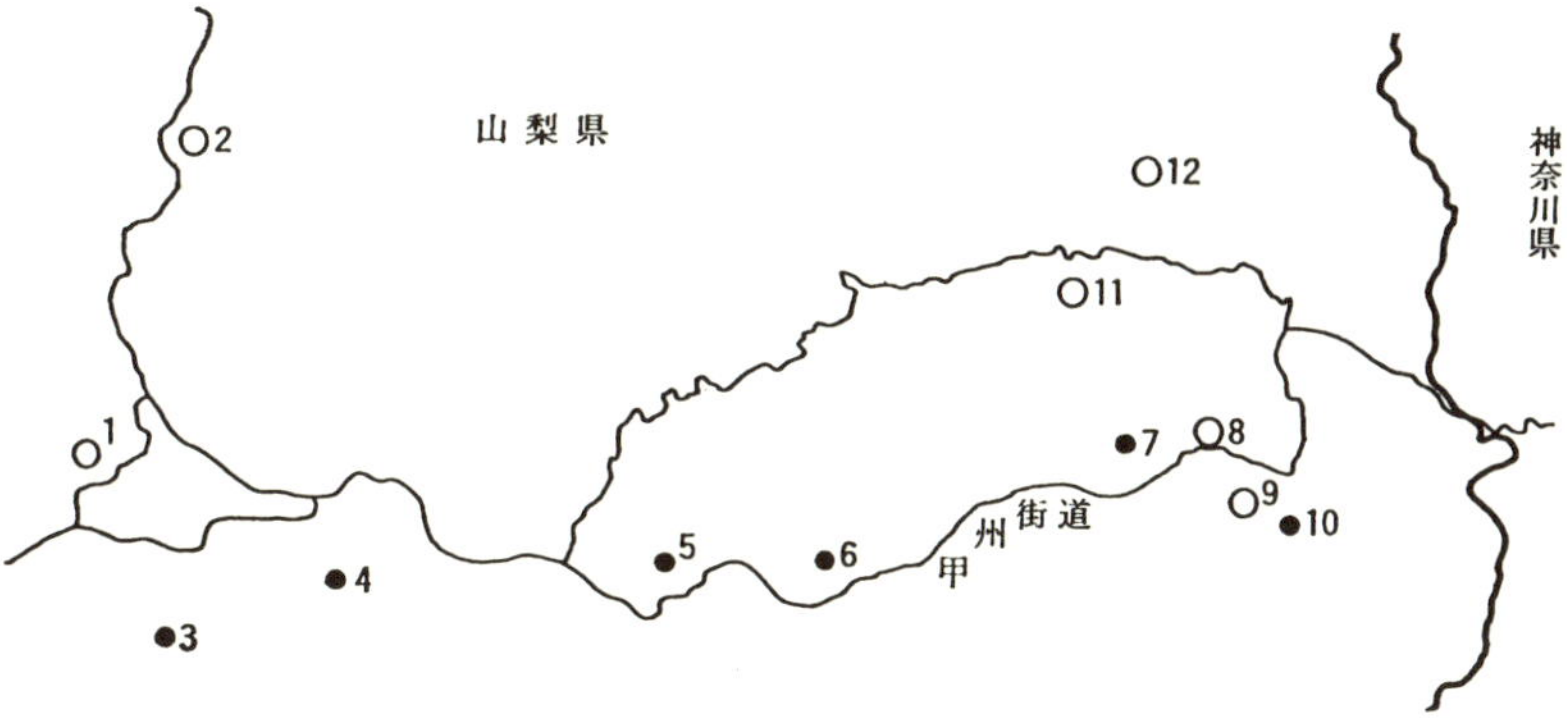

図４　甲斐国郡内北都留郡の烽火台・砦と推定される城館分布図（1は岩殿城）
2駒宮砦　3駒橋御前山烽火台　4猿橋の城山　5斧窪御前山の烽火台　6綱之上御前山の烽火台　7四方津御前山の烽火台　8牧野砦　9栃穴御前山砦　10鶴島御前山の烽火台　11長峰砦　12大倉砦

の国境防備の砦群と岩殿城を連携するかの如く設置されており、眼下に集落を望む山頂がいずれも選ばれ、街道筋や集落と離れず、先に見た地域と同様な状況をつくりだしている。

なお、秩父地方の小規模な山城の類例と役割を論じた関口和也氏も、秩父地方の城の共通点をつぎのようにあげている[11]。

(ア)いずれも小規模で、守る人数が少数に限定され、構造も技巧性に乏しい。

(イ)堀切や壁によって、それなりに独立した城としてとらえられる。

(ウ)川の流域や峠のそばなど、中世の主要ルートと思われる地点に存在している。

(エ)セットとなる居館が確認できない。

これらの内容は、信濃・甲斐国に点在する烽火台と同様の特質であり、烽火台の占地や築城意識がほぼ共通していたことを示していよう。

信濃と甲斐国などに烽火台の伝承を有して存在する城館跡を地域ごとにいくつかながめてみたが、共通する特徴を集約すると、第一に、政治的、軍事的に重要な街道筋に沿うように設置されていることが多いという点である。たとえ短距離であっても、街道筋を望まない場所はあまり選ばれない。第二は、集落を眼下ににらむ地点が多く、集落側から見れば背後の見通しの良い山が好まれる。したがって集落から遠く離れた山ぶかい山間地は極力避けられたようで、そのような例は少ない。

第三に、各々の烽火台間の距離は、二〜三km程度で、相互に連携するかの如き状況を見せている。しかし、これらの烽火台が同時期に存在していたのか、果した役割も同一か否かは、資料的に乏しく、詳しい分析ができないが、有機的な連携は烽火台群の特質の一つに数えあげてよいように思われる。『甲斐国志』は、信濃との国境を守る北杜市小淵沢町笹尾砦が、釜無川をはさんだ対岸にある同市白州町鳥原砦との間で、「此ニテ鳴〆鐘セバ鳥原ニテ太鼓ヲ打テ相応ズト云伝フ」という伝承を載せており、(12)烽火台の例ではないが、戦国期の城館が互いに緊密な連携をとり合っていたことを説明している。第四に、これらの烽火台には、核となる城館が必らず存在するという点である。先にみた伊那方面の高遠城や大島城、あるいは甲斐国内の津金衆の獅子吼城、御岳衆の川窪城、郡内方面の岩殿城がその好例で、こうした城館とも互いに強く結びついているのである。印判状にみる、「万一諸口が突破されたなら松尾・下条は大嶋に、春近衆は高遠に移陣せよ」は、これらの城館が地域の要となっていた様子をよく伝えているのである。

烽火台群に連携し、国境付近に存在する城館が、堅固な縄張と規模を有するのも、烽火台に関連する特質の一つにあげてもよいであろう。甲斐国の上野原付近を守る前述の牧野砦・栃穴御前山砦・長峰砦・大倉砦はいずれも国境防衛を十分に果たすだけの規模と縄張を有している。詳細には述べないが、駿河と国境を接する河内方面の山梨県南部町にある葛屋嶺砦や富沢町の真篠砦も、在地の伝承は烽火台と見えるが、規模は大きく縄張もすぐれている。

三河・遠江国と国境を接する信濃の根羽村や阿南町に位置する城館を見ると、根羽城ヶ峯は連郭式で一五〇×八〇mの規模をもち、根羽女城もいくつかの郭を配するほどの堅固な城である。根羽砦も規模は大きく、後に述べる烽火台群の規模と形態とはまったく異なる傾向を見せているのである。

先の『武田信玄印判状』にも、

一、小掃者、在所之人数悉召連、清内路口警固、自身者山本在陣之事、

一、下条者、波合口・新野口以下貴賤上下共、人数悉召連警固、自身者山本在陣之事、

とあって、街道筋や国境警固にことのほか意を払っている様子が見えるが、こうした国境防衛のための強い意識が、烽火台群と関わりながら共通の城館の配置形態を生み出していると見たいのである。

二　烽火台の形態と縄張

これらの烽火台の形態・縄張について、ながめてみたい。先に一覧表で示した烽火台の形態を一瞥すると、圧倒的に単郭で、眺望の良い山頂や丘陵の先端に占地し、あまり広くない平坦地を郭として、周囲に若干の帯郭や堀切等の防御施設を付設する程度の烽火台が多いことが理解できる。一辺五〇m以下の規模が多く、なかには一辺が一〇mにも及ばない小規模なものも見られる。図5に示した伊那市に所在する義信城や牛ヶ城も単郭の簡略な構造で、前者は二五×一二m、後者は四五×九mを測り、同市西春近柳沢の物見ヤ城も四〇×七mの単郭で、規模が小さく、木炭片も出土していると記録されている。飯島町の御岳山も山頂に占地し、二〇×二〇mの小規模な単郭形態で、中川村の陣場形山やあら城も、古くから烽火台といわれ、前者は一一×九m、後者は五〇×四〇mの単郭である。

東信地方に目を転じてみよう。川上村から馬越峠を抜けて南相木川を流下し、小海に通じる街道筋にも、点々と烽火台の伝承をもつ城館跡がある。南相木村の峰尾城・火燈城・見張城、さらに小海町の根小屋烽火台で、互いにほぼ二～三km間隔で連携し(図6)、伊那谷に比べて規模はやや大きいが、いずれも単郭で、簡略な縄張であることに基本

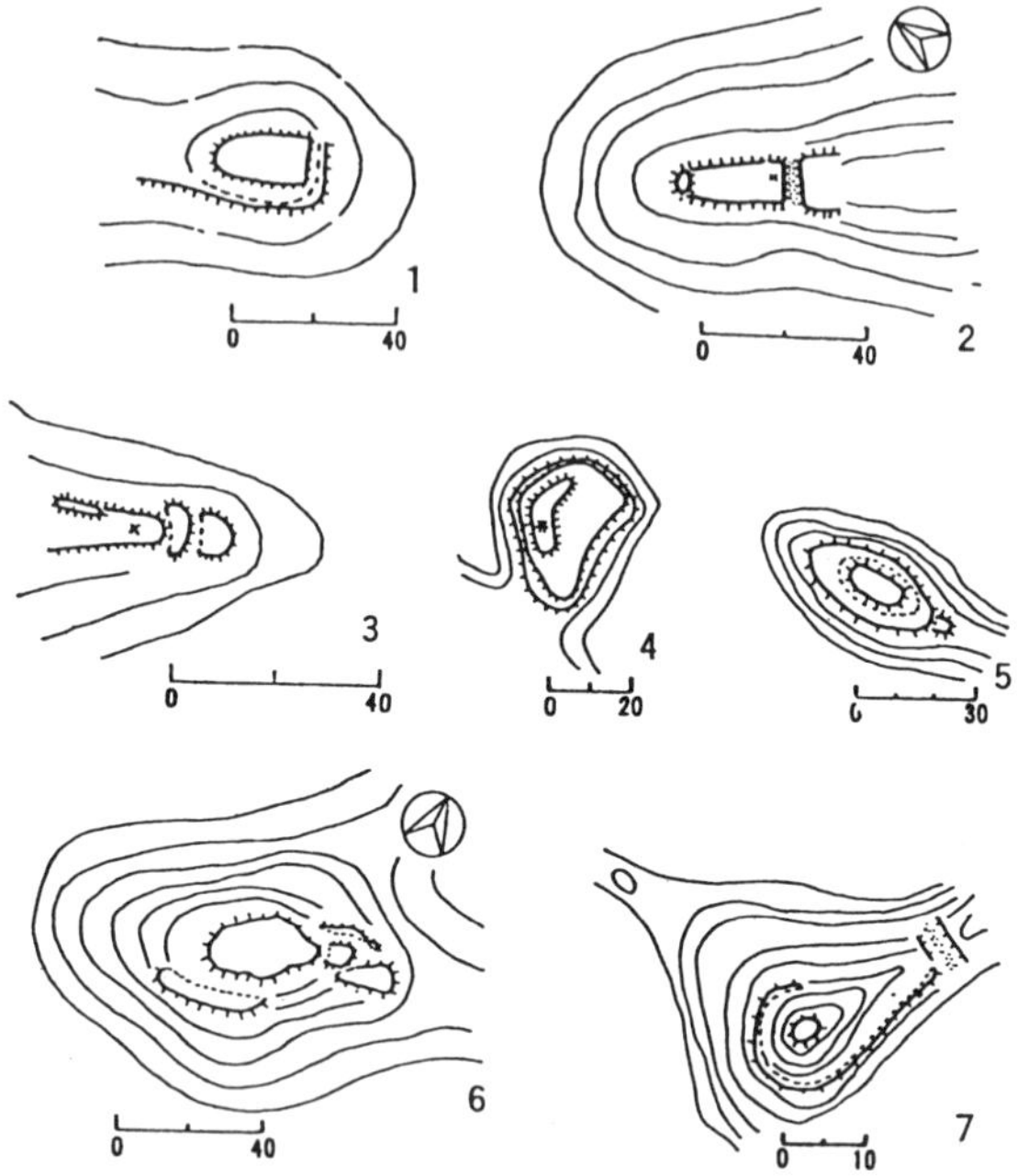

図５　烽火台と推定される城館見取図(伊那谷)
1義信城　2牛ヶ城　3物見ヤ城　4御岳山　5見張城　6根小屋烽火台　7峰尾城（『長野県の中世城館跡』1983より）

的な相違はない[13]。

甲斐国内で烽火台の形態を良くとどめ、著名なものは、甲府市平瀬の烽火台と一宮町にある旭山の烽火台である(図7)。前者は、平瀬の集落の東方にそびえる標高五八六mの城山々頂に占地し、四〇×二〇mの平坦地を主郭とする規模の小さい単郭で、周囲に帯郭と石積みによる若干の防備を施している。旭山の烽火台も、三五×一九mの規模を有する単郭の形態で、防御施設に帯郭と堀切をもつ程度の簡単な城館である。

市川三郷町の古城山々頂にある古城山の烽火台も同じように規模が小さく、段差によってⅠ郭とⅡ郭が分けられる程度の単郭に近い形態を有し、周囲に帯郭を配する縄張の城館である。基本的構造は、先の二例に共通する。北杜市須玉町の大渡の烽火台もまったく類似する縄張で、尾根上の平坦地に若干の腰郭を付した簡単な構造である。

烽火台の形態・縄張は、右にとりあげてきたように、眺望のすぐれた山頂などを利用して築かれ、小さい平坦地を中心に帯郭や腰郭、それに堀切などの防御施設を加えた程度の単郭構造が多いことが理解できるであろう。これが、

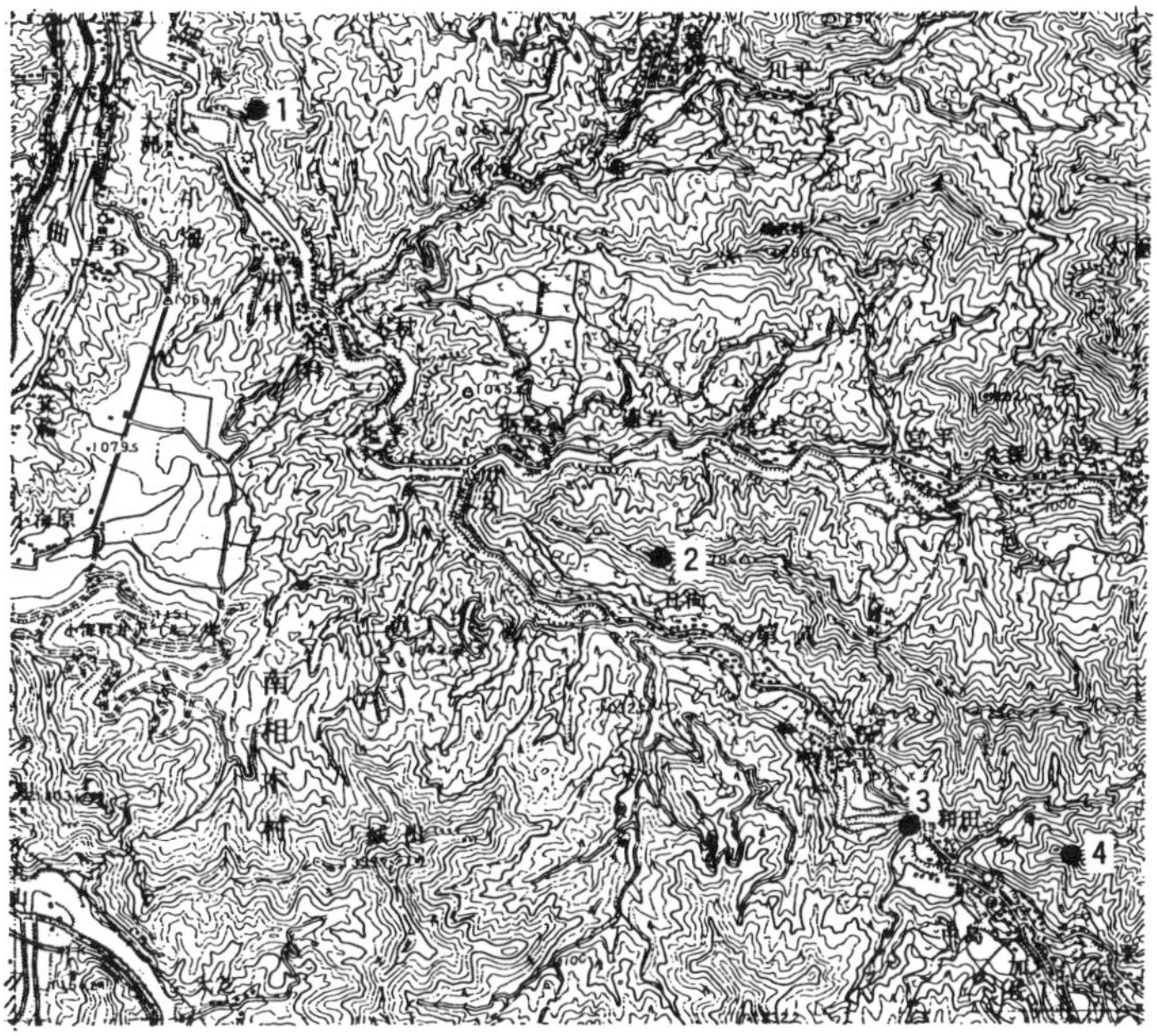

図６　南相木川筋の烽火台と推定される城館分布図
１根小屋烽火台　２見張城　３火燈城　４峰尾城

おそらく烽火台のもっとも基本的で普遍的なパターンであろう。ただし、規模の大きい堅固な砦などに付随する場合も多く、この場合は当然縄張は異なり、複雑になる。

烽火台の機能は、烽火をあげ、かがり火を焚き、一定の情報を伝達することを基本とし、そのために必要な眺望の良い立地形の確保が第一で、また先に見たように集落にそれほど遠くないことも必要な条件とした。したがって、軍事上の堅固な防御施設、複雑な縄張はとくに必要とせず、ふつう簡略な軍事施設のひとつとして特徴づけられるのである。

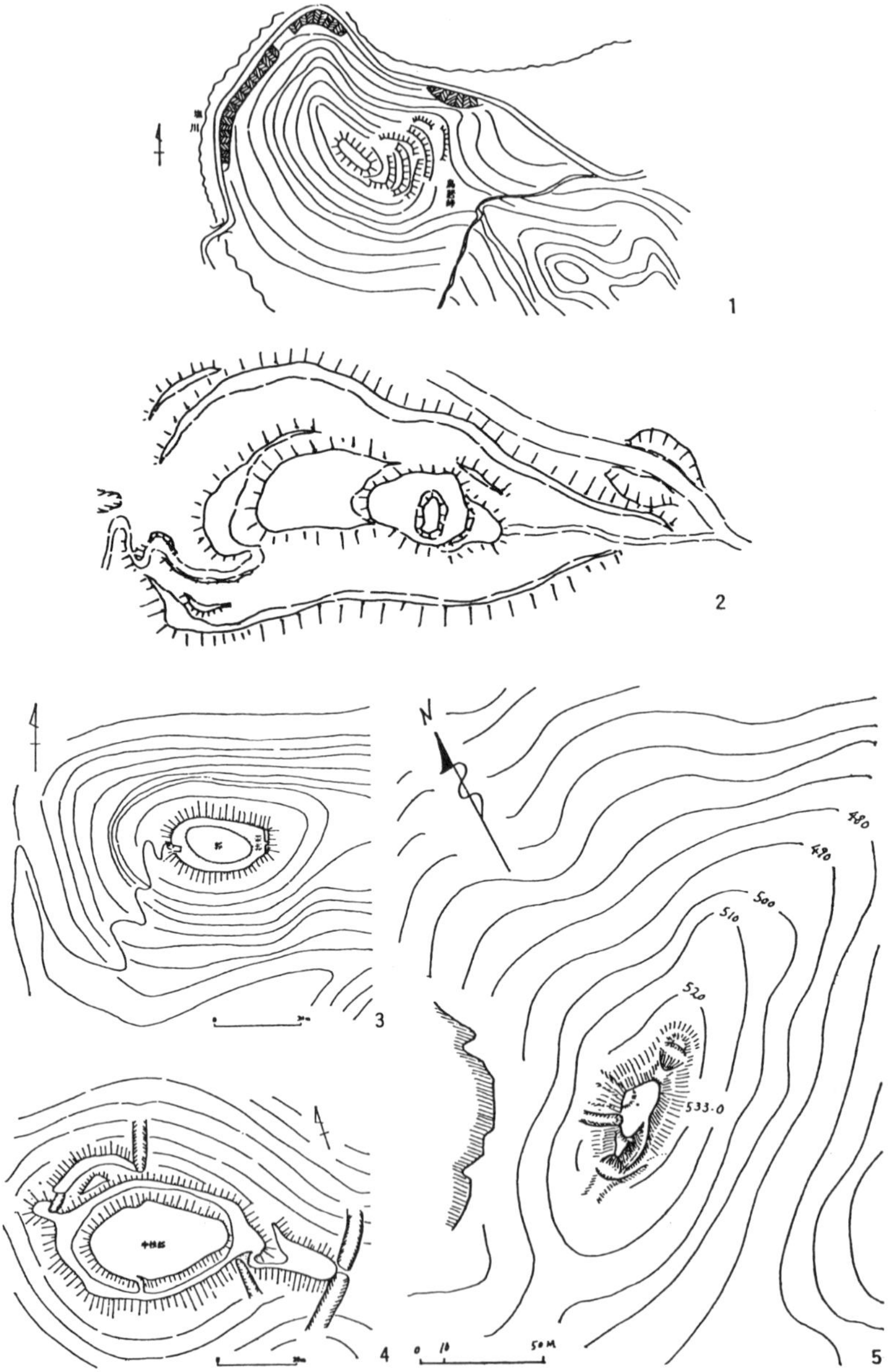

図７　烽火台と推定される城館見取図(甲斐及び秩父方面)
1大渡の烽火台　2古城山烽火台　3平瀬の城山　4旭山の烽火台　5浦山城
(『山梨県の中世城館跡』、『日本城郭大系』8、『中世城郭研究』創刊号より)

三　発掘調査事例にみる烽火台の実態

中世戦国期における烽火台の発掘調査例は、こんにちでもきわめて少なく、それほどの資料の累積は見られない。ここでは、それらの二、三の例をとりあげて烽火台の実態をながめてみたい。

広島県広島市安芸区にある旧瀬野川町は、北東から南西に流れる瀬野川流域に細長く展開した町で、周囲は標高六〇〇ｍ以上の山々に囲まれ、平野部の少ない地形を呈している。この地域には、細長い瀬野川の谷を望むように一六の中世山城が知られ、このうち、「比高が一〇〇ｍを越える山頂付近や尾根先端に築城され、遠方や低地からでも目立ち易い地点に位置するもの」(14)と分類した城跡は、六か所ほどである。発掘調査された三ッ城跡もその一例であるが、鳥越山城跡・掛山城跡・丸山城跡・隠居城跡・野原山城跡と、おおむね二kmの間隔で配置されており、「連絡用の城として伝達網を形成した」と見られている。

三ッ城跡は、南北に長い尾根上に、おおむね三つの郭と若干の帯郭、さらに南側と北側斜面に連続する竪堀群や堀切等によって防御された城館で、第一郭・第二郭・第五郭は堀切等によって互いに画され、各々がやや独立した郭のような感も受ける。発掘調査は、三ッ城跡の全域を対象に実施し、全容が解明されており、第一郭は東西最大一五ｍ、南北二三ｍ、検出遺構は一間×二間の掘立柱建物跡と土壙、第二郭は東西一二ｍ、南北一九ｍの規模を有し、一間×一間の建物跡が二棟、さらに第三郭は柱穴列を確認するにとどまり、全体の様相から見て、多くの兵力が駐屯した城館とは思われない。

注目すべきは、第一郭の建物跡と土壙で、とくに建物跡から二ｍほど離れた位置で検出された土壙は、上縁径約

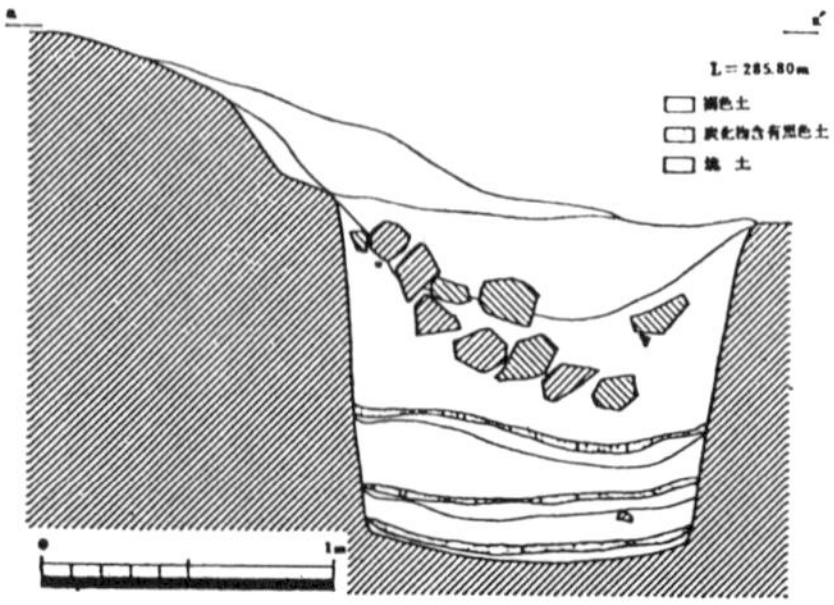

図８　広島・三ッ城跡第１郭土壙実測図
（同報告書より）

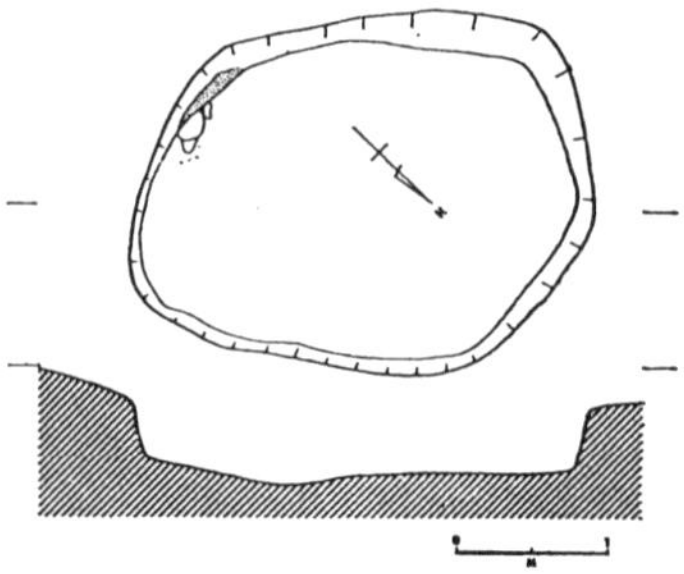

図９　埼玉・越畑城跡土壙５実測図
（同報告書より）

一・八m、深さ約一・二mを測り、内部には焼土や炭化物を含有した黒色土が三回にわたり堆積を繰り返している（図８）。報告者は、「本土壙が当初から火を取り扱う施設であったこと、三回にわたって同一の行為が繰り返されている」状況を示唆していることや、確認地点が城跡の中で最高地点であること、さらに三ッ城跡の占地上の特徴を加味して、「狼煙などの施設」とも考えている。

　三ッ城跡は、北側と南側に竪堀群を設けて防備を固め、その内側の尾根上に三つの郭を配置し、堀切などの防御施設も多用するなど、全体の様相は単なる烽火台には思われないが、少なくとも第一郭は烽火台の状況を示す好例としてよいように思われる。土壙の周囲には、とくに上屋構造を推定させる遺構も見られないことから、土壙を中心とする施設であったことをうかがわせている。また、報告者も指摘するように、三ッ城跡は連絡用の城と推定される他の城跡がすべて視野に入るうえに、規模が大きく堅固な様相を見せることから、「境目防備の役割も兼帯した」と考えている。なお、本城跡は、出土遺物等から「一五世紀前半までには築城され、一六世紀前半頃まで存続した」という。

　越畑城跡[15]は、埼玉県比企郡嵐山町大字越畑字城山にあり、埼玉県のほぼ中央部に発達している標高約一二〇mの比企北丘陵の西縁部に立地している。城跡の眺望はたいへんにすぐれ、西側眼下にある鎌倉街道や横田の集落も一望できる。発掘調査は関越自動車道建設に伴い一九七七年に行われ、本郭や二の郭・三の郭の遺構群が明らかになるとともに、十六世紀前後の築城で、戦国時代に機能していたことが出土遺物からも判明している。最も高所にある本郭は、東西約三〇m、南北約三五mを測る方形を呈した郭で、空堀・柵列・土壙等が検出されているが、建物等の存在は明確でない。二の郭は、本郭と対峙する形でほぼ南側に位置し、五〇×六〇mの楕円形に近い形態で、調査は段築遺構を中心になされた。三の郭は、東西約二五m、南北約二〇mの長方形の郭で、ここからは片薬研状空堀や柵の柱穴跡と推定される遺構が確認されている。

さて、越畑城跡の本郭から検出された土壙のうち、南西部の隅にある土壙は規模が大きく、長径三・二m、短径二・八m、深さは六〇cmの楕円形を呈し(図9)、内部からは炭化した籾殻や真竹の炭化物が多量に出土した。土壙の北西部分の壁も長時間火を受けている状況から、「狼煙場」と考えられている。越畑城跡の縄張は、本郭や二の郭の形状を見てもきわめて簡略な構造で、防御施設も空堀のほか若干の柵列を設ける程度であり、しかも本郭の縄張のみを見れば烽火台の典型的形態をとどめており、発掘調査で検出された遺構群中で、焚火跡を示す土壙五がこの城館の中心的施設であった感を見せている。伊禮正雄氏も、報告書の中で「構造の単純素朴さ」と「小規模性」及び眺望の良さから、「この城が、敵対勢力を引受けて籠城しようといふ性格のものではないこと、時間的にも長期の守備を全く考へて居ないこと、つまり、僅少の兵力によるごく短時間の守備を考へて築城されて居ること」から、「戦時下の臨時的城砦で軍事情勢の監視連絡を使命とする」城館と分析した。ほぼ妥当な見解と考えたい。

福島県郡山市西田町三町目の穴沢館からも同様の土壙状施設が確認されている。この遺構に検討を加えた相原秀郎氏は、つぎのように特徴を集約している。(16)

(1)壁面が赤色化しており、明らかに火を焚いた痕跡が認められる。

(2)壁面・床部とも焼き締まってはいるが、さほど高温の火を受けたようには見えない。

(3)遺構に伴う遺物は出土していない。

これらの特徴から、土壙状施設は「狼煙釜跡」の可能性が大きいと結論づけ、穴沢館においても烽火を利用していることを指摘している。

右の三例は、先に述べてきた小規模で簡略な縄張の軍事施設で、情報伝達を主たる機能とする烽火台の具体例としてとりあげ、こうした城館が中世戦国期に広く用いられてきた証左とした。しかも三ッ城の第一郭や、越畑城跡の本郭は、しかも烽火台の施設として典型的とも思えるような形態を有しており、こうした簡単な構造の城館が一般的形態として各地に存在した可能性が高い。

烽火を実際にあげる施設は、これらの調査成果にもとづくと、おもに土壙が用いられていたことが明らかである。それに伴う上屋構造もとくに報告がなく、きわめて簡単な方法を採用していたことがわかる。『和漢三才図会』[17]に見えるような、櫓的な建築物を用いた本格的な烽火施設でもないようで、中世戦国期には土壙状の烽火施設がほぼ普遍的なかたちとして採用されていたと考える方が妥当性があろう。

四　烽火台の築造主体と史的性格

規模が小さく、縄張も簡略で、情報の伝達を主とする烽火台は、どのような人々や勢力によって築造され、維持経営されていたのだろうか。検討の対象とすべき資料は少ないが、先に示した『武田信玄印判状』に載る内容は、烽火台が武田氏にとって軍事上重要な施設であったことを如実に示していようし、軍事的支配下におかれていた様子もあらわしている。主たる役割は、軍事情報の伝達であったのだろう。

烽火台の重要な特質の一つに、集落を眼下に望み、集落との関わりがきわめて深いことをあげてきた。先述した穂坂路に連なる烽火台を例にみても、大渡の集落と烽火台、比志の集落と烽火台、神戸の集落と烽火台、和田の集落と烽火台というように、いずれも相互に結びつきが強い。一方では、『甲斐国志』の記述にもうかがえるように、地域の伝承としてよく残されるのも烽火台の特徴のひとつで、烽火をあげた場所、烽火場などという伝承類は、他の城館よりもはるかにその機能をよくあらわしており、地域の人々にとって身近で親しまれていたことの端的な証となっている。

以上の状況から、軍事施設である烽火台は一般に在所の勢力によって維持経営されていたことを指摘することができるであろう。そして、烽火台が互いに連携する性格から軍事行動などを伝える重要な情報伝達施設として、戦国大名など広域的な支配領域を有する権力の支配下におかれていたと考えるのである。

近年、村々に点在する小規模な山城について、「村の城」、「百姓持タル城」として認識する考え方が提示されるようになってきた。上野国三波川地域の城館跡をとりあげて「村の城」を論究した井上哲朗氏は、「それぞれの城が麓の集落、特にかつての名主クラスとみられる屋敷と密接に結びつ」くことを指摘したうえで、「山に遮られて連続性のない耕地、集落の為にそれぞれの名主層を中心に「村の城」とでもいうものを造ったのであろう」と述べている(18)。また、藤木久志氏は、記録類に登場する「山小屋」に関連して、さまざまな資料を駆使しながら「民衆にも独自な山の拠点があったらしいことは、いよいよ確実である」、「村近くの山に「百姓の城」が造られていたことを、はっきりと示唆している」と述べ(19)、「自立した村の山小屋」、「百姓持タル城」像を描いている。山城の経営主体像を追究する場合、たいへん魅力的で示唆に富んだ考え方で、このような山城がおそらく中世とくに戦国期に相当数存在したであろうことは容易に想定でき得ることである。先に、戦国大名などの「公」的権力が保有する城館とは別に、それらに属しない「私」的な城館の存在を指摘したが[20]、それもほぼ同様な考え方にもとづいている。

しかし、小規模な城館の最たるものとして村々に存在する烽火台が、はたして「村の城」として成立していたのかは、一考を要する重要な問題である。第一に烽火台は、前述したように、単独なかたちでは決して存在し得ないし、互いに連携しあいながら機能を十分に発揮する存在で、関口和也氏が築城主体を「かなり広い地域を支配している権力」と想定しているとおりであろう[21]。したがって、縄張・規模とも簡略で小さいが、情報伝達を重視し管理する権力が、烽火台の築城及び経営に深く関わっていると推定でき、実際の維持経営を軍役の一環として在地の勢力が担わされていたとみるべきではないだろうか。村々には、「公」的機能と役割をもつ城館も多く存在していたのであり、烽火台を自立した「村の城」ととらえるよりも、広域的権力を背後にもつ「公」的な城館として村々に存在したと考えたいのである。

おわりに

本稿では、比較的著名な存在にもかかわらず、ほとんど未解明な状況におかれていた烽火台をとりあげ、特質の一端を追究してみた。記録類や調査研究事例もたいへん少なく、推定の域を出ない結果に終始したきらいもあるが、単に小規模で簡略な縄張という点のみをとらえ、在地の人々の持ち城と包括してあつかうには、烽火台はあまりにも政治的かつ軍事的存在である。歴史背景に、強い「公権力」が存在するからこそ、立地環境や縄張が類似し、相互に有機的に連携する烽火台が成立したと考えるのである。

註

（1）萩原・八巻与志夫「甲斐の中世城館址研究」（『どるめん』一八、一九七八年）。拙稿「山梨県下における中世城館址の調査と保存」（『歴史手帖』一〇―一一、一九八二年）。

（2）北条氏政に任えた三浦浄心のあらわした『見聞集』より、後北条氏関係の内容を収録したもので、後北条氏五代の盛衰が記載されている。

（3）奥野高廣「武田信玄の最後の作戦」（『日本歴史』三九三、一九八一年）。

（4）長野県教育委員会編『長野県の中世城館跡』（一九八三年）。このほか、八巻与志夫「風林火山の情報伝達」（萩原編『戦国武将武田信玄』、新人物往来社、一九八八年）、同「中世城館の機能について―甲信地方の小規模山城を中心にして―」（『月刊文化財』二九九、一九八八年）も参考にしている。

（5）上野晴朗『甲斐武田氏』（戦国史叢書4、一九七二年）。

（6）同右及び、笹本正治「武田氏と国境」（地方史研究協議会編『甲府盆地―その歴史と地域性―』、雄山閣出版、一九八四年）。

（7）『甲斐国志』巻之百十、士庶部第九に見える。

（8）拙稿「中世城館址研究の一視点について―特に経営主体者をめぐって―」（『帝京大学山梨文化財研究所研究報告』一、一九八九年。本書第一編所収）。

（9）須藤茂樹「武田氏と郡内領に関する一史料」（『甲斐路』四六、一九八二年）。

（10）拙稿「岩殿城の史的一考察」（『山梨考古学論集』Ⅱ、山梨県考古学協会、一九八九年。本書第三編所収）。

（11）関口和也「秩父地方の小規模な山城について」（『中世城郭研究』創刊号、一九八七年）。

(12)『甲斐国志』巻之四十八、古跡部第十一。
(13)前掲註(4)の『長野県の中世城館跡』を参照している。
(14)奥田壮紀ほか『三ッ城跡発掘調査報告』(一九八七年)。
(15)小野義信ほか『越畑城跡』(一九七九年)のほか、『日本城郭大系』五　埼玉・東京(新人物往来社、一九七九年)にも報告されている。
(16)相原秀郎「城館跡出土の石臼(その2)―石臼付着物・及び狼煙釜状遺構について―」(『福島考古』二五、一九八四年)。
(17)江戸中期に刊行された絵図入りの百科辞書。天文・地理・人物など項目ごとに記述されている。
(18)井上哲朗「村の城について―上野国三波川地域の城館址調査から―」(『中世城郭研究』二、一九八八年)。
(19)藤木久志「村の隠物・預物」(『ことばの文化史』中世1、平凡社、一九八八年)。
(20)拙稿前掲註(8)。
(21)関口前掲註(11)。

[付記]　脱稿後、横山勝栄氏「新潟県東蒲原郡の中世城館資料について―山城の位置を考える―」(『新潟考古学談話会会報』四、一九八九年)を知った。このなかで氏は、東蒲原郡にある小規模山城の多くが集落の近辺に位置していることを指摘しながら、「集落およびその周囲地域から容易に仰視することができ、居住者の共有意識のなかにその存在が確認され、認識しあえる位置にあり、地域住民の共通意識、感覚および共通心理のなかのランドマーク視し得る位置に占地している」と述べている。本稿でとりあげ論じてきた烽火台についても、占地状況や集落との関わりを見るかぎり、同様な特徴を指摘することが可能である。

これらの小規模な山城に関しては、性格や機能はどうか、どのような人々によって維持経営されていたのか、あるいは戦国大名や領主権力との関わりは如何、といったようなそれぞれの地域における歴史的な存在意義を具体的に問う段階にきていると考えている。また、このような諸点は、小規模な山城にかぎらず、おそらく中世城館跡全般において、今後の主要な研究課題の一つになるであろうし、より具体的で多方面からの議論がさらに活発に展開されることを望みたい。

［補遺］　本稿では主に戦国大名武田氏の支配領域内における烽火台をとりあげ、その構造や特徴などを論じたものだが、しばらくして、後北条氏領域内の伊豆における烽火台の事例を知った。後北条氏が西伊豆を支配していた鈴木氏に対して、烽火台による監視活動を指示しているもので、後北条氏発給の書状のなかにも「烽火」の文言が登場する貴重な事例である。

書状の中で後北条氏は、駿河湾に押し寄せる武田水軍の動きを監視するよう在地領主の鈴木氏に厳しく命令しており、非常時には烽火によって知らせるように指示を与えている。武田氏の場合、各地域に設置されていた烽火台の運用方法は史料中にあらわれず具体的な様子は詳らかではないが、やはり近在の村々に住む領主層にその任を与えていたものとしてよかろう。

「烽火」「狼煙」などの文字をあてた情報伝達手段の烽火台が戦国期の史料上に登場するのはごくまれだが、それぞれの地域に根強く残る伝承などを加味すると、戦国期には相当数の烽火台が要衝各所に設置され、軍事利用されていたと見なければなるまい。

甲斐国岩殿城の史的一考察

はじめに

甲斐国のいわゆる郡内領大月地域にある岩殿城は、かつては関東三名城の一つに並び称されるほど有名な城郭であった。その由来は、『甲陽軍鑑』の、「駿河に久能、甲州郡内にゆり殿、信濃にあかつま三処の名城を信玄公御覧じ立られ候は、御籠城有べきとの事なり(1)」という一節などに起こったものと推測できるのであるが、しかし肝心の岩殿城の実態、その築城時期や経営主体者像、経営方法などはまったく不明のまま研究の枠外におかれてきた感が強い。

岩殿城主は、甲斐国都留郡の領主小山田氏と説かれており、今日の定説として動かしがたい位置を保っている。『大月市史』は、「小山田氏は谷村に居館を移すとともに、大月の岩殿山に山城(要害城)を構築した。まさに武田氏の躑躅が崎館にたいする要害山の備えを、郡内に引きうつしたといえよう(2)」と歴史的意義を説明し、一般歴史書も、「郡内領主小山田氏の要害城で、関東三名城のひとつと「甲斐国志」にもある(3)」、「関東三名城の一として知られた岩殿山は、代々小山田氏の要害堅固な大砦であり、烽火台の中心でもあった(4)」とか、あるいは「大永四年(一五二四年)武田信虎は、一八〇〇〇の大群を率いて、関東管領上杉憲房と大月で合戦を行い、小山田越中守信有も戦いに参加した。武田氏・小山田氏は、甲斐の国の東方の守りを固める必要をこの戦いより感じ、小山田氏は、この戦いの三年後に岩殿城を完成させる」[5]と学校教育関係の教材として詳しく紹介されるほどに定着し、さらに築城年代を断定する状況にまで至っている[6]。しかし近年、一部城郭研究の立場からこうした通説を見直す見解が提起され、岩殿城をめぐる史的位置の再検討にせまられてきた。

中世戦国期の城館の経営主体者像を探る試みは、在地構造や支配者・被支配者相互の権力関係などを究明するうえできわめて有効な作業の一つであるが[7]、史料的にも乏しい場合が多くなかなか容易ではない。しかし、文献史学、考古学、城郭史、歴史地理学等の諸学が学際的に連携して研究を進める気運が高まるなかで、多角的な視点から分析を重ね、検討することも可能となってきた。小稿では、戦国大名武田氏と「郡内領主」を称する小山田氏との支配関係や権力構造論が活発に議論されている近年の状況を踏まえ、それらと密接不可分の関係を有する小山田氏の「本城」という岩殿城をとりあげ、岩殿城の今日までの研究の過程を整理しながら、甲斐国内においていかなる史的位置にあったのか、分析を試みようとするものである。

一　近世期における岩殿城に対する認識

冒頭に掲げた『甲陽軍鑑』では、武田氏末期の混乱期に岩殿城は登場する。新築なったばかりの韮崎新府城をすてどこに落ちるかの判断をせまられるさしせまった厳しい状況下で、「御譜代の小山田兵衛申こす甲州郡内の岩殿へ御籠城然るべきと「長坂」長閑諫申に任勝頼公新府を御立あり[8]」と郡内岩殿城へ籠城すべきとする長坂長閑の言を入れ、勝頼主従は新府城を出発、さらに「小山田兵衛郡内岩殿へ入奉らんと申に付、鶴瀬まで御座なされ……[9]」と見えるように小山田氏に導かれた勝頼一行が鶴瀬まで進んでいく様子が述べられている。

この一節は、主家に対する小山田氏の逆心の場面として記述され、小山田氏と岩殿城の関係が示されているものの、厳密に分析してみると、「郡内岩殿」と見えるのみで、小山田氏の本城、あるいは持城としての位置づけは明確でないことが理解できる。西上野の吾妻城と、甲斐郡内の岩殿城がいずれも天然要害の籠城に適した名城としてクローズアップされ、二者択一の末、岩殿城を選び、結果的に「逆心」にあい滅亡していくことが強調されているのである。

江戸後期の享保年間には村上某によって『甲州噺』が著されている。そのなかに、岩殿権現同城之事という項が立てられ[10]、「岩殿の城は駿州久野山、上上州吾妻甲州に岩殿と申、山本勘助か見立の三つの名城にして、甚嶮岨の岩石なり四方共に要害且しき城にて……」と、他の二城とともに武田の軍師と伝えられる山本勘助の築城と断じ、『甲陽軍鑑』の主張を引き継ぎ小山田氏との関わりを一切見せていない。この内容は、天明年間刊行の加賀美遠清の『甲陽随筆』[11]にそのまま収録される。天明三年(一七八三)には萩原元克による『甲斐名勝志』が刊行されているが、その著には、岩殿権現として「此辺に小山田氏の城跡有今に陳鐘有小山田氏は代々都留郡を領する事久し」と見え[12]、ここではやや漠然としているものの、岩殿城を小山田氏の城郭として位置づけている。

右の著書を順に追ってみると、江戸後半期段階では、小山田氏本城説はそれほど一般に定着していないことは明らかである。小山田氏の本城とする見方が流布されはじめたのはどうやら江戸後半期以降のことらしい。しかし、この説をはっきりと打ちだし、後説に大きな影響を与えたのは、文化十一年(一八一四)編纂の『甲斐国志』である。同書は、岩殿城の堀などの防御施設や「馬場」「大門口」などの城に関わる地名などを詳細にひろいあげながら、岩殿城跡の項につぎのように記述している[13]。

小山田氏ノ比ハ此山上ニ士多ク在番セシナルベシ、軍鑑ニ駿河ニ久能、甲州ニ岩殿、上州ニ吾妻、三所ノ名城トアリ武田家ヨリモ番兵ヲ加ヘ置シヤラン、童謡ニ岩殿山で国みれは国こひし矢立の杉かみえ候、此謡ハ久シク在

番ニ倦ミ故郷ヲ思フサマナルベシ、小山田ハ中津森又谷村ニ居館アリ此山ヲバ要害ニ構ヘタリ行程凡三里

ここでは一部『甲陽軍鑑』の内容を引きながら、小山田氏の居館である中津森や谷村に対応する要害の城と積極的に見立てており、この主張は小山田氏館跡の項中の「岩殿山ハ要害城ニシテ居館ハ谷村タルコト明ナリ」[14]、また小山田氏の項の「岩殿山ヲ要害ノ本城トナセリ」[15]というように『甲斐国志』全体に貫かれている見解となっているのである。居館と要害のセットとして論じたのは、武田氏の本拠地である居館躑躅ヶ崎館と要害城との関係と同一視した結果であろうし、居館と詰城をセットとしてとらえる戦国期城郭論を過信し過ぎている結果でもあろう。しかし、岩殿城を小山田氏の本城とする根拠については全く示されていないし、武田氏からも在番衆が派遣されている様子も載せ、武田氏との関わりを否定しきれていないのも興味深い。一部後述するが、在番衆が派遣される城郭とはどういう性格と機能をもつものか、城郭の経営主体像をめぐる重要な論点として詳細な検討を要しよう。

右のように、小山田氏と岩殿城との関わりを明確に、かつ論理的に論じたのは、『甲斐国志』が最初であった。小山田氏本城説の根拠は何ら示されないまま、以後この説は広く支持され通説として巷間に浸透していったのである。

二　城郭研究・考古学研究からみる岩殿城

岩殿城ともっとも関わりの深い大月市は、一九七六年に『大月市史』「資料篇」を、七八年に「通史篇」を刊行し、小山田氏と岩殿城を詳しく論じている。その内容は今日のほぼ通説とされているものであり、重要な個所であるので、やや長くなるが改めて再録することにしよう。岩殿城に関する記述はつぎのとおりである[16]。

小山田氏は谷村に居館を移すとともに、大月の岩殿山に山城(要害城)を構築した。まさに武田氏の躑躅が崎館に

たいする要害山の備えを、郡内に引きうつしたといえよう。時代はすでに村落を基礎にする地域的な支配の拠点は従来のような農業生産のかなめをにぎる館ではなく、より軍事的・政治的な機能を発揮できる山城に移りつつあった。……

戦国期には領域内の村々を支配するためにも城を構えることが不可欠となったのである。小山田氏も所領支配の拠点として岩殿山の経営にのり出したものとおもわれる。……館から城へ、この変化は在地領主の支配の変化を象徴している。それは郡内の土豪や領民への威嚇となり、同時に武田氏や国中の国人領主にたいする自己主張でもあった。

かくて小山田氏は谷村を中心に岩殿山を拠点として村々の土豪や有力農民・御師らを被官化しながら、その支配を村落内部におし及ぼしていったのである。

この『大月市史』の説明は、小山田氏の本城を岩殿城とすることを前提に、歴史的意義を明解に展開していることがわかるであろう。館から山城への転換の意味合いも含め、一貫した論述がなされ、今日でも容易に受け入れられる説を提示しているが、しかし底流には『甲斐国志』の説が流れ、その見解に負う点が大きいことも確かである。また、岩殿城そのものを小山田氏の要害と見立てることに何ら疑義も出されないことに、今日岩殿城小山田氏本城説が根深く浸透し、自明の理として定着していることを如実に示している。

「史料篇」の記述には、「小山田氏の詰城である岩殿城が、いつ作られたかははっきりしない。一説によれば天文元年(一五三二)というが根拠が明瞭でない」とも見える。(17) 天文元年は、小山田氏が居館を中津森から谷村に移転させた年であり、居館と詰城の概念からいってとかく認めてしまいがちであるが、根拠が明瞭でないとしてしりぞけているのは賢明である。現在、築造時期は明確でない、との考え方を提示する『大月市史』が、多くに支持される理由でもあろう。

さて、『大月市史』に代表される右の岩殿城小山田氏本城説は、『甲斐国志』以来一貫して受けつがれ、ほとんど検証もされずに通説として支持されてきたが、しかし一部の、特に城郭史研究の立場の研究者から異議が出され、再検討しようとする動きも生まれてきた。つぎに、それを紹介していこう。

一九六六年七月、日本城郭協会による「岩殿山見学会」が地元の山梨郷土研究会、大月市郷土研究会の会員の参加のもとで実施された。その概略が「岩殿城址行」(18)として記録されている。この見学会には鳥羽正雄博士ら城郭研究を専門とする研究者が多く出席し、さまざまな意見や考え方が提示されたことが報告文をとおしてうかがわれる。そのいくつかを掲げると、佐藤禅光氏は「むしろ武田氏がその領国内各所に構築し、万一の場合に情報伝達機関として活用した烽火台の一つで谷村、大月周辺及び以東の中心的な役割を果していたものではあるまいか」と述べ、武田氏が郡内方面の目付的役割を担う城として構築したとする見方や、植竹氏の「居館は岩殿と隔てたること一二粁余で、又同氏が要害城を選ぶにはその付近で事欠かぬ筈である」とし、武田氏による対相州の境目城として築造されたのではないかとする諸説が出されている。これらに対する異論もあったようであるが、小林利久氏も「郡内が甲武相駿の中間緩衝地帯としての地理的特殊性、小山田氏を挟んだ諸家との歴史的関係、特に一五八〇年前後の同氏の果した役割と、その背景について充分調査しての上でないと複雑な岩殿山の位置付はでき難い」と結んでいるように、定説化していた岩殿城小山田氏本城説に対して率直な異説が述べられたこの見学会は、岩殿城研究に大きな一石を投じたものといえるであろう。縄張等から見て烽火台の一つとする説や、中津森・谷村の居館との地理的状況から考慮した詰城否定説はあまりにも新鮮であり、傾聴すべき見解である。

これを受けたかたちで『日本城郭大系』長野・山梨編で執筆者の一人室伏徹氏は、次のように指摘した(19)。

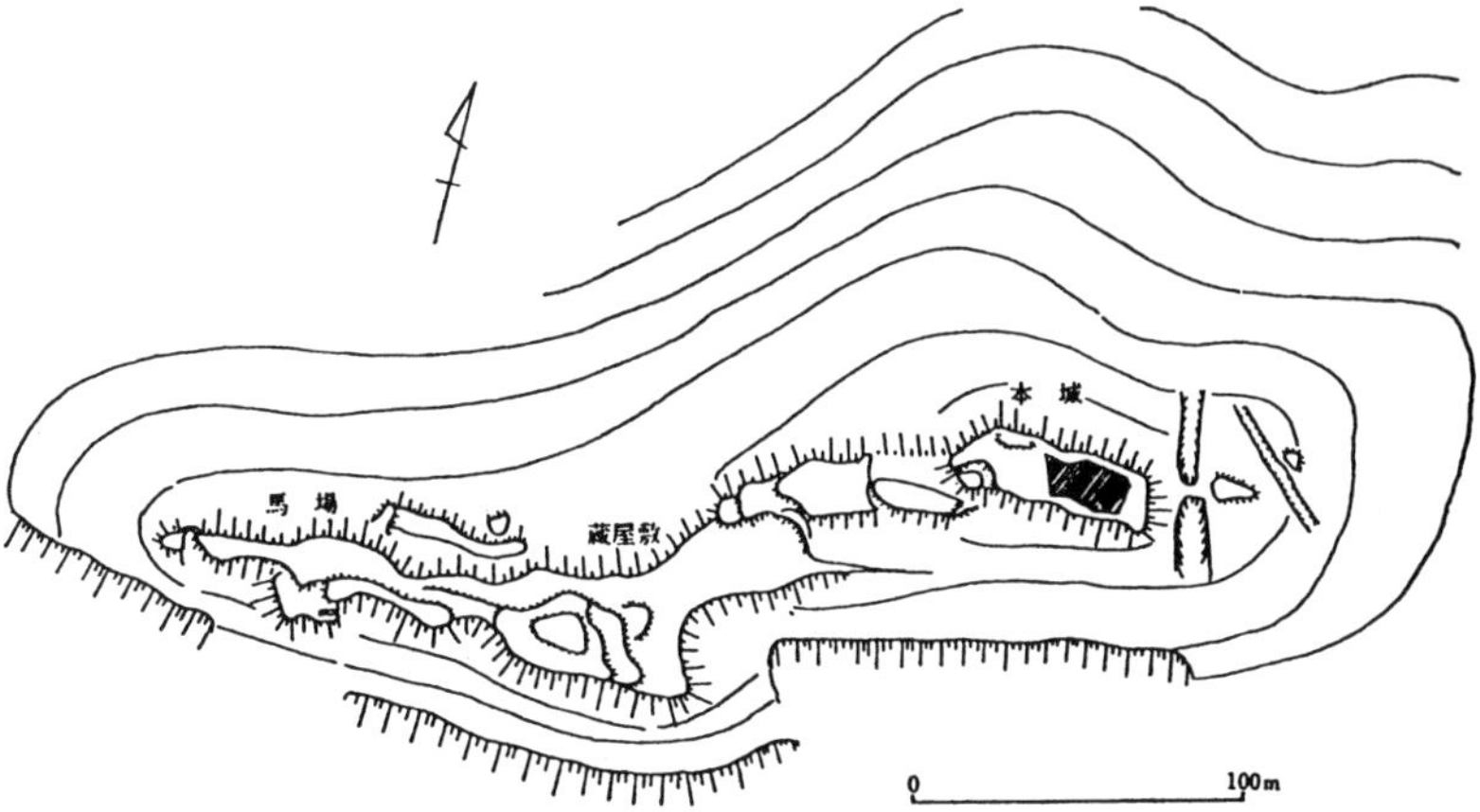

図１　岩殿城見取図（『日本城郭大系』８　1980より）

> 『甲陽軍鑑』によれば、岩殿城は駿河の久能城、上野の吾妻城と並ぶ三名城といわれる。しかし、築城時期・築城者など、詳細なことは定かではない。また『甲斐国志』にいう小山田氏の要害とする説は、享禄五年（一五三二）に中津森から要害堅固な谷村へと居館が移され、守りを固めた経緯からすると、必ずしも肯定できるものではない。なお、この城は相模・武蔵方面からの進攻に備えて有効に機能できる位置に築かれており、このような位置に城を必要としたのは相模と結びつきのある小山田氏よりも、むしろ甲斐の武田氏ではなかったかと思われる。岩殿城は広い意味で甲斐国防衛のための城と解してよいのではないだろうか。

右の見解は、先の日本城郭協会の延長上にあり、谷村移館の経緯や岩殿城の地理的特質・機能から小山田氏説を同様にしりぞけ、武田氏の城郭として位置づけているのである。また、『図説中世城郭事典』の執筆者八巻孝夫氏も、やはり同じような立場に立ち、次のような考え方を提起した。[20]「有力寺院を強制的に移し、城を構築したこと、境目の城であることなどから、この城は武田氏によって築城された直轄の城と見る方がよいと思われる。また、武田勝頼がこの城をめざして逃げたのは、直轄の城であると自然であるし、位置的にも、後北条氏の力をかりて再起するのに都合がよいと考えたのではあるまいか」。すなわち、築城の方法や地理的状況、さらに構築方法等から小山田氏に関わりのない武田氏直轄の城郭としての考え方を述べたのであった。

右の三者に代表される城郭史・考古学研究者による見解は、いずれも岩殿城武田氏築城説の立場にあり、先の「岩殿城址行」を発展継承したのである。岩殿城の立地的条件や城郭研究の成果を総合すれば、小山田氏説よりも武田氏説に有利に結びつくのであろう。この考え方は、『甲斐国志』以来深く浸透し、定着してきた小山田氏本城説に鋭く対立するものであり、岩殿城と小山田氏研究にとって新たな転換期を示したものといえるであろう。

しかし、なにゆえにこれらの見解が広く受け入れられ、岩殿城と小山田氏との関わりについて再度見直す気運が生じなかったのであろうか。その理由の第一は、これらは岩殿城の経営主体者像の追究に真正面に取り組んで論を展開したものでなかったこと、第二は『甲斐国志』以来の説があまりにも定説化してしまっており、批判を受け入れる素地がなかったこと、第三には岩殿城研究を城郭史・考古学の面ばかりでなく、文献史学をも包括し総合的に再検討する機会に乏しかったことなどがあげられよう。

なお、これらの諸説に影響され、小山田氏の要害の城を中津森小山田館から一㎞の距離にあるお城山（後の勝山城）とする意見[21]も出されていることは注目に値することである。

三　岩殿城と小山田氏の支配領域

永正十七年（一五二〇）、岩殿山円通寺の七社権現の修築にあたった小山田氏、郡内領に対する目付といわれる武田左衛門大輔信友と共に、「当郡主護平信有」として棟札に名を連ね、勢力を誇示している。それでは小山田氏の支配領域は果して都留郡の守護として郡内全域に及んでいたのであろうか。

このことについて、上野晴朗氏は上野原方面の支配者である加藤氏らの存在に注目し、「いわゆる小山田氏の支配が郡内全域にわたっていたものではなく、桂川以北の下之郷方面は、加藤氏及び郡内武田氏が境目の護りについて、独自に支配権をにぎっていたものであることが知られる」と述べ(22)、国境警固にあたっては武田氏が直接支配していることを指摘した。また、笹本正治氏も加藤氏と武田氏の結びつきの事例を具体的にいくつかあげながら、同氏が小山田氏に臣従するのではなく、武田氏に属したことをあげ、さらに小菅氏、西原武田氏等がいずれも武田氏に直属し、国境警固に任じていた様子を明らかにした(23)。このような傾向は、南都留郡にも同様に認められ、武田氏は山中湖平野や足和田村西湖周辺に割拠する西ノ海衆などにも、小山田氏とは別に、国境警固の軍役を与えていたのである。

かかる状況は、明らかに上野原市及びその北部や秋山・道志等東部に小山田氏の支配権力が及んでいないことを間接的に意味しよう。

武田氏研究を精力的に進めている柴辻俊六氏は、小山田氏が発給した文書を分布図におとし、その状態から同氏の郡内領支配の実態を探り、大月市以北に「小山田氏の勢力を示すものがみられず、検討の余地が多い」と指摘している(24)(図2)。そして、結論的には、小山田氏の支配領域が、都留市と富士五湖周辺にかぎられることを推定したのである。一方、「信虎政権の末期にあたる天文初年段階(一五三〇年代)には、小山田氏ないし在地小領主層の在地支配をたち切る様な型で、郡内領の村落にかなり直接的な支配が及んでいく様相がみられるのである」とも述べており(25)、残存文書やその分布のみをもって勢力関係を論じることに限界はあるものの、小山田氏の権力支配を考えていくうえで示唆する内容は多い。

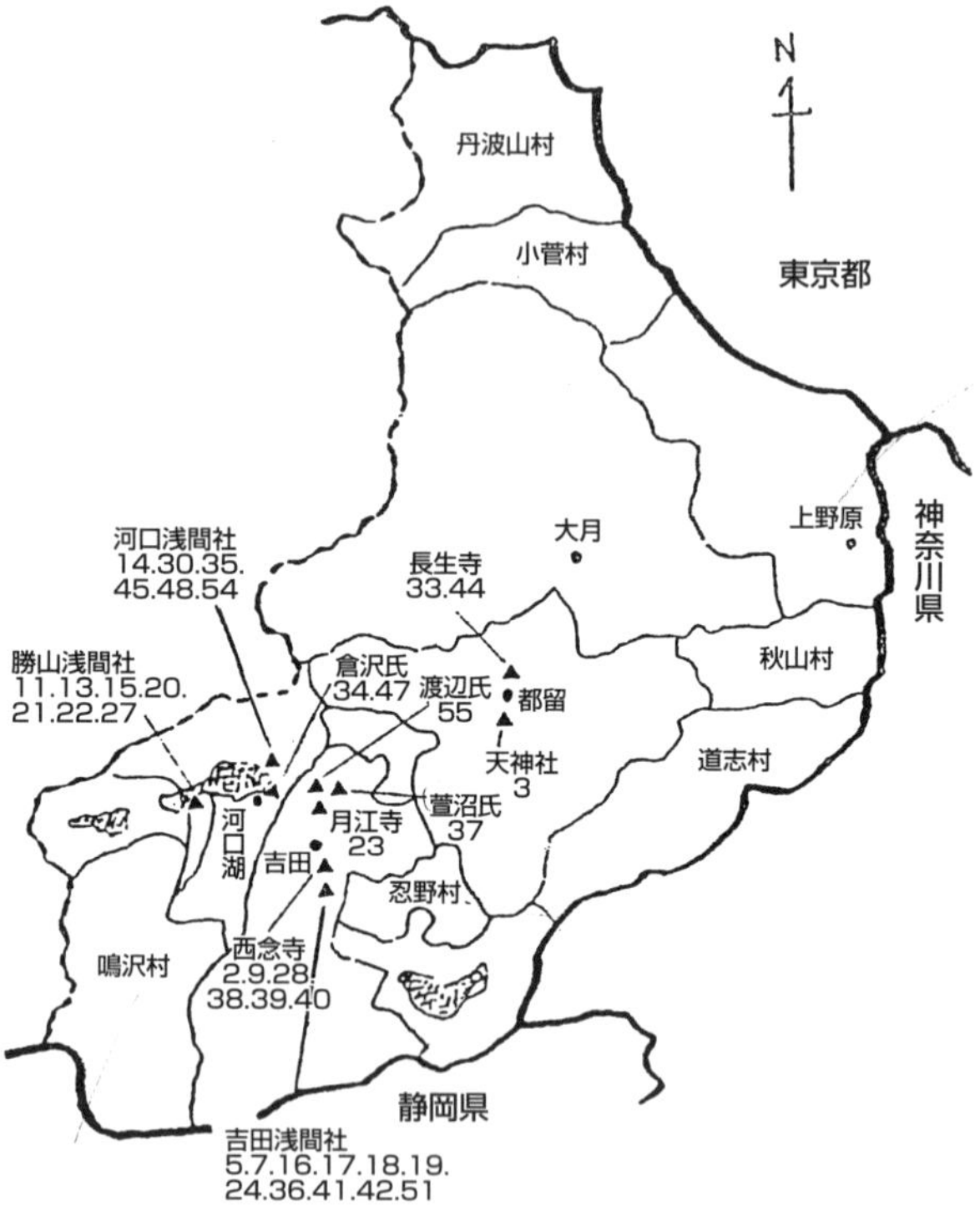

図２　郡内領内における小山田氏発給文書分布図
（柴辻「小山田氏の郡内領支配」『郡内研究』2　1988 より）

駒橋之内宮のわき、六貫文之在所、被㆓下置㆒者也。
（武田信虎）
（花押）
（年未詳）
六月九日
菊屋坊

右の書状は、天文九年（一五四〇）頃のものとされており、大月地内駒橋の地を吉田浅間神社の御師である菊屋坊に与えようとするもので、この地域に対する武田信虎の支配状況がうかがえて大変興味深いのである。

小山田氏は、上部に存在する武田氏から郡内地域の統治を委任されていたと主張する小峰裕美氏は、小山田氏の郡内限定支配を認め、岩殿城をその支配領域の北限と推定した[26]。岩殿城をなおも小山田氏の本城とする『甲斐国志』以来の通説に従っているため、北限説を提起せざるを得ないのであるが、しかし反面この説を出すかぎり、岩殿城を小山田氏の要害として詰城的考えをとる『甲斐国志』以来の説と、城郭機能論においてはどうしても矛盾せざるを得ないのである。詰城とは、本来軍事的緊張関係の強い国境付近や支配の境目に存在する性格のものではないと思われるからであり、岩殿城を国境付近の警固などの要《かなめ》的性格を有する城郭として位置づけ、評価を下す方がより現実的で、城郭の機能論にも合致するであろう。

小山田氏の支配領域についての諸説は右のようであり、岩殿城の築城者や経営主体者を積極的に判断する材料にもう一歩不足しているようにも思われるが、岩殿城を含む大月地域に小山田氏の支配は及んでいないとする柴辻氏の考え方は、大変魅力的で無理なく受け入れることができるのである。

大月地域を小山田氏の支配領域とする根底には、たぶんに本城とされる岩殿城の存在があるからで、この点を除けば岩殿城が地元の記録である『勝山記』に登場しないこととあわせて、大月地域及びその周辺は小山田氏の支配領域外とする考え方は、もっとも支持されるべき見解といえるであろう。

四　武田氏と岩殿城

岩殿城は、大月市賑岡町の桂川北側にそびえる岩殿山々頂一帯を利用して築かれており、登り口は南側と東側、北側の三方向にあり、南側が大手口と考えられている。南面からの通路を登ると、大門・番所と称される場所があり、やがてやせ尾根を利用した曲輪群が連続する。「馬場」「蔵屋敷」の伝承を伝える曲輪もあり、また堀切・腰郭などもあり、随所に往時の面影を残しており、全体的に見ると天然の要害に頼る意識がにじみ出ている。

この岩殿城を中心に、郡内全域の城館跡群の様相をうかがうと、南方一二㎞の谷村方面には小山田氏の居館、中津森館と谷村館を望み、東方の相模との国境付近には甲州街道筋を守る上野原市四方津の牧野砦、それに対応するかのように四方津栃穴御前山に設けられた砦が配されている。上野原市の市街地から大曽根・桑久保・矢坪を通り大月方面に抜けていく仲間川に併走する街道筋の守りには、大倉砦と長峰砦が対として配置され、右の四つの城郭によって相模との国境は防備が固められている。

さらに、これらの城館跡群と、岩殿城を結ぶ各地域には、東から四方津御前山の烽火台、梁川町の綱之上御前山の烽火台、斧窪御前山の烽火台、猿橋町の猿橋の城山、駒橋御前山の烽火台と、ほぼ二〜三㎞間隔で連携し、東方の防備に万全の体制をつくり出している(図3)。

それでは北方はどうか。丹波山、小菅方面に通ずる葛野川流域には、大月市七保町駒宮にある標高四九六mの天神山に駒宮砦が築造されている。岩殿城の北方の防衛拠点としての機能を担ったものであろう。

これらの相互に連携した城館跡群の様相を見ると、岩殿城は郡内方面の交通の要衝の地に存在すると同時に、防衛機能のちょうど扇の要の役割を演じていることに気づくであろう。すなわち、この全体の構えに見る岩殿城は、決して詰城的機能というのではなく、より積極的に軍事的前線を防衛しようとする姿勢をにじませているのである。上野原の加藤氏・西原武田氏・小菅氏等は武田氏の直属の武士団であることは既に述べたが(第二節)、彼らが守る砦群から連携し、軍事的要衝として存在する岩殿城が小山田氏の詰城であるとする説は右の状況からただちに肯定しがたく、また、居館との距離が一二㎞というのも詰城の概念に適さず、むしろ武田氏の直轄経営の城郭とする見解の方がはるかに妥当性があると考えられるのである。

さて、岩殿城の経営主体像や在番衆の一面をうかがわせる文書を見てみたい。著名な史料となっているが、八王子の大野聖二氏宅より原文書が発見され、須藤茂樹氏によって紹介されているものである(27)。

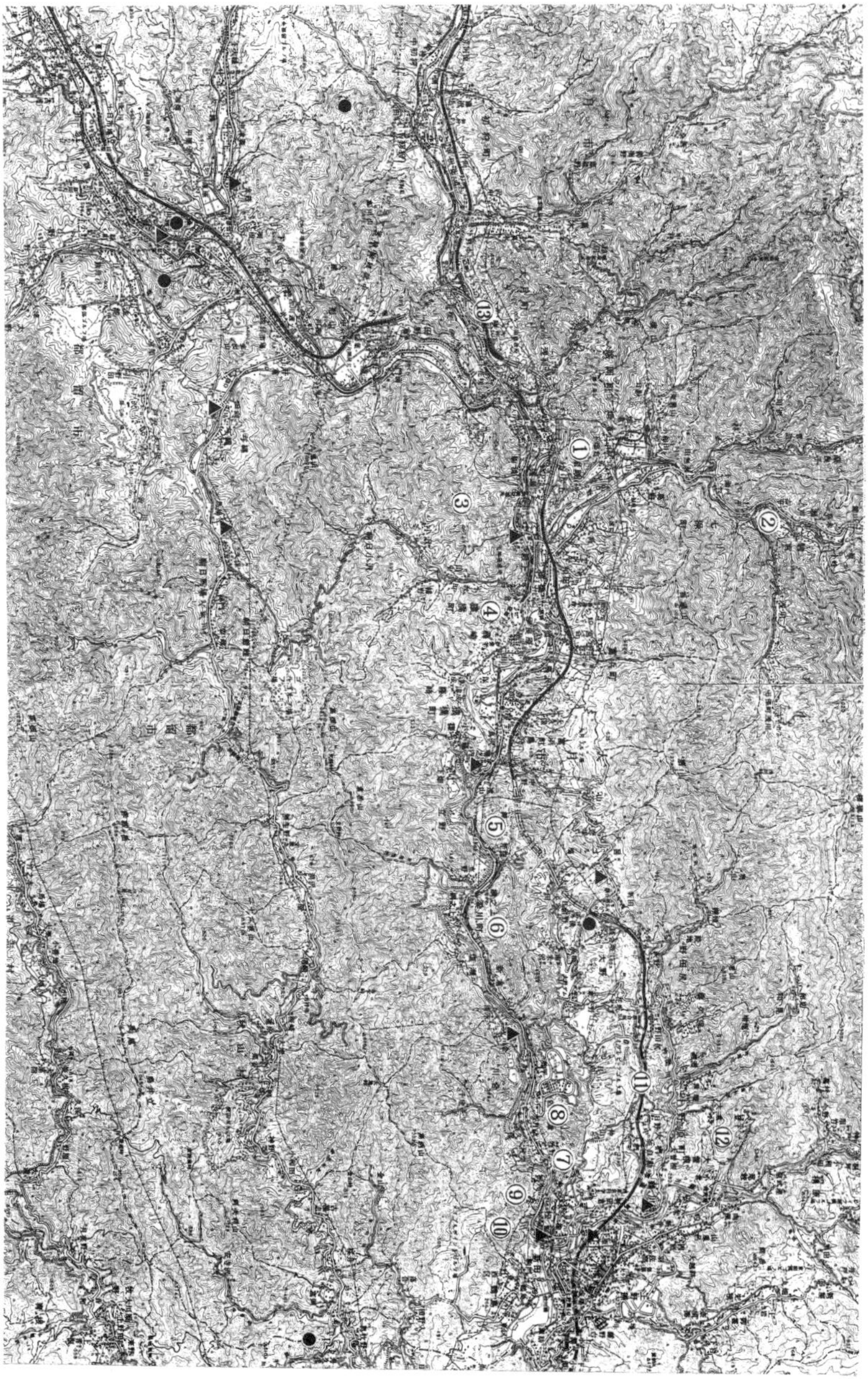

図3　岩殿城周辺の城郭　①岩殿城　②古宮砦　③駒橋御前山　④猿橋の城山　⑤斧窪御前山　⑥綱之上御前山　⑦牧野砦　⑧四方津御前山
⑨栃穴御前山　⑩鶴島御前山　⑪長峰砦　⑫大倉砦　⑬花咲鐘撞堂　●その他の城郭　▲館跡

定

落合の　　大師の　　小笠原の
　新左衛門　縫殿右衛門　助右衛門
小笠原の　百々の　　今宿の
　源次郎　四郎右衛門　新五左衛門
寺邊　　徳行　　曽根の　黒駒の
　孫右衛門　助右衛門　新七郎　新左衛門

右拾人岩殿令二在城一、御番御普請等無二疎略一相勤之由候条、郷次之御普請役被レ成二御赦免一候間、自分之用所可被二申付一之由、所レ被二仰出一也、仍如レ件、

天正九年辛巳　　土屋右衛門尉
　三月廿日（龍朱印）奉之
　　荻原豊前

この書状は、天正九年（一五八一）三月に荻原豊前の寄子、同心一〇人に対し、岩殿城の在番と普請を勤めあげたので、郷次の普請役を免除するという趣旨のものである。荻原豊前守は、荻原常陸介の子で、『甲斐国志』によれば小人頭十人の内、横目付衆[28]という。また、文書に見える諸士は、村名からして甲斐の国中の西郡と甲府・東郡方面に集中する傾向を示しているが、荻原豊前守はこれらの小名主層と思われる人々を従えて岩殿城の在番に入ったものと考えられるのである。

武田氏滅亡直前の天正九年三月の時期に、岩殿城の経営が多少なりとも武田氏の軍事的支配下に置かれていたことは確実である。このことから、「この段階になって、初めて武田氏が小山田氏の詰城である岩殿城を改修して活用しようとしたものであろうか[29]」とか、北条氏に備える拠点として岩殿城を位置づけて国中の諸士を配備したとして、「国中衆の郡内在番をも容認せざるをえなくなったところに、小山田氏および郡内地方が、武田氏の最末期、その領国下に組み込まれた姿を見出すのである[30]」、あるいはさらに発展させ、「これは、小山田氏の普請役に対する武田氏の補強、つまり挙国一致体制に拠った織田・徳川両氏への対応であると考えられる[31]」等々の諸説が提起されているが、衰退を余儀なくされ、韮崎新府城の築造を開始しようとするこの時期に、なにゆえに小山田氏の本城の在番を新しくはじめようとするのか、ただちに従いがたい見解であろう。むしろ、武田氏直轄の城に対する在番勤務の強化ととらえる方がはるかに自然と思われるのである。

国境警固の在番について、たとえば本栖近辺の場合、その付近の九一色衆や西ノ海衆、さらには郡内領の諸士にまで命じている例を述べてきたが、御岳衆・津金衆の場合も含め、普通地域在住の諸士が務めるのが一般的である。しかし、岩殿城の例は、はるか離れた国中方面の広い地域の諸士を集めている状況から、武田氏にとって極めて重要な戦略拠点であったことをうかがわせるのである。府中要害城を廃棄してしまった天正十年の段階においては、韮崎新府城に続く国内第二の城郭であり、その占地的特徴は籠城に最も適した城であったとする見解すら提起可能ではないだろうか。したがって岩殿城は、対相模方面の警固の要的な役割と、小山田氏に対する目付的任務を帯びて戦国大名甲斐武田氏直轄の重要な支城として経営されていたと考えるのである。『甲陽軍鑑』が述べる「信玄公御覧じ立られ候」の語句は、まさに信玄との直接的結びつきを示唆しているのであり、さらに吾妻、久能と共に関東三名城の一つとしてあえて称されるのは武田氏の城を前提にするからである。

最後に、岩殿城の築造の時期について、しばらく言及して見たい。『大月市史』が述べているように時期を直接的に示す史料は見当らない。しかし、岩殿城をとりまく多くの城館跡群の有機的成立とその要的存在をながめるとき、武田信虎が領国を統一し戦国大名に脱皮した永正年間以降であることは認めてよいと思われ、永正五年(一五〇八)の武田・小山田の合戦、同七年の武田・小山田両氏の和睦成立以後、比較的早い時期ではあるまいか。大永四年(一五二四)には信虎は上杉憲房と猿橋で対陣することにもなり、岩殿城の重要性はとみに高まったであろう。この頃(永正十七年)、猿橋もかけられ、大永七年には桂川に岩殿橋も架設されている。さらに国中府中においては、永正十六年の躑躅ヶ崎館築造、翌永正十七年本城要害城の着工、大永三年には湯村山城の築造と相次いでおり、こうした新しい気運に連動し軌を同じくして、岩殿城築造による郡内方面の守りの強化が企てられたのではないだろうか。

しかし、岩殿城はなにゆえに天正九年以前に諸記録にあまりあらわれてこないのであろうか。『甲斐国志』あるいは『甲陽軍鑑』をはじめ、『勝山記』にすら本城が登場しないのはなぜか。このことから岩殿城の本格的な築造の時期を、韮崎新府城とほぼ時を同じくする天正九年段階におく見解も一方では浮かびあがってくるのである。荻原豊前守らは在番のほかに普請をも担っていることもその理由の一つであるが、岩殿城に関わる重要な検討課題として今後に託したい。もちろん、たとえ天正九年の築城としても岩殿の地の立地的条件や軍事的要衝という利点を生かし、岩殿城の先駆的な施設として烽火台・物見等何らかの軍事的施設が存在し、天正九年以降にその性格を大きく転換した可能性も検討しなければならないであろう。

おわりに

郡内岩殿城の城主、経営主体者像をめぐる再検討から、岩殿城小山田氏本城説の蔭にかくれ、従来とかく見すごしがちであった岩殿城の武田氏直轄城郭説を大きく浮かびあがらせる結果となった。既に記述を進めてきたので再び繰り返すことはしないが、しかしなにゆえに小山田氏本城説が深く浸透し定着してしまったのか。根拠が薄いにもかかわらず『甲斐国志』以来の通説としてその枠を越えずに追随する歴史研究のあり方と姿勢は、そろそろ見直さざるを得ない時期に来ているのではないだろうか。

さて、天正十年（一五八二）の武田氏滅亡の年、織田・徳川連合軍の攻撃を目前に迎えた評議の折、武田勝頼の嫡子信勝は、「古府中にてもいずかたにも籠なさるべき処有間敷候。山小屋などへ入給はんより半造作の新府にて御切腹なされ候へかし」(32)と発言し、山小屋へ籠るよりも築城したばかりで未完成の新府城で果てることを主張している。しかし、結果的にはそれは入れられずに、小山田信茂・長坂長閑の意見をとりあげて郡内岩殿城に籠城することに決定した。

『甲陽軍鑑』の右の記述は、岩殿城が武田氏直轄の城とするならば自らの城郭に籠城しようとする勝頼の姿勢として容易に説明がつくのである。しかも、山小屋に逃げるのは恥辱だと主張する信勝の意見とも相入れることになり、岩殿城が関東三名城とうたわれる本格的な城郭として、再起をうかがうのに十分たるものであったことを示唆する『甲陽軍鑑』自体の意思とも合致することになるのである。

註

（1）『甲陽軍鑑』品第五十七。
（2）中沢信吉「中世　第二章　信虎時代の小山田氏」（『大月市史』通史篇、大月市史編纂委員会、一九七八年）。
（3）山梨県高等学校教育研究会社会科部会『山梨県の歴史散歩』（山川出版社、一九七六年）。このほか手塚寿男編『郷土史事典』山梨県（昌平社、一九七八年）にも同様のことが見える。
（4）石井深「逆臣小山田信茂とは」（『郡内研究』二、都留市郷土研究会、一九八八年）。
（5）五日市町立増戸中学校歴史研究部の夏合宿のしおり『小山田氏と岩殿城』（一九八八年）にも見える。
（6）鈴木美良『名城岩殿山と小山田氏』（一九八六年）。
（7）山本雅靖氏の伊賀地方における一連の研究が代表的である。
（8）『甲陽軍鑑』品第五十七。
（9）同右。
（10）『甲州噺』の巻之下。
（11）『甲陽随筆』上下二巻。上巻は『甲州噺』を補修したものといわれている。
（12）『甲斐名勝志』巻之五　都留郡之部中に見える。
（13）『甲斐国志』巻之五十四、古跡部第十六之下。
（14）『甲斐国志』巻之五十三、古跡部第十六之上。
（15）『甲斐国志』巻之九十七、人物部第六。
（16）中沢前掲註（2）。

(17) 大月市史編纂委員会『大月市史』史料篇(一九七六年)。
(18) 小林利久「岩殿城址行」(『甲斐路』一三、山梨郷土研究会、一九六七年)。
(19) 磯貝正義他編『日本城郭大系』八　長野・山梨(新人物往来社、一九八〇年)。
(20) 村田修三編『図説中世城郭事典』二(新人物往来社、一九八七年)。
(21) 窪田薫「都留郡勝山城を探る」(『甲斐路』三二、山梨郷土研究会、一九七七年)。
(22) 上野晴朗『甲斐武田氏』(新人物往来社、一九七二年)。
(23) 笹本正治「武田氏と国境」(地方史研究協議会編『甲府盆地―その歴史と地域性―』、雄山閣出版、一九八四年)。
(24) 柴辻俊六「小山田氏の郡内領支配」(『郡内研究』二、都留市郷土研究会、一九八八年)。
(25) 柴辻俊六「武田信虎の領国支配」(『甲斐路』二五、山梨郷土研究会、一九七四年)。
(26) 小峰裕美「小山田氏の郡内支配について」(『駒沢史学』二八、駒沢史学会、一九八一年)。
(27) 須藤茂樹「武田氏と郡内領に関する一史料」(『甲斐路』四六、山梨郷土研究会、一九八二年)。
(28) 『甲斐国志』巻之九十七、人物部第六、及び同巻之九十九、人物部第八などに見える。
(29) 註(17)に同じ。須藤前掲註(27)にも同じようなことが見られる。
(30) 堀内亨「武田氏の領国形成と小山田氏」(『富士吉田市史研究』三、富士吉田市史編さん室、一九八八年)。
(31) 小峰前掲註(26)。
(32) 註(1)に同じ。

[補遺]　岩殿城跡についてはその後、地元大月市教育委員会が主体となって総合研究が開始され、私もその一員として調査

研究に参画した。その一環として、城跡の一部が試掘調査され、多くの新たな成果を得ることができた。その一つとして、「馬場」と称されている地点から礎石をもつ小さな焼失建物が検出され、内部からは茶壺や天目茶碗、及び茶臼などが出土した。これらの状況から、この焼失建物は茶の湯に関連した施設であり、落城時に焼失したものであろうと結論づけられた。

本城は、『甲陽軍鑑』にも載るように、屹立した岸壁上の要害にあり、籠城に適した軍事専用の優れた城郭という評価が与えられているのであるが、こうした城郭であっても、茶の湯のようなハレの世界をもつものだと感じとった。戦国期の城郭については、いくさに明け暮れた荒々しい世界のようにとかくとらえがちであるが、そうした城郭観は早晩見直さざるを得ないであろう。

なお、岩殿城の城主をめぐってもその後、何人かの研究者から反論が出されたが、本稿は小山田氏の居館に対して一二㎞も離れた地点に詰城を営むことの是否から論を起こしている。「居館と詰城」論に関しては、別稿（本書第一編所収「居館と詰城」に関する覚書」）を発表しているので参照されたいが、おそらくこれほどの遠い場所に築かれた詰城では用をなさないものであり、『甲斐国志』以来の小山田氏本城説はやはり見直さざるを得ないであろう。

甲斐福泉寺城に関する一考察

はじめに

ここにとりあげる「福泉寺城《ふくせんじ》」は、一般にあまり知られていない甲斐国の城郭である。しかも、名前どころかその所在すら定かでなく、まさに幻の城郭とよばれてきたものである。

福泉寺城を最初にとりあげたのは山梨大学名誉教授の磯貝正義氏で、これまでいくつかの市町村史や報文のなかで当城に触れながら、さまざまな問題点や課題を整理されてきている。(1)そもそも所在すら不明である当城が着目されたきっかけは、『日本城郭大系』編纂時に広島市立図書館所蔵「浅野家絵図」（諸国古城之図）に収められている山梨県分の計六城の絵図中に、(2)郡内岩殿城、同勝山城、新府城、石水寺（要害城）、古府中（躑躅ヶ崎館）の著名な五城に混じって、「福泉寺」なる一種独特の雰囲気をもつ城郭が含まれていることを確認してからである。周知のように、他の五城はいずれも戦国期の甲斐国を代表する著名な城郭で、浅野家がとりあげるに相応しい規模と歴史性をもち、誰しもが十分納得できるのであるが、ことこの福泉寺城に関しては歴史背景はもとより、位置すら確認できず、爾来なにゆえに「浅野家絵図」にとりあげられていったのか、まことに不可思議な存在とされてきたものであった。

小稿は、幻ともいえる存在のこの福泉寺城について、所在地の確認と、城主や存続期等々といった歴史背景を探り、当城がもつ歴史性の一端を明らかにするとともに、「福泉寺城」絵図から見える中世城郭の世界を垣間見ようとするものである。

一　福泉寺城の絵図

福泉寺城の絵図というのは、冒頭に述べたように、「浅野家絵図」中に含まれている一枚の絵図である（写真1）。平行して流れる二つの大きな河川と、そのちょうど中間的な位置に、沼地に囲まれた島状のような、あるいは平城のようにも読みとれる空間が描かれた、大変にシンプルな構図の絵図である。「浅野家絵図」の古城分一七〇余枚のうち、このようなシンプルな構図の絵図というのは、三河の小坂井城など二、三の事例はあるが、きわめて少なく、この点も特異である。沼地に囲繞されているその空間が福泉寺城であることは明白であるが、河川や周囲に記されている地名などと比較すると規模は相当大きい。しかし少なくとも規模についてはとても実態に即して描かれているとは思えず、かなりデフォルメされていると見たほうがよさそうである。

沼地に囲まれた空間内部には、一種規格だった街路が描かれており、それに沿って大小一七の建物が存在する。全体の構図からすると、城郭というより、防禦化された寺院といった印象が強い。「浅野家絵図」なり、あるいはその絵図の元図であった原図なりが描かれた時期に、この城がすでに寺院化していたことを示しているのかも知れない。「浅野家絵図」中に、このように家々が書き並べられているものは他になく、この点も特異であり、あるいは「福泉寺城」を特徴づけるものとして、作者らが強調したものであったのかも知れない。「浅野家絵図」が採用した「福泉寺」の名称も、そのときの寺院名であった可能性がある。とはいえ、絵図を描いた最初の作者は、「福泉寺」の前身

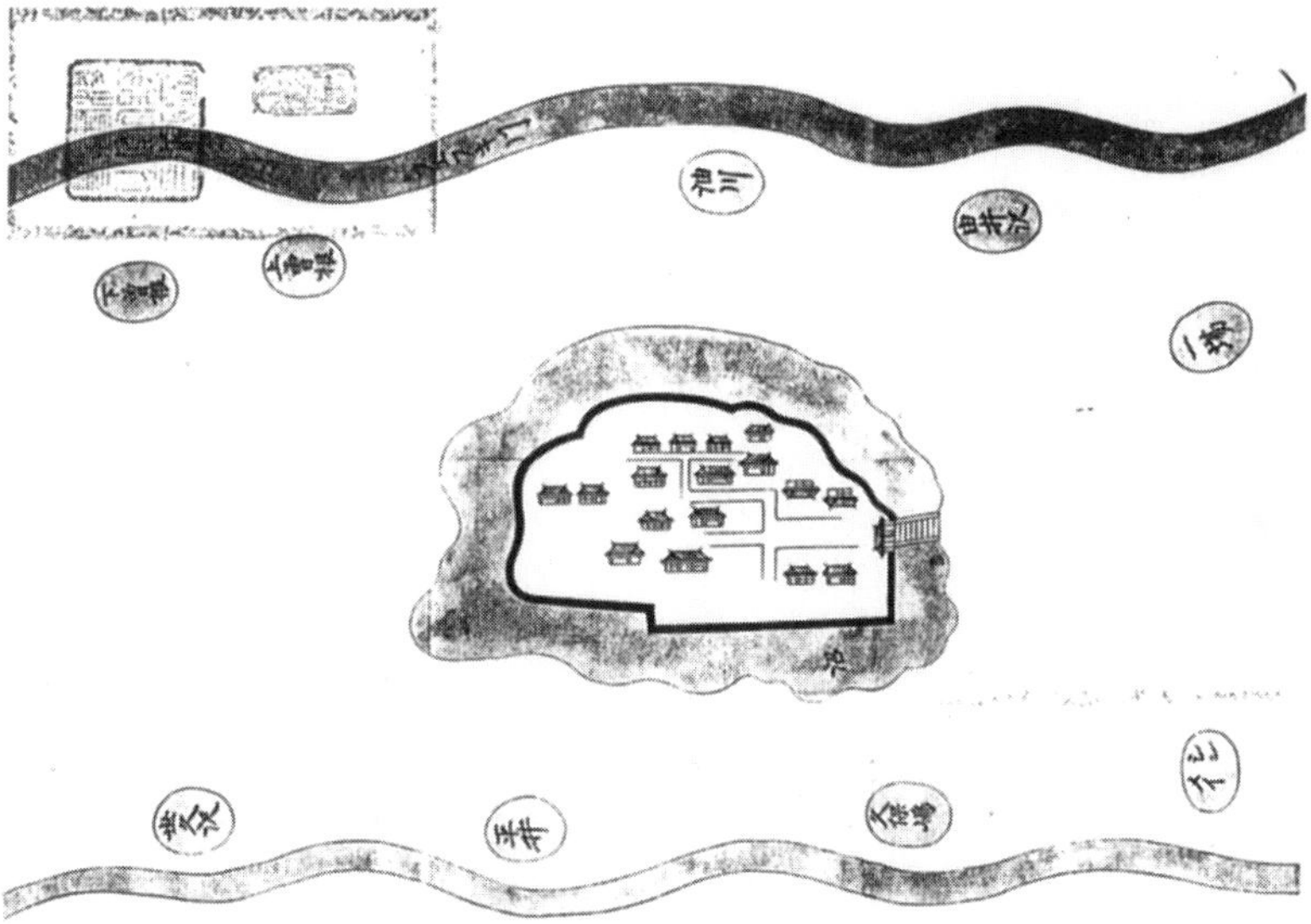

写真１　浅野文庫蔵『諸国古城之図』のうち「甲斐福泉寺」絵図
（広島市立中央図書館所蔵、撮影：青柳茂氏）

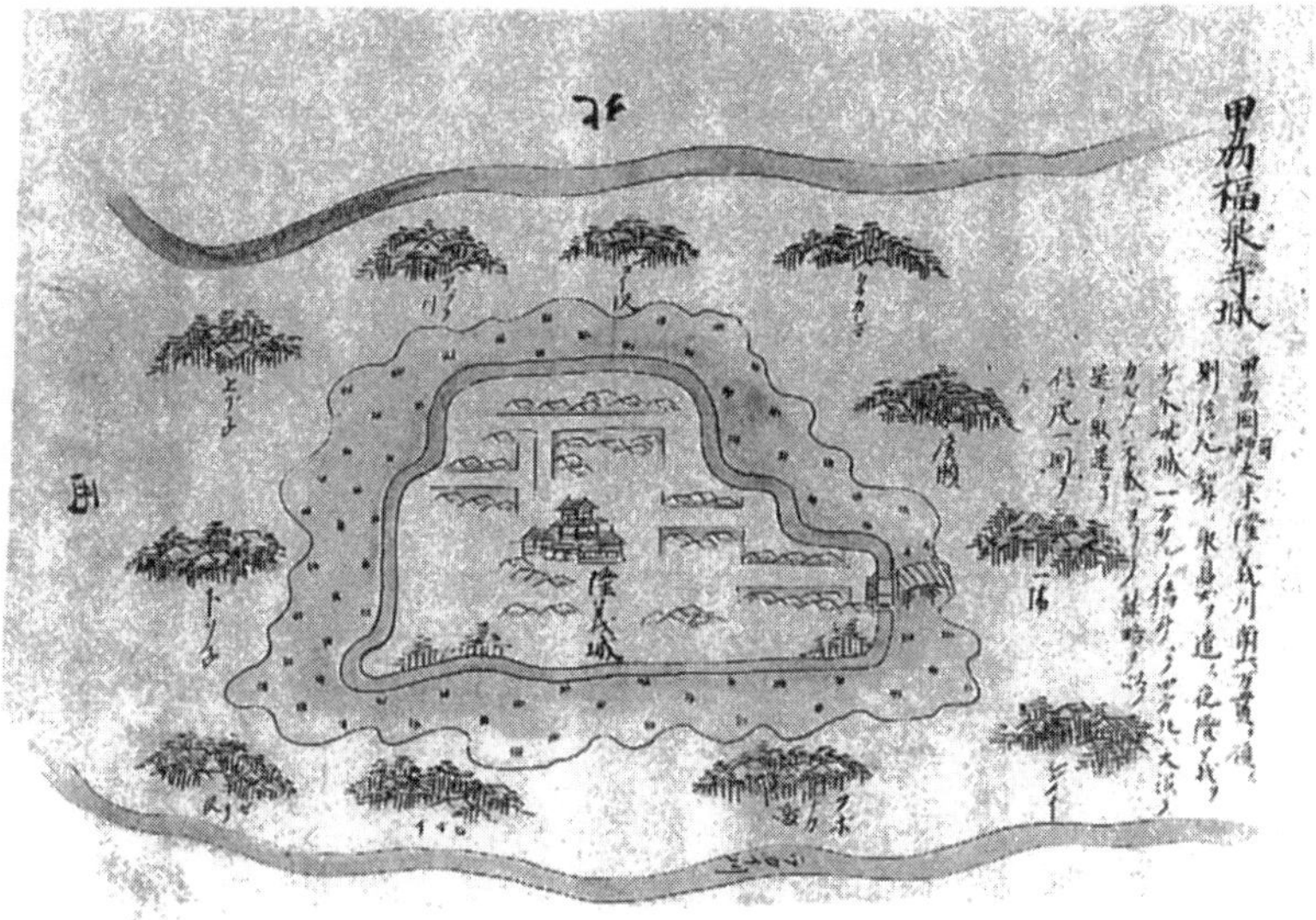

写真２　常盤歴史資料館蔵「甲州福泉寺城」絵図（撮影：青柳茂氏）

が、戦国期において、甲斐国内で重要な役割を果たした城郭であったことを十分認識していたはずである。「福泉寺」を描いた絵図は、じつはもう一点存在する。長崎県島原市の常盤歴史資料館が所蔵する絵図類のうちの一点である(写真2)。これらの絵図類は同資料館所蔵以前には、島原藩主松平家の菩提寺である本光寺が保管していたもので、現在同資料館には、このほかにも甲斐武田氏関連として「信玄陣屋之図」「甲州新府城之絵図」「諏訪原図」「諏訪之原城之図」「遠州小山図」などの絵図がある。いずれも武田氏領国内で武田氏が取り立てた城郭群の絵図である。武田氏の築城として著名なこれら城郭群に混じって「甲州福泉寺城」絵図が見られるのは「浅野家絵図」のあり方にじつによく似るが、このことは、これらの絵図が描かれた当時、「福泉寺城」なる城郭がなんらかの意味で、大名家や軍学者たちのあいだで、ある程度知られた存在であったことを示すものにちがいない。

二　福泉寺城の位置

二枚の絵図によれば、福泉寺城は、甲府盆地の東部に位置し、その一帯を南流する笛吹川の流域に所在していたことになる。絵図中に記載されている地名を追っていくとおおよその場所が特定できそうであるが、すでに磯貝正義氏が詳しく触れられているように、地名の位置関係に明白な間違いもあり、現行地名となかなか照応しがたく、残念ながらはっきりとした場所が比定できない。しかし、現在の甲府市東部から笛吹市石和町にまたがる辺りで、南方は旧中道町北部にかけての地域とおおまかに括ることはできよう(次頁図)。

常盤歴史資料館蔵絵図の「甲州福泉寺城」と「浅野家絵図」の「福泉寺」の両者に記される地名はほぼ共通しており、両絵図間に深い関連性があることがわかるが、前者の絵図中に記述されている地名をあげると、つぎのとおりと

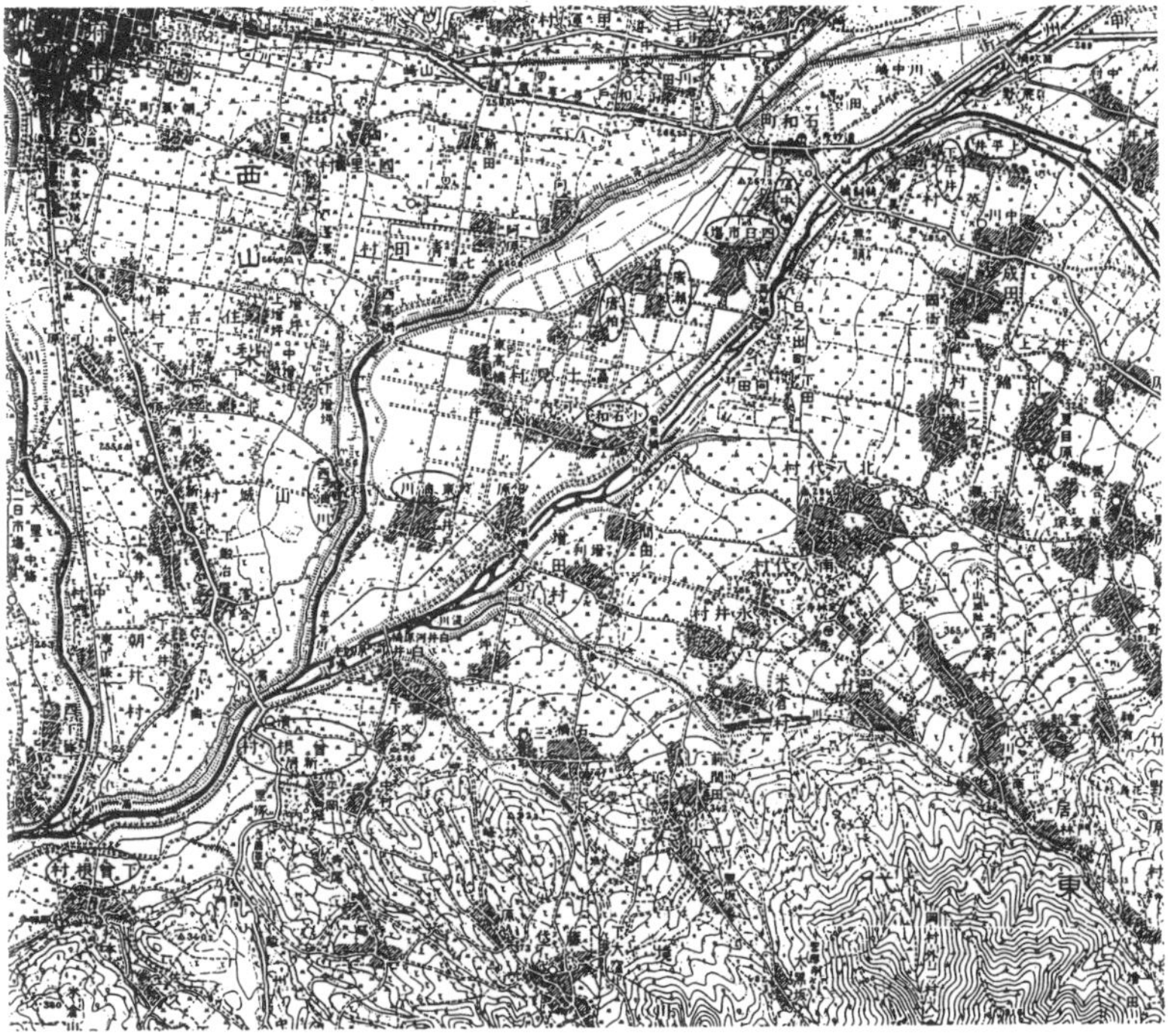

絵図に見える地名位置図
（明治 21 年測図、大日本帝国陸地測量部による地図を利用）

なる。

　市場・廣瀬・カラカシワ・コイ沢・アブラ川・上ゾ子・下ソ子・セリ沢・ヒライ・クボナカ□・シンメイ

　前者の絵図は、基本的にはこのように片仮名表記が多いが、後者の絵図の場合は「シンメイ」以外すべて漢字表記になっており、絵図作成上の違いがある。また、前者のみにみられる地名として「廣瀬」と「カラカシワ（唐柏）」があり、後者より詳しく説明されている。さらに、「コイ沢」は現行地名の「小石和」であるが、後者の「浅野家絵図」ではこれを「由井沢」（ユイサワ）と誤記したり、「クボナカ□」の場合も現行地名の「窪中島」のことであろうが、後者はなぜか「久保嶋」とし「中」の字を欠落してしまうなど、誤りも多い。両絵図を比較してみると、基本的な構図そのものはよく似かよるが、「浅野家絵図」には地名などに誤記が多く、常盤歴史資料館の絵図がより正確である。

そのほかの地名として、「下曽根」「上曽根」「油川」「平井」などがあるが、いずれも旧東八代郡中道町や笛吹市石和町・甲府市内に現在地名として存在する。「市場」はおそらく現在の笛吹市石和町四日市場を指しているのであろう。「世久沢」なる地名は現在付近に見当らないが、いずれ近辺の地名であったろう。「シンメイ」は「神明」のことで石和町窪中島の神明宮を指していると思われ、「浅野家絵図」ではこの記載だけあえて片仮名表記をしている。地名ではなく、神社名だからであろうか。

絵図によるこうした異同は、これらの絵図類がその時代、所蔵者間で盛んに書写され、しだいに誤記が生じていったことを示しており、地名表記をみるかぎり、「福泉寺城」の絵図に関しては常盤歴史資料館の絵図がより信頼がおけるということになろう。

それでは、絵図中に記されている地名などを手がかりに、福泉寺城がいったいどのあたりに存在していたのかを推察してみよう。

上方に描かれた河川の「フエフキ川」は笛吹川で、明治四十年の転流前の位置を流れている。下方の河川は、「浅野家絵図」には注記はないが、常盤歴史資料館の絵図には「ウカイ川」と記され、かつての鵜飼川であったことがわかる。福泉寺城はこの両河川に挟まれた場所に所在していた。福泉寺のすぐ上には「油川」、右横に「小石和」、下方に「平井」「窪中島」が見える。しかし「平井」と「窪中島」は位置関係が現状とは大きく異なり、そのままでは受けとりがたいが、福泉寺城のすぐそばに表記されている「油川」と「小石和」は、同城の位置を比定していくうえで一つの手がかりになろう。

「福泉寺城」の所在をめぐる先行研究ではすでに磯貝氏が克明に分析を重ねており、いくつかの候補地も提起されている。[3] 一つは、福泉寺なる寺院名から御坂町成田の浄土宗狐峯山福泉寺である。同寺は大正元年に九品寺に合併して現存はしていないが、寺院名と位置関係から有力な候補地とされた。

もう一つは、東油川にある曹洞宗油川山泉龍寺である。福泉寺の名は用いられていないものの、油川地内に存在するという位置関係に加えて、付近はかつて武田信虎と甲斐の国主の地位を争った叔父油川信恵の本拠と目されているところであり、同寺はその菩提寺でもあるという歴史性から、第二の候補地とされている。また同寺の開基は信恵の子の油川信友で、永正十一年(一五一四)に父の菩提を弔うために館跡に建立したといわれている。

絵図に描かれている付近には、「福泉寺」という寺院は存在しないが、城郭名にあえて寺院名がつけられ、構造的にも寺院のあり方に類似することから、油川や小石和付近にかつて存在していた寺院の寺域内が「福泉寺城」であった可能性がきわめて高く、磯貝氏が指摘されるように、泉龍寺は有力候補の一つであろう。

これらとは別に、油川地内で油川氏に深く関わり、相応の歴史を有する寺院がもう一か所存在する。油川寺である。この寺院は現在西油川地内に所在しているが、『甲斐国志』[4] 等によれば、かつては現濁川の流路内にあり、元禄十年(一六九七)の濁川改修に伴って替地が与えられ現在地に移転したのだという。天正年間(一五七三～九二)に創建されたという由緒も有し(『甲斐国志』)、油川氏関係の寺院とすることに大きな矛盾はない。

常盤歴史資料館及び浅野家の両絵図から、現段階では「福泉寺城」の位置をはっきりと特定することはできないが、しかし以上のように、おおよそ油川地内の寺院境内に比定できそうであり、その場合、先にあげた泉龍寺ないし油川寺をその有力な候補地としてとりあげることができる。なお、油川寺とする場合、「油」の文字が「福」と誤記され、「福泉寺」に転じていった可能性もある。

三　福泉寺城が絵図にとりあげられた意味

それではなぜ、福泉寺城は江戸前期頃の絵図にとりあげられ、描かれていったのであろうか。

江戸期以降、軍学が盛んになるにつれて、各藩各大名はきそって各地の城郭類を調べあげ、その結果、「浅野家絵図」や常盤歴史資料館の絵図などのような軍学や城郭に関わるさまざまな絵図類を生み出していった。「浅野家絵図」はそのなかでも最も精密かつ正確に描かれた優品としてよく知られている。(5) すでに先行研究によって明らかにされているように、こうした絵図類には武田氏関係の城郭は数多くとりあげられており、甲州流軍学の影響の強さが指摘されているが、そのなかで大方の絵図はその選定を首肯できるものの、この「福泉寺城」に関してはなぜとりあげられているのか不可解な点が多く、その理由をつかむことが必要であろう。

「福泉寺城」が絵図にとりあげられていったなぞを解く鍵となる興味深い一文がある。常盤歴史資料館の絵図に添え書きされた文章で、つぎのように記されている。

甲州国師之末隆義　川南六万貫ヲ領ス　則信虎婿ニ取息女ヲ遣ス　夜隆義ヲ打取　此城一方少シノ橋斗ニテ　四方トモニ大沼ヲ　ガゼメニ不成ニヨリテ　誅略ヲ以テ是ヲ取　是ヨリ信虎一国ヲ領(以下空白)

文章の流れからすれば、ここに見える隆義という人物が「福泉寺城」の城主ということになろう。絵図中にも「隆義城」と注記され整合しているが、しかしこの隆義がいったいどのような人物なのか歴史的には明らかでない。文章全体にも甲斐国の史実に沿わない内容が見られるが、全体を貫く文意から、隆義なる人物は武田信虎の領国統一時における抗争に深く関わっており、「福泉寺城」はその居城ということになる。上記の文末は中途で記述が途切れるが、おそらく「これより信虎一国を領す」とでも結ぶつもりであったのであろう。

武田信虎が家督を受け継ぎ自立していく過程で前途に立ちはだかった人物は、先に述べた叔父油川信恵であった。いくたびかのすさまじい抗争を重ねて、永正五年（一五〇八）の信恵側の敗退によって決着がつくのであるが、この戦いによって信虎は甲斐一国の統一を果たし、戦国大名としての立場を確立していくことになる。国主の地位をめぐる油川信恵とのこうした骨肉の戦いは、甲斐武田氏のその後の繁栄の基礎をなしたもので、歴史的にもきわめて重要視すべきものであるが、武田信玄の名声にかくれて信虎の事績がとかく疎んじられ、こんにちでは先の戦いはほとんど顧みられることはない。しかし、絵図成立期の江戸時代には、軍学の世界において予想以上にこの抗争は高く評価されていたのではあるまいか。「浅野家絵図」中に採用されている城郭というのは、目立った戦歴をもっている城ばかりであることはすでに指摘されてきた点であり[6]、「福泉寺城」絵図が他の著名な城郭群と肩を並べて描かれた理由はそうした歴史性にあったのであり、存在意義もそう読みとるべきであろう。

四　絵図からみえる中世城郭の世界

「浅野家絵図」と常盤歴史資料館の絵図は、すでに繰り返し述べてきたように、構図はきわめて共通している。沼沢状の堀をめぐらし、内部には規格化された街路が設けられ、多くの建物群が並んでいる。環濠集落にも類似する形態をとり、甲斐国内では他に見当らないものである。構造からおそらく、低湿地帯に占地しているのであろう。自然の沼沢を防禦に最大限利用している点に、「福泉寺城」の最大の特徴が見いだせる。

甲斐一国統一前後の信虎期に、このような立地形態を見せる城郭が甲斐国内にはいくつか存在する。その一つは、甲西町戸田に所在する富田城(7)である。この城は、甲府盆地西縁に割拠した国人大井氏の居城といわれており、永正年間から大永年間にかけてしばしば戦いに利用されている。駿河今川氏の甲斐侵攻時にもここが今川方の拠点となり、『塩山向嶽禅庵小年代記』大永元年（一五二一）条に「二月廿八日駿州勢出張河内九月初六日於大嶋一戦味方失利同十六日富田之城落居」、『高白斎記』に「十六日乙丑亥富田落城」と見えるように、落城した様子が伝えられている。

富田城の確実な位置の比定はできていないが、釜無川と滝沢川が形成した氾濫原の低地に立地しており、「福泉寺城」によく似る占地形態をとる。これより先の永正十二年（一五一五）、ときの国主の武田信虎は反旗を翻した大井氏を攻めたが、城をとりまく深田に足をとられ、散々な目にあっている。『勝山記』に「皆深田ニ馬ヲ騎入テ無出打死畢」と見え、この折の戦況が伝わっているが、この当時の城郭が低地に構えられ、対騎馬にこうした沼沢などが大きな役割を発揮したことがわかる。

「福泉寺城」に近い旧中道町の勝山城もほぼ同様な占地形態をとる。笛吹川左岸の低湿地上に占地し、周囲を深田に囲まれた小山上に城郭を構えている。周囲との比高差はなく、防禦性に見劣りがするが、おそらく信虎期にはこれで十二分の役割を果たしていたのであろう。この勝山城は、武田氏滅亡後の徳川氏に至るまで、さまざまな戦いにたびたび利用され、軍略上きわめて重要な城郭であったが(8)、こうした占地形態をとる城郭が甲斐国内統一前夜の一六世紀初頭に大きな役割を果たしていたことがよくわかろう。

両絵図の「福泉寺城」は、出入口が北東を向き、橋が架けられていて、一か所である。通常であれば、南側に設けられるはずであろうが、これは当城が北東方向を意識している証拠となろう。この当時、敵対していた信虎側はここより北東の山梨市ないし石和近辺を政治的軍事的本拠としていたのである。

おわりに

「浅野家絵図」にとりあげられている「福泉寺城」は、磯貝正義氏の問題提起以後これまで永いあいだ、その所在する場所、城主、さらには築城時期など、関連するさまざまな内容がまったく詳らかでなく、甲斐国内の城郭研究に関わる者たちの間では、つねに頭の片隅から離れない気にかかる存在となっていた。いまもなお、それらの多くの疑問は残されたままではあるが、しかし今回紹介してきた常盤歴史資料館の絵図の出現は、「福泉寺城」の存在の意味をあらためて考えさせてくれるよいきっかけとなった。

小稿では、いままでの積み重ねられてきた研究史をふりかえりながら、同城の位置の比定と城主に対する考察、また江戸期になってなぜ同城が城郭絵図中にとりあげられてきたのか等々の歴史性について若干の考察を加えてみた。もとよりそのほとんどが、いわば推察の域を出ず、すっきりとした解答を見いだしたものではないが、「福泉寺城」解明へのささやかな道筋の一端が開けたのではないかと考えている。

おそらく今後も、「福泉寺城」に関する新たな歴史史料が発見され、さらに深く突っこんだ考察が可能となるときがくるのであろうが、小稿がそれらの叩き台の一つにもなり得たらまことに幸いであると考えている。

なお、小稿を纏めるに際し、武田氏館跡関連絵図の調査に共にあたった史跡武田氏館跡調査団の調査員各位や、写真家の青柳茂氏、及び甲府市教育委員会等の関係機関から多くのご教示とご協力をいただくことができた。また、「浅野家絵図」及び常盤歴史資料館の絵図の掲載にあたっては、所蔵者である常盤歴史資料館及び広島市立中央図書館からご快諾をいただくことができた。末筆となって誠に恐縮であるが、衷心より厚く御礼を申しあげるしだいである。

註

（1）　磯貝正義「第二節 南北朝・室町時代の甲斐と石和」（『石和町誌』第一巻、一九八七年）。同「城館跡研究の現状と福泉寺城」（『山梨県史だより』四、一九九二年）。

（2）　磯貝正義他編『日本城郭大系』八　長野・山梨（新人物往来社、一九八〇年）。

（3）　前掲註（1）の『石和町誌』のなかで、「福泉寺城」の候補地があげられている。

（4）　松平定能編、文化十一年（一八一四）に編纂が完了した甲斐国を代表する地誌。

（5）　北垣聰一郎「中世城郭における縄張図をめぐる諸問題―豆州山中城について―」（『橿原考古学研究所論集』一〇、一九八八年）。

（6）　矢守一彦「浅野文庫蔵『諸国古城之図』について」（『浅野文庫蔵諸国古城之図』、一九八一年）。

（7）（8）　註（2）に同じ。

〔補遺〕　本稿は、浅野家絵図中に甲斐国内に関わる城郭の一つとしてとりあげられている「福泉寺」なる城郭について論じたものである。同絵図中には甲斐国内では六点の城郭絵図が収載されているのであるが、この「福泉寺」以外はいずれも甲斐を代表する城郭として著名なものばかりである。にもかかわらず、それらに混じって、築城者や築城年代はおろか所在すらわからない不可思議なこの城郭がとりあげられている意味は何か、本論考の出発点はそこにあった。最近まで同種の「福泉寺」絵図が発見され、普遍性がそれなりに確認されており、絵図が書かれた近世には、かなりの存在感があったことは否定できない。

この「福泉寺」の絵図中には近在の地名などが記載されており、おおよその所在はつかめそうであるが、それよりも何よりも、この城郭がとりあげられた意味の方が大きそうである。本論で得られた結論の一は、この絵図のもつ歴史性である。この種の軍学絵図は、規模や縄張の優れた点も選定の対象にはしているが、同時にそれらの城郭が内在している歴史性にも鋭い目を向けているようである。

終章　中世城館研究の課題と展望

はじめに

中世城館の研究は近年、考古学・文献史学・城郭史および歴史地理学の各分野の学際的研究によって、より一層さかんな様相を示している。しかもここ数年、中世城館を視座に据えた意欲的な論考が相ついでおり、中世史研究のなかでも大いに活況を呈した分野となっている。

城郭研究者だけでなく、考古学・文献史学両学の研究者の参画を得て、中世城館を全国的な視野から通覧し、学問体系への組み込みを可能としたのは、おそらく一九八〇年前後に刊行された『日本城郭大系』(1)が直接的な契機となろう。この編纂には、考古学・文献史学・城郭研究者の三者がそれぞれの立場から調査・執筆陣に加わり、それまでの成果を集大成するとともに、今後の研究の方向性を展望したことに大きな意義がある。しかし、この『日本城郭大系』編纂時での調査研究は、三者三様の独自な立場で参加したにすぎず、この段階で学問上の真の協同的作業が成立していたとはいいがたい。また、群馬県編のように、城郭研究の第一人者として名高い山崎一氏個人の力量で県内全域がまとめあげられるなど、個人的研究の様相も少なからず残されていた。

一方、ここ十数年の中世城館に対する考古学調査の成果の蓄積はすさまじく、中世考古学のなかで中心的研究領域としての地位を築きつつある。しかし、これまでの城郭研究者を中心とする研究蓄積を十分に吸収しながら、発掘調査に反映し、さらに考古学による城館研究の独自の方法論を確立して今後の研究に対する新たな展望を開き得たか、はなはだ心もとない状況である。

ここでは、これからの考古学による中世城館研究はどうあるべきか、かかえる問題点や課題は何なのかを模索するとともに、考古学・文献史学・城郭史さらに歴史地理学等も含めた諸学による学際研究のあり方を考えてみようとするものである。

一　考古学研究と中世城館

中世城館に対する考古学の調査研究は、決して新しい学問領域ではなく、一九六七年から開始され、中世城館や戦国都市研究に画期的な成果をもたらした福井県一乗谷朝倉氏遺跡の調査に代表されるように、すでに永年の蓄積をもつ。また、先駆的に見れば、大類伸・鳥羽正雄両氏が著わした日本城郭研究史上、不滅の書ともいわれる『日本城郭史』(2)や『考古学講座』の「城郭及び城址」(3)のなかで、研究上の視点とともに中世城館に対する考古学研究の重要性が説かれた一九二〇〜三〇年段階にさかのぼろう。より早い記述となった後者において、次のような興味深い指摘も行われている。「……而して個々の城址乃至城郭の考古学的研究こそは、実に其等の研究の第一歩であり、其の基礎的研究といはなければならない。従って城の考古学的研究に於ても、個々の城址乃至対象物たる城そのものの研究のみに止ることなく、更に一歩をすすめて、其等の内に含まれた各時代の文化をも考察し、之を明かにする事を念頭に置て取りかかるべきであらう」、さらに「城郭の研究には猶又城址附近の河川・沼澤・掘割・山岳丘陵に於ける削平地・道路等も、ともに注意せらるべきであり、神社・寺院・村落・都邑・港湾等までも参考として大いに注意を払はなければならない」と述べながら、建築物や古文書、絵画さらには口碑・伝説・地名などにも目を向けた総合的な城館研究のあり方をすでにこの段階で提示されているのである。これは、今日の城館研究にも十分通用するもので、中世城館の本質を見極めつつ、それに対する考古学研究の方法論を明快に論評したものといってよい。

ここでいう、考古学的研究法の具体的内容とは、狭義の意味では、かつて坂詰秀一氏が「館・城郭跡の調査と研究に考古学的な方法、すなわち、館・城郭を発掘調査して究める、という方向[4]」と論じたように、考古学研究での最も基本的な方法、すなわち発掘調査という手続きを経て史料化を図ることをいい、その成果として「築造年代の初現と展開と滅亡が具体的に把握され」、より確実で具体的な資料が得られることをいうのであろう。考古学が、遺構・遺物という考古資料を通して社会を復元していく学問であることは、かつて浜田耕作氏が「考古学は過去人類の物質的遺物(に拠り人類の過去)を研究するの学なり[5]」と述べたときから一貫して不変的な立場であり、そのために対象となる遺跡からできるかぎりの情報を読みとることが最も大事で基礎的な作業となっている。この作業過程において有効的な方法とは、考古学の発掘調査であることは、贅言を要しないであろう。

多くの成果をあげてきている福井の一乗谷朝倉氏遺跡をはじめとして、北は北海道の勝山館、東北地方の浪岡城や根城など、考古学の発掘調査はこれらの遺跡群の本質的解明と、より鮮明な中世社会像を描くための豊富な情報をもたらしてきたのである。遺構と出土遺物をとおして、館や城下での人びとの具体的な日々の暮らし、信仰、生活用具などの生産、さらには流通、それらに内在する階層性の問題に至るまで、考古資料は寡黙どころか、大いに雄弁に語りかけてくれるのである。また、坂詰氏が述べた、城館の初現と展開、滅亡の過程といったような変化の把握は、考古学が最も得意とする方法の一つである。山梨県の勝沼氏館跡も、一九七三年から取り組まれてきた発掘調査によって三時期にわたる変遷が判明し、各時期における建物構造などの解明へとさらに検討が進められているが[6]、こうした成果は考古学調査の対象となった城館では、類例にことかかない。

このように、年々発掘事例が増加し、考古学調査の成果が積み重ねられていく現状にあっても、考古学独自の立場から中世城館研究に深く関わった論考は驚くほど少なく、日本考古学の体系の中にしっかり根をおろし、五味文彦氏が指摘するように[7]、考古学独自の中世像を描くには、なおしばらくの猶予と一層の努力が必要とされている。全国に数万は下らないといわれ、中世史研究上欠かすことのできない中世城館に対して、なぜ考古学研究者の取り組みが遅れ、あるいは消極的なのか。先の坂詰氏が、「城館跡の調査は〝城郭研究者の縄張り〟とでもいった風潮が一部に存するとすればそれはきわめて憂慮すべきことである。遺跡・遺物を対象とする考古学が一つのジャンルとして中世考古学を確立せんとする動きがあるが、それには城館跡への関心なくして成りたたないであろう[8]」と強い警鐘を鳴らしたことが、今さらながら思い出されるのである。

その原因はきわめて複層的であるが、考えられるままにいくつかあげて見ると、その一つは、中世城館そのものに要因があるのではなく、文献史学を中心に堅固な学問体系が構築されている、いわゆる歴史時代に踏み込むことへの、考古学側の消極的な姿勢のあらわれと見ることができる。日本考古学は永い間、原始・古代を研究対象の中心に据えて学問体系が育まれ、その流れは、戦後の考古学全盛の時代に至ってさらに顕著になっている。むしろ戦前では、仏教美術に対する考古学側の取り組みの充実や、後藤守一著『日本歴史考古学』[9]に端的に示されているように、きわめて多角的な課題と問題意識が存在し、はるかに活況を呈していた感すらある。その消極的姿勢の根底には、文献史学のいわゆる補助的な学問に陥ることへの危惧感が、今だにひそんでいると指摘できないか。

いま一つは、城郭研究者の研究蓄積、とくに縄張研究に対する拒否的反応である。それは、歴史学の研究者のなかでは最も作図を得意とする考古学研究者が、城館の縄張図作成には容易に手を出さないことに暗に示されていよう。考古学は、遺構・遺物のするどい観察力と分析を前提として成り立つ学問であり、その過程には発掘という方法が伴い、その手続きを経てから遺跡の全体像を考古資料として活用する。それに対し、縄張研究の基本は、表面観察による縄張図作成・史料化という、いわゆる遺構論を主体にしており、史料化の方法と内容が大きく異なるのであって、考古学研究者の多くが今だに縄張図に近づけない要因となっている。

このほか付け加えるならば、考古学による城館研究には、いわゆる「学会」がないこととも無縁ではなかろう。そのために、学問体系の中に城館研究の方法論が成熟していないこともあって、研究者層の希薄さが生まれているのではないか。

二　深まる城館像

『日本城郭大系』の刊行と時を同じくして、編修者の一人であり中世城館研究の牽引力となって精力的な研究を進めている村田修三氏は、「中世の城郭遺跡を地域史と在地構造分析の史料として活用すること」(10)の重要性を指摘し、各地の城館調査資料が累積していく状況をふまえてこれを歴史資料としてどのように活用していくか、研究の視点と方向性を提示した。これ以後、城館研究は、千田嘉博氏・福島克彦氏らによる織豊系城館を中心とする縄張論、(11)齋藤慎一氏らの領主権力と領域論、(12)村田修三氏らの城館から導かれる地域性の研究(13)など精緻をきわめる研究が相ついでいる。また文献史学の立場からは、市村高男氏・小島道裕氏らにより、城館と城下を一体的にとらえた城下町論の展開(14)など、いまや中世城館研究はかつてない学問的昂揚期に入ったといえる。(15)

　ところで、以上の研究に共通している点を概括すると、研究の素材が、中世でも後半の戦国期ないし織豊期に集中し、分析対象の城館も、大規模で縄張にすぐれた著名なものが選ばれる傾向がある。古文書・記録類が遺存し、城館自体も良好に保存され、資料的価値が高ければ当然のことであろう。また、あえて指摘するならば、発掘調査を経て史料化された中世城館が、研究材料として十分活用されていないという現象が見られる点もある。中井均氏も指摘するように、年間一○○点以上の城館跡関係の調査報告書が世に出され、多様な成果をもたらしている考古資料が、なぜ城館研究の資料として活用されないのだろうか[16]。多くの文献史学者や城郭研究者から指摘を受けているように、一面では報告書の理解しにく

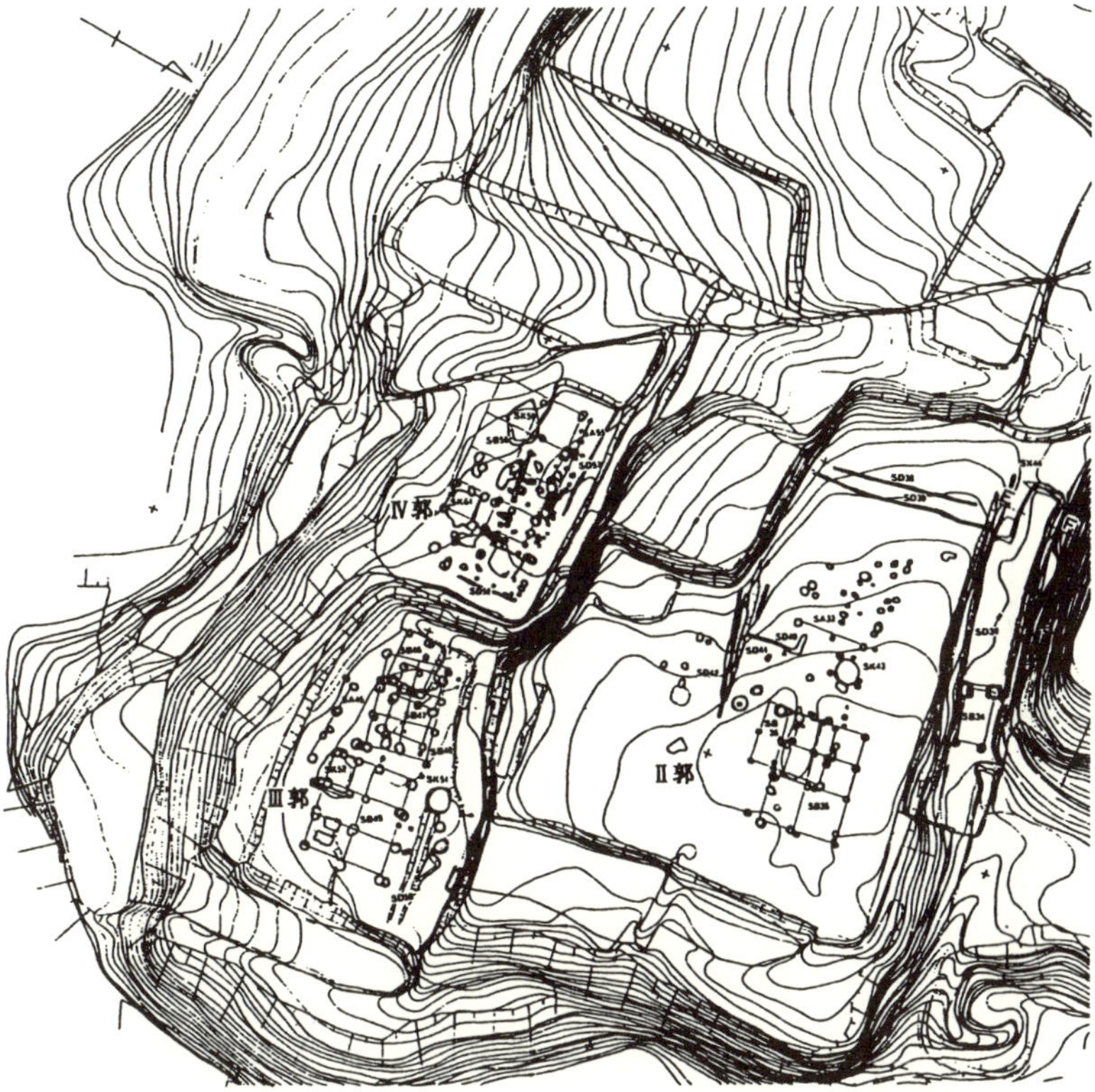

図１　菊永氏城跡遺構図（阿山町教育委員会他『菊永氏城跡発掘調査報告』より）

さにも原因はあるのだろうが[17]、それ以上に、中世城館の特質を的確に把握した内容構成と成果の抽出ができていないことがあろう。もちろんこれは、現在の考古学調査の多数が学問的欲求からではない緊急的な調査であって、研究の動向に乗り時宜を得た資料提示が少ない、という考古学上のきわめて今日的な問題にも帰結してくる。

しかし、考古学の調査成果が、今後の城館研究に大きな影響力を及ぼしていくことは、次の事例から見ても明らかである。

ここに示すのは、三重県伊賀市に所在する菊永氏城跡の事例である[18]。

菊永氏は、『三国地誌』に、「菊永氏堡　按、服部出羽掾の弟菊永右近太夫之に拠る。菊永兵部兵衛を以て世に鳴る朝鮮の役戦死す」と見え、この地域の在地領主の一人として割拠し、豊臣氏の時代に朝鮮へ出兵したことがうかがえるが、それ以外の内容は詳らかになっていない。この城は、一九七七年刊行の『三重の中世城館』[19]の記載によると、郭内は三〇×二五mの広さで、四周に土塁と堀を有する単郭の形態をとるが、築城の時期、全体の規模などは不明のままである。続いて刊行された『日本城郭大系』第一〇巻[20]でも、この内容を踏襲し、ほぼ同一記載になり、単郭形式の城跡としての位置づけを大きく出ていない。しかし、一九八七年から開始されたこの城跡に対する発掘調査は、この認識を大きく変更するものであった。

詳細は報告書に譲ることにするが、城館構造は、従来から考えられていた単郭形式ではなく、主郭を中心に「扇状に東西最大一四〇m、南北最大一五〇mに及ぶと推定されるに至」るというきわめて規模の大きい複郭形式であり、また注意すべき点は、腰郭状遺構と考えられていた平坦地が改めて空堀と認定し直されている点であった。地表面観察によって郭周辺にめぐらされる帯郭と考えられていた細長い平坦地が、発掘調査により横堀に訂正される例は、近年では山梨県南部町葛谷城や富士吉田市の吉田城山でも見られ、しばしば指摘されるようになった[21]が、ここでも新たな遺構として検出されるに至ったのである。主郭のほか調査の対象となった三つの郭で確認された建物跡は合計一一棟、すべて掘立柱建物であり、規模の大小から主屋や付属的建物と区分されている。二期以上の建替も予測され、これらは時期的連続性をもつ。郭の性格を考えるうえで井戸の存在は興味深いが、菊永氏城跡の場合、主郭内に素掘りの井戸が一基しかなく、このことから井戸の存在しない他の郭は主郭に従属的であり、主郭を中心とする求心的郭配置になっていることを明らかにした。出土遺物はそれほど多くはないが、多様な様相を示し、これから築城の時期を一六世紀前半、廃城を十六世紀後半と考えられるようになっている。

菊永氏城跡のような調査事例は、近年増加の一途とたどっており、中世城館の研究にますます豊かな情報を提供してくれている。その情報は、郭の構造ばかりでなく、建物跡などの具体的な遺構や、日常の生活の実態、経営年代など広範囲にわたり、これによって多角的な視座から中世城館を把握し、城館の本質的性格にかぎりなく近づくことを可能にした。青森県の浪岡城の調査を継続して行い、多くの研究成果を発表してきた工藤清泰氏が、郭の意味について素直な疑問を呈するようになったのも、考古学調査のなかから得られた実感であったのだろう(22)。

三　中世城館研究の新たな潮流

今日のすぐれた中世城館の諸論考は、すでに指摘したように、大規模な城館を研究対象に選びやすい傾向をもっている。これは、松岡進氏が、「戦国期の領域権力にとって軍事と政治は不可分であったという認識に基づいて、城館の軍事的特徴を同時に政治的内容をはらむものとしてとらえ、縄張図による個別城館遺構の把握とそれらの組成する城館群の体系の検討とを通じて、権力体の構造とその展開過程を追求する」と端的に表現しているように(23)、権力構造や政治構造を追究することを中心課題においているからに他ならず、そのために中世城館が内在している権力的・軍事的機能を重視して研究素材を抽出することになる。このことは、村田修三氏のいう「城を城たらしめている独自面、つまり住居一般・集落一般と区別させている特殊な面は軍事面である。この点ははっきりさせておかないと、城郭という概念が成り立たない(24)」という指摘に相通じていくものであろう。

このような城館研究の方向性に、率直な疑問を投げかけ、領主権力ではなくむしろ村落との関わりを重視して新たな城館論を展開したのは、横山勝栄氏であった。氏は、とくに研究素材として新潟県内の小規模城館をとりあげ、それらに内在する諸要素が軍事・権力構造とは大きくかけ離れていることを指摘したが、それは、最も初期の段階に発表された「新潟北部の中世小型城郭について」[25]のなかで述べられている以下の言葉に集約されているといってよい。あらゆる予見あるいは予備認識を全く排し、城郭の在り方を大地域内に見てゆく場合、いわゆる城郭というものの果した役割、歴史的使命は戦時用施設という側面だけの強調で充分であるか、あるいは居館と対をなす詰めの城という解釈は公理視されて然るべきか、そこに疑問の余地は見出されないのか、山城の大小は中核をなす大型の城郭と衛星的小城郭という見方でいいのか、あるいは個々の城郭に特定の所有者を比定し、その所有者と関係者の拠点地視する見方に妥当性はあるのか。

横山氏はこののち、小規模城館に対する考え方を披瀝する一連の論考[26]の中で、一貫してこの見方を堅持していったが、その根底にあるのは領主権力側から見た城館論ではなく、村や民衆の側から城館を見つめ直すという新たな視角であった。圧倒的多数を占めながら、ややもすると城館研究の枠外にとり残されがちであったいわゆる小規模城館に焦点をあて、城の本質をめぐる研究の素材にまで導いた功績はまことに大きいものがある。これに先行して、文書記録類に登場する「山小屋」をめぐって熱い論争も起きている。井原今朝男氏・笹本正治氏・小穴芳実氏らによる、いわゆる山小屋論争[27]で、小規模城館に類別される山小屋は、「幼弱被官、地下人、百姓ら」が籠る簡略な城館であって、城館間の階層的格差を見いだそうとした井原氏の見解[28]に対して、笹本氏は「戦乱から避難するためだけに山中に建てられた小屋」というアジール論を展開[29]、ここでもまた、小規模城館の性格をめぐるひとつの議論が開始された。こうした研究の時流を一層発展させたのは、井上哲朗氏・藤木久志氏らで、「村人が自らの生活と生産を守る「自立した村の山小屋」「百姓持タル城」」という、いわゆる村の城論を提示した[30]。

これら一連の小規模城館に対する研究は、大規模ですぐれた城館の中に権力構造を見いだそうとする潮流と相対立するような方向性を生み出し、中世城館の本質に、多様な要素を求めようとする気運をつくったのである。また、市村高男氏が整理するように、「民衆にとって城郭とは何であったのか」、「城郭の本質を軍事的構築物としての側面に求める見解は、根本的に再検討を迫られた」という認識も生み出していったのである。(31)

横山氏が事例としてとりあげた小規模城館の第一の特徴は、「在地居住者にとってその存在が常時、不断に視覚され、意識される性質のものであり、一六世紀半ばにおいては集落形成の構成要素としての位置を有し(32)」、そして「集落から仰視される位置にある(33)」点であり、集落との結びつきがきわめて強調されている。この特徴的な要素によって、氏は小規模城館を、「集落に付随し、在地集落在住者によって構築され、維持、管理され、多くの場合、戦闘行為以外の集団で行動する機会に集合し、集会し、あるいは避難し逃避する場面で主として使用される施設としての性格をもった場としての側面にこそ存在意義を認めなければならない(34)」とし、きわめて日常性の強い施設ととらえたことに、今までの城館研究とは大きく異なった視点がある。

山梨県の山間地域には、こうした小規模城館はかなりの数が認められ、戦国大名武田氏や有力国衆の築造した城館とは、規模・形態などに明らかな差異を見せている。次に掲げるのは、中世の時代、信濃の川上口に抜ける主要街道穂坂路に沿って点在する小規模城館の事例である(図2)。北杜市須玉町の塩川沿いにある大渡・比志・塩川・神戸・和田の各集落の背後の、いわゆる裏山的な場所に小規模城館は立地し、まさに集落から仰視する位置にある。横山氏が述べるように、村びとからは常に視覚されていたのであろう。これらの城館は、位置関係から見れば、逃避の場となるような深山や高山に存在するのではなく、規模からいっても多数の村びとを収容するだけの空間地はもたない。軍事的性格は、簡略な土塁、帯郭、竪堀や堀切などわずかな防御施設に見るのみである。最近、この中のひとつである前の山の烽火台が発掘調査されたが(35)、とくにきわだった遺構類は見当らず、主郭に推定される平坦地とそれらをめぐる帯郭のほか、遺物はまったく検出されていない。かつてこのような小規模城館の二、三の発掘事例をあげながら

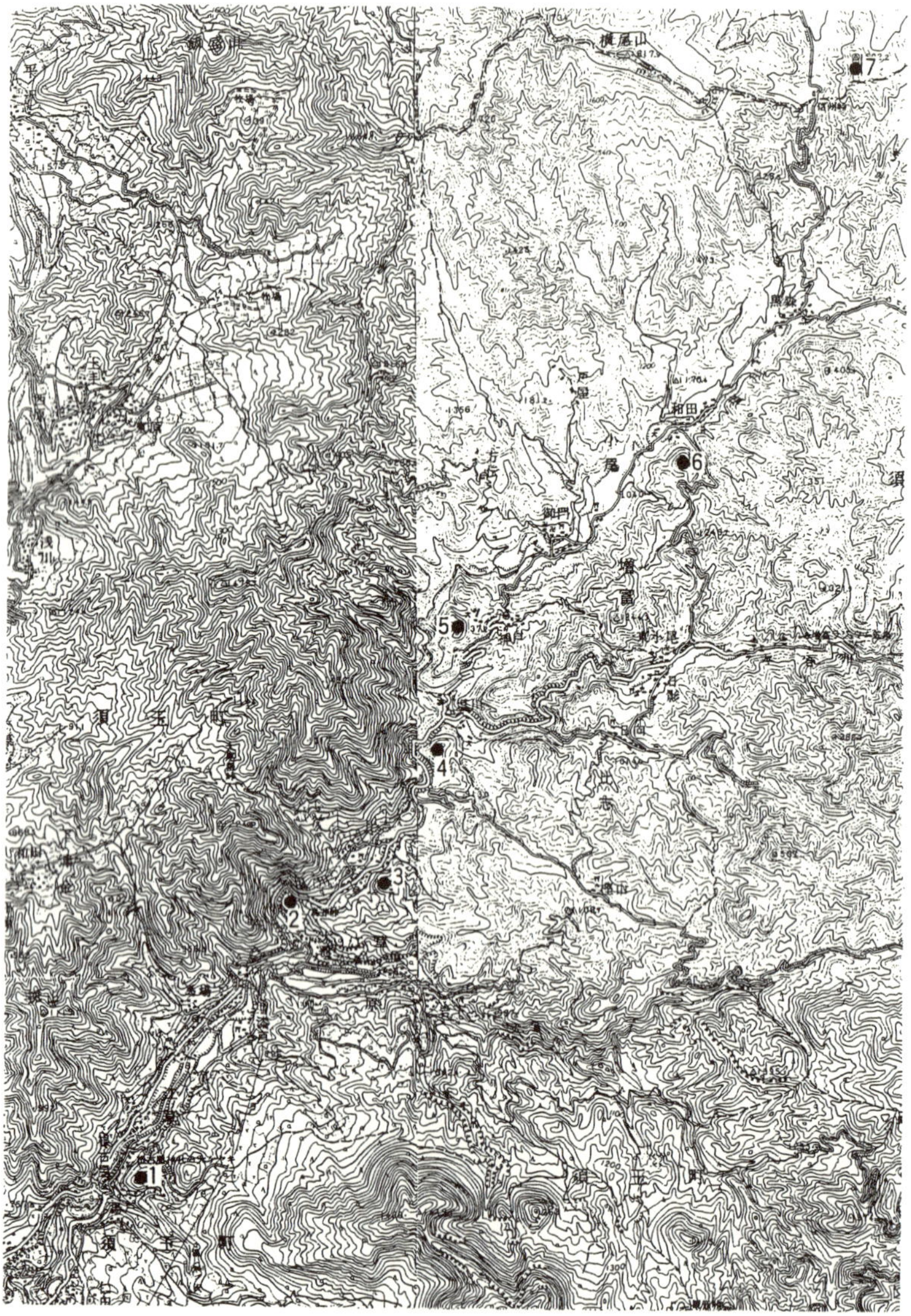

図２　穂坂路筋の小規模城館分布図

1 獅子吼城　2 大渡の烽火台　3 比志の烽火台　4 前の山の烽火台　5 神戸の烽火台　6 和田の烽火台　7 信州峠の烽火台

はできず、むしろ多面的な性格を引き出していく作業が必要となろう。烽火台的性格を有することを指摘したこともあったが[36]、この見解をこの種の城館の大部分に無批判に当てはめること

四　求められる共同研究

同じような小規模な城館の発掘事例に、東京都稲城市に所在した大丸城[37]がある。この城は、多摩川へ張り出した多摩丘陵の尾根上の先端に位置しており、比高約二五mを測り、眺望はきわめてすぐれ、武蔵府中など要衝が一望できる地点にある。主郭と推定される中心的な郭は、二四・六×一五・四mを測り、北側縁辺部に一間×二間の建物跡一棟と南縁辺に柵列らしき柱穴群が検出された。主郭の周囲には薬研状を呈した空堀がめぐり、帯郭などで防備を固めている(図3)。このほか、尾根に続く部分に第三郭と称された平坦面もあるが、とくに遺構は確認されていない。焼土と炭化物層が混在する焼土土壙や、嘉元二年(一三〇四)から応永二十四年(一四一七)までの紀年銘を有する板碑群も本城の南側斜面に存在している。出土遺物から、この城は十五世紀初頭ないし前半代の所産であることが明らかとなり、調査者は「多摩川の渡河地点・対岸を監視するのに適し、即戦闘のできる縄張りと防衛能力を持った城と言える。また、渡河地点を控えた押さえの城とも言える」と結論づけている。

この調査成果を受けて、「多摩川周辺の城砦群」を発表した西股総生氏は、大丸城の年代的位置づけを遅くても十五世紀初頭には頂上部を削平するかたちで築城が行われ、十五世紀のある時期に空堀と帯郭を構築、そののち十五世紀末～十六世紀初頭には防衛強化のための改修を経たという推定をし、板碑群・墓域等の存在は初期における城域と「共存を容認される性質のものであり、築城者は宗教的空間の主宰者と同一の勢力であった可能性が強い」ことを指

摘した[38]。

調査前の大丸城は、「山頂には、ただ一個の郭が土塁によって区画され、土塁・裾郭も簡単なものであるが、虎口もよく残っている」、「府中防禦の立場から当然、物見設置の必要が考えられるので、いちおう南北朝時代まで遡れるのではなかろうか」という認識であったが[39]、この調査によって空堀・建物跡・柵列の存在など遺構のより詳細な把握と、築城時期が明確になったことに考古学調査の大きな成果があらわれている。墓域および板碑群の存在も、検討の余地が残されているものの、築城初期の城の性格をめぐってきわめて興味深い課題を提起してくれた[40]。西股氏はこのほか、この城の築造から廃城への動向を積極的に展開しているが、一つの城が時間的経過のなかで役割や機能を変えていくことは、当然あり得ることである。

大丸城の場合、考古学研究者と城郭研究者の、ある意味では協同的作業が成立しているといえる。その結果、より多くの情報を引き出し、豊かな大丸城の姿が描かれているといってよい。この城も、いわゆる小規模城館の範疇に属しているが、歴史的背景をふまえるといつ築城され、経営が行われていたのかは城の性格と役割を検討するうえできわめて重要な点である。また、村側からの視角でながめたらどのような大丸城の性格が読みとれるのだろうか。考古学調査に、城郭研究の成果を重ねると、一層興味深い城館像が浮かびあがってくると思われる。

近年、山梨県甲府市に所在する戦国大名武田氏の本拠地躑躅ヶ崎館跡の西北隣で、おもしろい発掘調査が行われた[41]。古くからこの地は、「土屋敷」の字名を残し、近世期の古絵図等から武田氏の重臣土屋右衛門尉昌次の屋敷跡と推定されている場所である。調査の結果、およそ一辺五〇m四方の堀や溝などで区画された方形の屋敷地から、掘立柱建物跡や素掘りの井戸、水路跡が多数あらわれた。出土遺物もおおむね戦国期の様相を示し、武田氏の本拠周辺に居住する家臣の屋敷跡の伝承を裏づけている。

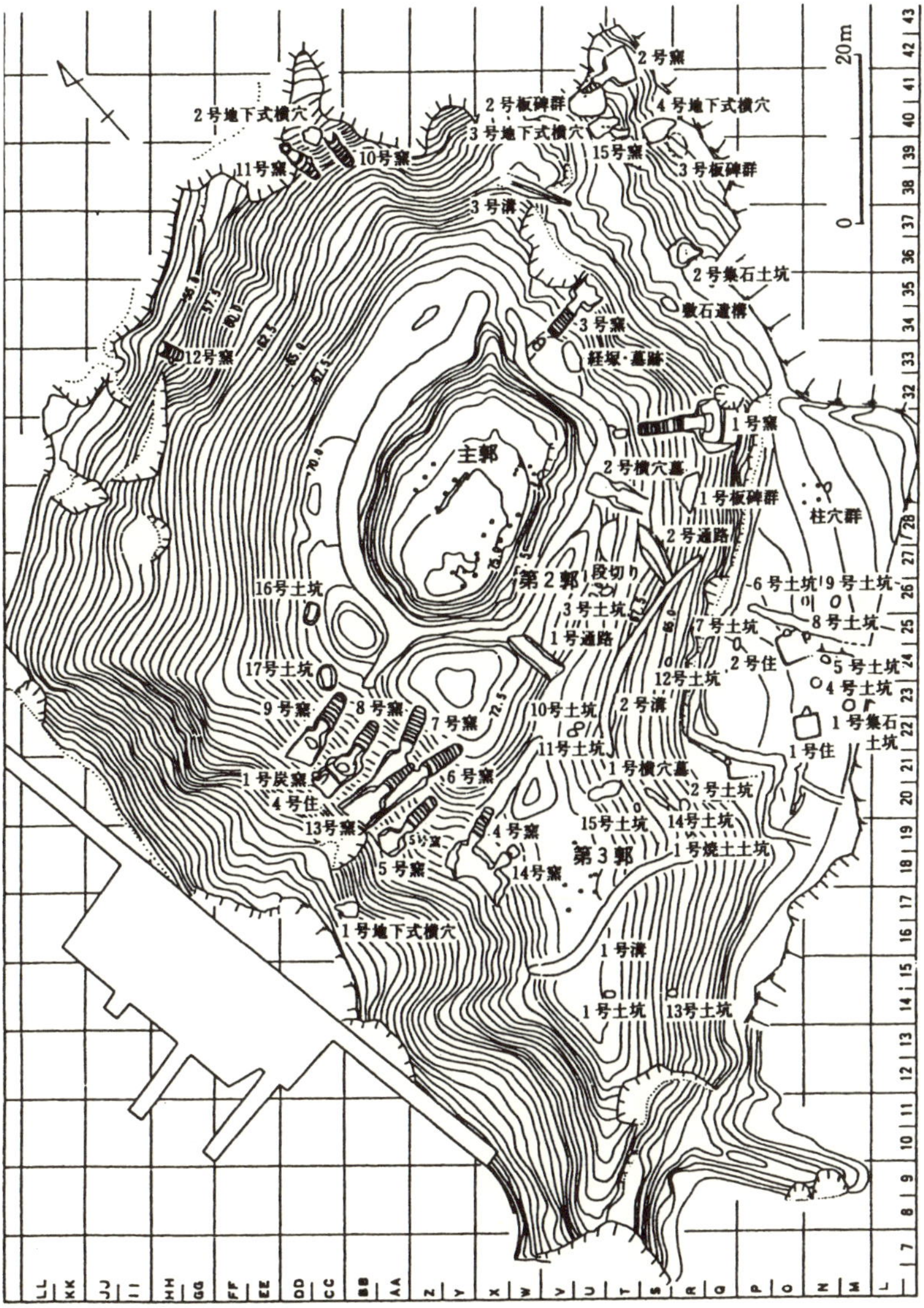

図3　大丸城跡遺構全体図　(財)東京都埋蔵文化財センター『大丸遺跡―No.513 遺跡―』及び『多摩ニュータウン遺跡』昭和60年度第4分冊より。

この調査で得られた最も興味深い内容は、規模がおよそ半町程度であり、建物跡や水路跡が礎石や縁石を用いていないことで、躑躅ヶ崎跡や勝沼氏館跡などと比べ、鮮やかな対照性を見せていることである。礎石建物か掘立柱建物かは、建物の規模や構造と密接に関わっており、遺跡内の景観を大きく変えていただろう。これほどに顕著な例として抽出できなくても、築城主体の階層性の問題は、例えば小野正敏氏らの出土陶磁器に対する精力的な研究に見られるように[42]、多くの考古資料のなかで見きわめることができ、こうした視点にたつ研究は、中世城館の歴史的評価を堅固にし、より深みを加えた城館像をとらえるのに役立つことであろう。

おわりに

「城とはいったい何なのか」、「民衆にとって城はいったいどういう存在なのか」という視点が城館の本質を追究する潮流と重なって今日の城館研究の主要なテーマとなりつつある[43]。先に述べた、山梨県北杜市須玉町の穂坂路筋に点在する小規模城館は、およそほとんどの村々に付属するように存在をしている。ここは穂坂路という戦国期の主要街道に沿うため、横山氏の小規模城館における問題設定と異なるが、村びとにとってきわめて身近かな存在であることに異論はない。これを村の集会的施設と見るか、軍事性の濃い烽火台的施設と考えるか、大名権力や村のあり方を探るうえで、大きな差異を見せている。同じような山峡の地で、早川という川の流域に沿って点在する山梨県早川町の村々には、小規模なものも含めて、城館はほとんど存在しない。戦国大名武田氏の譜代の重臣で、また親族衆としてこの地を治めた穴山氏が、いくつもの金山を経営した重要の地にもかかわらず、村々には城館が存在しないのである。この明らかな対照的状況を生み出す背景は、はたして街道の存在だけなのか、あるいは他の要素も指摘できるのか。

そして城のある村とない村は、村の側から見た場合どういう相異があるのか、中世社会全体を検討するうえでぜひとも追究してみたい課題のひとつである。

景観といえば、中世城館は中世的景観をつくる最も代表的な歴史遺産であろう。しかし、これのみで成り立つのではなく、周辺の村々、社寺、街道、墓域、生産の場所などあらゆる要素が複合して当時の地域景観ができあがっているのであり、それらの一体化の中で中世城館の存在を考えるならば、一層豊かな城館像が得られるにちがいない。そして、そうした中世的景観が消滅した時こそ、まぎれもなく中世社会の終焉とこれに続く新たな時代の幕開けを意味することになろう。

註

（1）坪井清足他監修『日本城郭大系』全二〇巻（新人物往来社、一九七九～八一年）。
（2）大類伸・鳥羽正雄『日本城郭史』（雄山閣、一九三六年）。
（3）大類伸・鳥羽正雄「城郭及び城址」（『考古学講座』第九巻、一九二八年）。
（4）坂詰秀一「戦国考古学の成果」（『歴史と人物』一一六、一九八一年。のちに坂詰『歴史考古学研究』Ⅱ、一九八二年に所収）。
（5）浜田青陵『通論考古学』（一九四八年）。
（6）山梨県教育委員会ほか『勝沼氏館跡調査概報』Ⅰ～Ⅲ（一九七五～七八年）、現在館跡は保存整備事業が進行中である。
（7）一九九〇年四月に開催された帝京大学山梨文化財研究所主催のシンポジウム「考古学と中世史研究―中世考古学及び隣接諸学から―」の討論の席上このような趣旨の発言をされている。のちに、石井進編『考古学と中世史研究』（名著出版、一九九一年）に収録。

（8） 坂詰秀一「一九七三年の動向(7)歴史時代」（『考古学ジャーナル』九四、一九七四年。のちに坂詰秀一『歴史考古学の構想と展開』、雄山閣出版、一九七七年に所収）。

（9） 後藤守一『日本歴史考古学』（四海書房、一九三七年）。

（10） 村田修三「城跡調査と戦国史研究」（『日本史研究』二一一、一九八〇年）。

（11） 千田嘉博「織豊系城郭の構造」（『史林』七〇―二、一九八七年）。福島克彦「織豊系城郭の地域的展開」（村田修三編『中世城郭研究論集』、新人物往来社、一九九〇年）。

（12） 齋藤慎一「上野国中山城の考察―中世城郭研究への一提言―」（『中世城郭研究』創刊号、一九八七年）。

（13） 村田修三編『図説中世城郭事典』第一巻～第三巻（新人物往来社、一九八七年）。

（14） 小島道裕「戦国期城下町の構造」（『日本史研究』二五七、一九八四年）。市村高男「中世後期における都市と権力」（『歴史学研究』五四七、一九八五年）。千田嘉博「尾張国における織豊期城下町網の構造」（村田修三編『中世城郭研究論集』、一九九〇年）、前川要「近世城下町発生に関する考古学的研究」（『ヒストリア』一二一、一九八八年）。前川要・千田嘉博・小島道裕「戦国期城下町研究ノート」（『国立歴史民俗博物館研究報告』三二、一九九一年）のほか、多数の論文がある。

（15） 一九九一年八月、奈良大学で開催された第八回全国城郭研究者セミナーにおいて、市村高男氏が「最近の中世城郭研究の動向」と題して、その内容を的確に発表されている。

（16） 中井均「織豊系城郭の画期」（村田修三編『中世城郭研究論集』、一九九〇年）ではこの点が指摘され、同論文で考古学の成果を基礎にした研究が展開されている。

(17)　註(7)のシンポジウムにおいて、このような指摘が、とくに文献史学者側から出されている。今後、報告書の作成方法については十分検討の余地があろう。
(18)　阿山町教育委員会ほか『菊永氏城跡発掘調査報告』(一九八七年)。
(19)　三重県教育委員会『三重の中世城館』(一九七六年)。
(20)　小玉道明他編『日本城郭大系』一〇　三重・奈良・和歌山(新人物往来社、一九八〇年)。
(21)　一九九〇年に調査され、速報的な意味をかねて『定本山梨県の城』(郷土出版社、一九九一年)に調査の概要が掲載されている。
(22)　一九八九年に開催された「第六回全国城郭研究者セミナー」でその趣旨の報告がなされている。同セミナー資料を参照されたい。
(23)　松岡進「戦国期城館遺構の史料的利用をめぐって」(『中世城郭研究』二、一九八八年)。
(24)　村田修三「城郭概念再構成の試み」(村田編『中世城郭研究論集』、一九九〇年)。
(25)　横山勝栄「新潟北部の中世小型城郭について」(新潟県東蒲原郡三川村三川中学校『研究紀要』昭和六十三年度)。
(26)　横山勝栄「中世の川に臨む城館」(『両越地域史研究』創刊号、一九八八年)。同「川に臨む城館址『琴平山城』について」(『北越考古学』二、一九八九年)。同「新潟県東蒲原郡の中世城館資料について」(『新潟考古学談話会会報』四、一九八九年)。
(27)　この論争の評価については、市村高男「戦国期城郭の形態と役割をめぐって」(『争点日本の歴史』四　中世編、新人物往来社、一九九一年)を参照されたい。
(28)　井原今朝男「山城と山小屋の階級的性格」(『長野』一一〇、一九八三年)。その後、井原「中世城館と民衆生活」(『月刊文化財』三〇一、一九八八年)でも同様な趣旨で論を展開している。
(29) 笹本正治「戦国時代の山小屋」(『信濃』三六―七、一九八四年)。
(30) 井上哲朗「村の城について—上野国三波川地域の城館址調査から—」(『中世城郭研究』二、一九八八年)。藤木久志「村の隠物・預物」(『ことばの文化史』中世一、平凡社、一九八八年)。
(31) 第八回全国城郭研究者セミナーにおける市村氏の発言。同資料に内容は整理されている。
(32) 註(25)に同じ。
(33) 横山前掲註(26)「中世の川に臨む城館」。
(34) 註(25)に同じ。
(35) 山梨県埋蔵文化財センターによって一九九一年に発掘調査され、現在整理作業が進んでいる。
(36) 拙稿「中世戦国期における烽火台の特質と史的位置」(『信濃』四一―一一、一九八九年。本書第三編所収)。
(37) (財)東京都埋蔵文化財センター『多摩ニュータウン遺跡』昭和六〇年度(第四分冊)(一九八七年)に報告されている。
(38) 西股総生「多摩川周辺の城砦群」(『中世城郭研究』四、一九九〇年)。
(39) 柳田敏司他編『日本城郭大系』五 埼玉・東京(新人物往来社、一九七九年)。
(40) 網野善彦・石井進・福田豊彦『沈黙の中世』(平凡社、一九九〇年)の中で、城館と墓との関わりについて議論されているので参照されたい。
(41) 甲府市教育委員会が一九九〇年に発掘調査を実施し、現在整理中であるが、一部前掲註(21)『定本山梨県の城』に概要が述べられている。
(42) 小野正敏「中世陶磁器研究の視点と方法」(前掲註(7)文献)にわかりやすく述べられている。

（43）　第八回全国城郭研究者セミナーにおける市村高男氏の発言のほか、近年では城館の本質を問う議論が多くなってきている。

【補遺】　本稿は一九九一年に石井進先生と共編のかたちで編纂した『中世の城と考古学』の終章として書きあげた論考である。すでに二十七年という永い歳月が経っているものであり、はたして本書に収載すべきものかややためらいもあったが、改めて読み返してみると、論考中でとりあげている考古資料は古いのであるが、全体に流れる論旨はいまだ新鮮なものに感じられ、あえて収載することにした。二十七年も前にこのようなことを考えていたのかという感慨深いものもあるが、城館研究に対する私自身の気持ちもそれほど変わっていないことにも驚かされる。

城館から見える歴史世界はどうなのか、城館から歴史の何が見えるのか、中世城館研究から一歩身を引いた立場にあるが、頭の片隅でいまも日々考えている。

付論　中世城館跡の保存と整備・活用

はじめに

いま、中世の城館跡が人気になっている。なかでも、戦国時代のドラマや華々しい合戦物語に直接的に結びついている戦国期城館跡はとくに注目を集めている。そのためではないだろうが、日本列島の至るところで、戦国時代に活躍した城館跡が保存整備され、多くの市民に開放されている。おそらく、数ある史跡のなかで、戦国期城館跡ほど注目度の強い史跡はないのではないか。

わが町の英雄の築城した城、華々しい合戦の場となったなど、城館跡は物語性にこと欠かない史跡であり、かつ郷土の誇りでもある。多くの市民が集う条件は十分そろっているし、そこに近年は、歴史好きの「歴女」の登場である。戦国のロマンを感じさせる城館跡には、いままさに追い風が吹いている状態であろう。しかし、立ちどまって考えてみると、そうした城館跡の保存や整備、活用の面となると、さまざまな厳しさを抱えているのが現状である。

そこで小稿では、こうした城館跡、とくに中世の城館跡に焦点をあてて、保存や整備等をめぐる諸問題や課題、今後のあり方について、考えてみようと思う。

一　いくつかの保存・整備・活用の事例から

筆者自身、永年関わっている身近な城館跡の事例のいくつかを素材に、城館の保存と、とくに整備活用のあり方や、そこに生じている課題などをながめてみたいと思う。

一つは、戦国大名甲斐武田氏の本拠である国史跡武田氏館跡、別に躑躅ヶ崎館とよばれている城館跡の整備活用についてである。この館跡は武田信虎・信玄・勝頼のいわゆる武田氏三代の居館として六十二年余にわたって営まれた、まさに武田氏の権威と権力が如実に示された館跡で、比較的遺構も良好に保存されている史跡である。史跡地の公有地化事業はすでに四十数年が経過し、主要な郭部分の公有地化はかなり行われているものの、いまだ十分ではない状況である。主郭である東曲輪や、付随している西曲輪や北曲輪などの主要な郭以外にも広範囲に史跡指定地は広がっているが、早くから市街化が進んでいる状態であり、そのために史跡の保存管理計画にのっとって、遺構の十分な保存を条件として、開発などの許可もされている。近年では、地域住民の史跡に対する理解も深まってきており、公有地化と保存整備事業を進める行政側との摩擦もかなり少なくなったが、かつては両者の間に深刻な対立もあった。そうした困難な時期を乗り越えて、また史跡や文化財に対する理解度の高まりもあって、保存整備事業は比較的スムースになってきている。

この館跡の整備事業に伴う発掘調査では、多くの新知見がもたらされている。そのためか武田氏館跡に対する認識も随分と変わってきた。その一つは、戦国大名武田氏の滅亡後に、ここを本拠とした徳川家康やその後に入国した豊臣政権下の諸大名の時代の遺構群が明確になってきたことである。すなわち、館跡の上層遺構は、かなりの部分が武田氏時代以後のものであり、武田氏時代の遺構群はその下層に眠っているのである。また、武田氏の築城技術を特徴づける枡形虎口も、豊臣政権時に大きく改変されたようで、とくに大手口の前面には現在も豊臣支配期に構築された遺構と思われる石垣積みの馬出が存在している。

現在、武田氏館跡は厳しい財政状況も勘案しながら年次的に整備事業が計画され、年を追うごとに整備個所も増えている。整備にあたっては、上記に述べた歴史的変遷を念頭に計画が立案され、上層遺構の整備を中心に進捗しているのであるが、しかし地域住民の間からはいくつかの疑念もだされてきた。たとえば、戦国大名武田氏の館跡であり武田氏の本拠であるにも関わらず、武田時代の遺構の整備ではなく、そののちの主に豊臣政権期の遺構の整備になっている点である。整備する側にとってはごく当たり前のことではあるが、地域の人々や行政当局などは、なぜ武田氏時代の遺構群の整備を行わないのかといった率直な意見も出され、首を傾げる人も多かった。その後、整備委員会などの機会を通して、武田氏館跡の性格や特質、館の変遷などを丁寧に説明した結果、大方の理解を得たように感じられたが、多くの市民の期待は依然として下層に眠る武田氏時代の遺構群の整備にあるようである。

もう一点は、整備のあり方に対する要望である。武田氏館跡に限らず、中世城館跡の整備は、いきおい土塁や堀などの整備復元が主体になる。とくに、その後の土地利用の激しい市街地にある館跡などは、遺構の残存状況も悪く、かつ遺構間の重複も激しく、遺構の的確な把握が困難な場合が多い。武田氏館跡の場合も例外ではなく、今まではどうしても土塁と堀跡中心の復元整備になっていった。そのために市民や、他部局の行政関係者からも、芝生だらけの、「芝生公園」と揶揄されることにもなった。多くの市民から出されたこうした意見は、ごく当然の、素直な声であろう。

こうした状況は、武田氏館跡に限ったことではなく、全国の城館跡の整備事業にごくふつうに見られるものである。

思いがけない遺構群の出現に戸惑いを感じている史跡もあったであろう。しかし、武田氏館跡の、こうした時代をまたがる遺構群の存在は、裏返してみれば、この館跡の歴史の厚みを示すものであり、館の政治的軍事的な重要性を提示していることに他ならない。武田氏最末期の武田勝頼の時代に、甲府のこの地を離れて韮崎の地に新城の築造と新府中の建設が行われたのであったが、武田氏滅亡後に入国した徳川家康や豊臣政権は再び甲府のこの地を本拠とし、甲斐国の支配を行っている。

この歴史事実と館の変遷過程を整備事業に生かさない手はない。この館を舞台に展開していった歴史の大きなうねりは、整備の工夫しだいで、来観者には新たな魅力として映るに相違ないからである。しかしそこには、それをいかにして見せるかという、整備の手法の検討が必要となる。幸いなことに、この館跡の築城技術を特徴づけている枡形虎口は、武田氏時代の虎口と、それを改変した豊臣時代の石垣積みの虎口がみごとに重複し、変遷の姿が観察できる状態で見つかってきている。虎口の変遷を考えるうえで最適な遺構群の出現である。虎口というものは、時代や築城者の意図を鋭く反映し、また時代の動きに敏感に反応しているものである。なおおもしろいのは、石垣積みを利用した虎口のありようは、東国の大名である武田氏にはない豊臣政権の城づくりを説明するために格好の資料になるのであり、それは東西の築城技術の対比ともなって、それ自体で奥の深い野外の展示になろう。また、この枡形虎口の出現は、堀跡と土塁を主とする単調な整備から、動きのある整備へと評価を変えていくことにもなろう。

しかしなお重要なのは、この武田氏館跡をとりまく歴史環境の豊かさである。館の築造の翌年に築城された国史跡の要害城を背後に有し、南方の西側には湯村山城、前方には一条小山の砦跡、さらに前方には大きく展開している戦国城下町がある。二町四方に整然と区画された戦国城下の街路は、現在でもきれいに残っており、城下の周縁には武田時代の寺社も存在している。市街化した地域で、これほど豊かに歴史景観を残しているところは、そうはないであろう。中世の歴史を語るうえの、十分すぎるほどの歴史資料群がこの地には横たわっているのである。この地で展開された数々の歴史ものがたりを、武田氏館跡の整備とその活用に加えるならば、一見単調に思える遺構群が鮮やかによみがえり、生き生きと輝きだすにちがいない。

もう一例、武田氏最末期に築城された国史跡新府城の整備復元事業をとりあげてみたい。この城は、滅亡直前の天正九年(一五八一)に武田信玄の名跡を継いだ武田勝頼が武田家の威信をかけて築城したもので、縄張も大変すぐれ、規模も大きい。この城跡の整備事業も関係者の永年の努力もあって着実に進捗してきており、現在は堀跡などの整備事業が行われている。この城は武田氏の滅亡時に自焼しており、本丸跡からは焼土と焼米なども検出されている。また、搦手口の発掘調査によって礎石を用いた門跡が検出され、それに伴って炭化した建築部材や釘類が大量に出土している。復元に足る資料はほぼ出そろっている感を受けるほどであるが、しかし門の上屋構造の検討にあたってさまざまな議論が出され、復元すべき建物構造について意見が定まってはいない。

史跡の復元のなかで、とくに難しいのはこうした建造物であろう。復元にあたっては、考古学的にも、建築史的にもきびしくその根拠が問われることになり、そのために建築構造をめぐって複数の意見が生じるのはごく当然で、これまでにも各地の史跡整備のなかで厳しい議論が展開されてきたのは、周知のことである。出土遺構に対する関係者間の解釈の相違や、資史料の不足などに要因が求められるが、この新府城でも建物構造については議論が分かれている。そのために、建物復元にはなお時間を要するようにも感じられるが、しかし検出された遺構やさまざまな歴史資料の検討をとおして、想定されるさまざまな復元案を提示し、かつその検討過程をも市民に開陳していくことが大事である。こうした機会は建物復元のむずかしさや史跡整備のあり方などを市民が真剣に考える絶好の機会となり、さらに一歩進んで市民もともに整備のあり方を考えていくことにもなろう。歴史的建造物の復元にはさまざまな困難が存在しているのは確かであるが、その困難さそのものも展示の対象とするのである。そうしたことも整備の手法の一つであろうし、またそのこと自体、市民にとってはきわめて刺激的で新鮮に映るにちがいなかろう。

二　中世城館跡の整備の意味

中世城館跡は、多くの物語を内に秘めた存在として、また歴史をじかに体感できる歴史資料として、またとない歴史遺産である。城館跡で展開されてきた歴史を感じるうえでの生の資料であり、市民に直接的に歴史を考えさせる存在である。

東京都八王子市に戦国大名の北条氏が築いた滝山城という城跡がある。現在国史跡に指定されており、その規模は大きく、遺構の残存状況も良好である。北条氏の築城技術のうちで特徴的な角馬出などの遺構群や、深くて広い堀跡などもみごとなまでに残っており、見る者を圧倒している。同市には、天正十八年(一五九〇)に豊臣秀吉軍と壮烈な戦いを繰り広げた八王子城という城跡もあるが、そこに移る前の城がこの滝山城であった。

この滝山城跡の整備には比較的落ち着いた手法がとられている。堀跡や土塁などの多くの遺構群は整備の手をあまり加えずに、目立って整備されているところはない。もちろんトイレなど最低限の便益施設は整えられており、見学者には不自由がない。城跡の説明版も行き届いており、城跡を一応理解できるようになっている。

多くの中世城館跡が多額の予算を投入して積極的な整備を進めようとしているなかで、この滝山城跡の整備のあり方は一つの方向性を示しているように思われる。中世城館跡は、歴史を語るうえで発信力は強く、強いインパクトをもっているものであり、滝山城のような、遺構の残存状況が良く優れた縄張をもつ城跡の場合には、こうした整備が功を奏するのであろう。かつて存在していたはずの多くの建物群は失われていても、土地にしっかりと刻まれた城跡が語る内容は多いからである。

こうした城跡は、なまじ整備の手を加えずに半ば埋もれている遺構を生のまま見せるのも効果的である。戦国期の城跡の少し埋もれたような状態は、見る者にさまざまな歴史を想像させ、また埋もれていった様子に歴史の移り変りも体感でき、二重の効果が得られよう。きれいに整備された城跡よりも、たとえば山野に埋もれている城跡や、かすかに覗くちょっとした遺構を発見したときに、人々は強い感動を覚えるのである。それもまた、中世城館跡の醍醐味の一つであろう。

あらためて指摘するまでもなく、中世城館跡などの中世遺跡はそれ一つだけで、いわば単体の遺跡として成り立っているものではない。たとえば、寺社などの宗教施設や市町などの同時代のさまざまな遺跡群が互いに連関し、複合したかたちで成立しているものである。それらは総体として当該地域の歴史をあらわしているのであり、整備活用の方策を検討するうえでは、この点を確実に視野におくべきである。また、中世城館跡は城館どうしの結びつきはむろんのこと、そもそもその占地のありようがきわめて重要であるし、さらに付近を走る街道や河川といった自然環境など、城館を城館たらしめている要素はきわめて多い。これらが一体となって城館を豊かな歴史的存在として醸成してきたのであり、こうした歴史景観をいかに整備活用の方策のなかに組み込むべきかが、整備活用にあたっての大きな課題として横たわっている。

かつて大類伸・鳥羽正雄両氏は、中世城館跡研究にあたって、以下のように論説している。一九三六年のことであるから、いまから七十八年前の指摘であるが、こんにちでもじつに新鮮である。

城郭史研究の資料としては先ず現存する城郭・城址を挙ぐべきはいふまでもない。その外文書・記録等の文献・

絵書・絵図・模型・部分的遺物を始めとし、口碑・伝説或は城址附近の地名・地形・地質等も資料とすべきである。（中略）

更に又城址と共に附近の河川・沼澤・堀割・山岳丘陵に於ける削平地・道路・神社・寺院・村落・都邑・港湾及び発掘等までも参考として大いに注意を払はなければならない。（『日本城郭史』、雄山閣、一九三六年）。

中世城館跡研究に対する以上の指摘は、裏返せば、整備活用のための基本にもなるものであろう。中世城館跡が、豊かな歴史的存在としての中世城館跡たるものにするには、大類氏が研究上の留意点として述べた、城館跡をとりまくさまざまな要素を視野におくべきことになろう。

三　中世城館跡の整備・活用の今後

中世城館跡の整備活用の意義も時代に応じて変化していく。いまなぜ、中世城館跡などの史跡を保存し整備し、活用を図らなければならないのか。その現代的な意義については、多くの回答が用意されよう。また、その重要性を真っ向から否定する者は少ないはずである。しかし、懸念材料はけっして少なくはない。その第一は、若年層にあまり受けないことである。それはむろん城館跡だけでなく、歴史や文化財全般に共通することで、歴史講演会やさまざまな歴史イベントにも若年層の参画はいたって少ない。

なぜ若年層が史跡に目を向けないのか。あるいは向けようとしないのか。答えの一つはおそらく、歴史は肩苦しく、おもしろさに欠けているからであろう。中世城館跡の整備の基本は、遺構の保護を第一義としつつ、それぞれの城館のもつ個性と特質をより高めることが重要であるが、しかしその点を突き詰めるあまり、画一的で感動の少ない整備に陥っている感がしないでもない。第二には、整備されたその場に立っても、整備の意味がわからないことである。その結果、物言わぬ現代の若年層は、整備された城館跡を否定することはしないものの、しかし訪れようともしない。

若年層も含め多くの人たちを引きつける整備とはどういうものなのか。繰り返すことになるが、中世の城館跡は数々の歴史を秘めた魅力的な存在であるはずである。歴史ものがたりもいっぱい詰まっている。しかし、その魅力がはたして十分に引き出されているのであろうか。城館跡の一つひとつの堀跡や土塁・櫓跡などの遺構群はまさに歴史を語る生き証人であるが、本来沈黙したままの存在である。この存在にいかにしてものを語らせるのか。それが整備活用の基本であるが、そのための努力と工夫がいま厳しく求められていよう。

私自身、若者たちと城館跡を訪ねる機会が多い。一見何でもないような遺構についても、若干の解説を加えていくと若者たちは強い関心を示してくる。若者たちは、潜在的に、歴史や城跡に対しては強い興味をもっているのである。しかし、城跡の縄張や遺構の意味などが理解できないためなのか、あるいはまた、かつてそこを舞台に展開された歴史ものがたりが読めないからなのか、おもしろくない、つまらない存在として遠ざかることになってしまうらしい。

若年層はおもしろいもの、興味深いものには異常なまでに関心を示す存在である。城館跡の歴史的意義や個々の遺構の役割などをどのようにしてこうした若年層に伝えるのか、城跡に秘められたさまざまな物語をどのようにして発信していくべきか。ここに、これからの史跡整備の重要な決め手があるように思う。

城跡の保存整備の手法の開発も必要である。一九七〇年代以降、中世城館跡の保存と整備の機運が急速に高まり、各地で整備事業が展開されてきた。それから三十～四十年が経過し、いま再整備の必要に迫られてきたところもある。戦国大名北条氏の軍事拠点であった伊豆山中城もその一つであるが、おそらく今後こうした城跡は増加の一途をたどるであろう。その場合、留意すべき点は、ここ数十年の城館跡の研究成果を整備のなかに活かすことであろう。近年の中世城館跡の研究は著しく進展し、新たな中世城館像が提示されてきている。こうした研究成果に目配りし、一層魅力的な城館跡に蘇えらせることが肝要であろう。そのためには、急速に進んでいる各種の情報機器類なども活用し、かつてそこを舞台に展開した歴史ものがたりをビジュアルに再現することが重要である。現在各地の遺跡で設置されているガイダンス施設は、そうした役割を果たす存在として今後ますます重要度を増していくであろう。

もう一つの筆者の経験から感じたことを述べよう。ある高名な噺家といっしょに、城郭を歩き、トークしたときのことである。参加者は、いつもの熟年層よりも若年層が圧倒的に多くそのこと自体驚きであったが、大勢の参加者と一緒に城跡を歩くと築城の技術や特徴などに異常なまでの強い関心を示してきたのである。建造物はなくても、城はおもしろい、というのが、その時の参加者の感想であったようである。

この経験は、私たちにいくつもの教訓を与えている。今までの私たちは城跡が内在している魅力を十分に引き出していたのか、あるいはその工夫をしてきたのか、など。日本人は城好きな国民だといわれている。潜在的にはおそらくそうであろう。そうした人々に好かれ、ふだんに訪れたくなるような整備活用を目標としなければならない。

その折、多くの参加者が強い関心をよせた点は、築城の技術である。城の築造にあたっては、さまざまな技術が駆使されていることは改めて述べるまでもないが、その技術の背後には、当時の人々の知恵と汗と涙が凝縮しており、そこにかつての人々の動きも見ることができる。そうした、わずかに見え隠れしているような人の動きというものは、強烈な感動を与えるものらしい。また、中世城館跡の重要な施設である郭や堀、土塁などが一体どのような技術と労働力によって構築されたのか、こうした最も基本的な、素朴ともいえるところに、人々は強い関心をよせてくる。とかく整備する側は、城館の突出した特質ばかりに目を向けて、そこに整備の苦心を重ねがちであるが、多くの市民の関心事とのあいだに乖離もなくはない。

いま、とくに織豊系城郭の高石垣の整備修復などが各地の城郭で行われており、その築城技術に対する人々の関心度は異常なまでに高まっているのであるが、そうした高石垣ではなくても、土で構築された堀や土塁などの遺構群なども、築造過程やその技術、あるいは機能や役割などを丁寧に説明することによって、強い関心が寄せられることは必定である。中世城館の築造にいたる過程とその築城技術の開陳に、私どもはさらに知恵を出し、工夫を重ねるべきであろう。

おわりに

中世城館跡の調査研究や保存整備事業に携わっている関係者たちは、いままでさまざまな経験を経ており、多くの市民の声も聞いている。保存し整備した城跡に対するさまざまな声に、一喜一憂するときもあろう。しかし、そうした声や意見はきわめて貴重であり、今後に生かせる内容をもっている。

そもそも、中世城館跡にかぎらず、史跡の保存や整備というものは、社会の要請に応じてなされてきたものであり、社会の動きを敏感に反映しているものである。そのためには社会の動きを注視しつつ、多くの声に真摯に耳を傾けながら、自信をもって中世城館跡の保存や整備活用の努力を、今後とも粘り強く続けることが大事である。中世城館跡は、それに応えてくれる魅力的な存在であるからである。

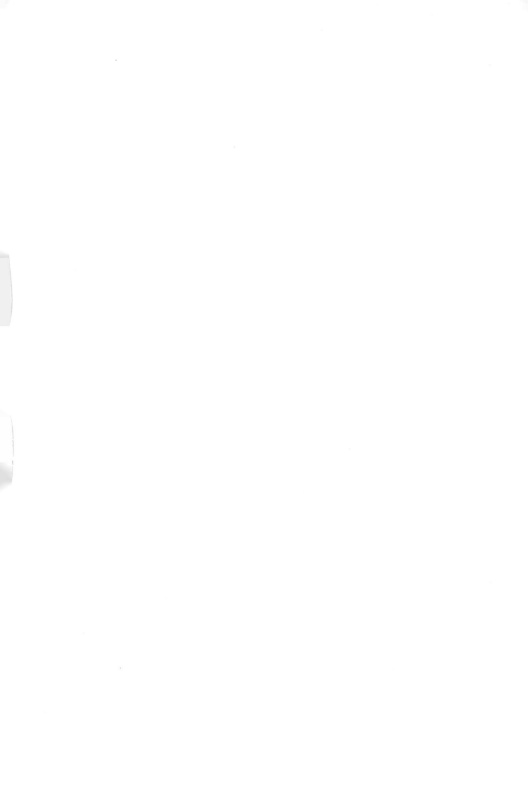

あとがき

思えば、永い間、中世考古学の世界に浸ってきたものだと思う。四十数年もの間、決して順風な研究生活を送ってきたものではなかったが、しかしその間、いくつもの大きな転機があったようである。なかでも、石井進・網野善彦両先生との出会いと学恩はじつに大きく、両先生なくして、わたくしの研究生活は生まれないものであったように思う。

両先生を中心にして、わたくしが所属していた帝京大学山梨文化財研究所（現帝京大学文化財研究所）で開催された「考古学と中世史研究」シンポジウムは、多くの参加者を得て、一定の評価をいただいたが、その間に受けた数々の学問的刺激は、わたくしのその後の研究スタイルともなり、また両先生の酒席での熱い談論を傍らで常にお聞きしたことなどは、わたくしの心の隅々まで染みついたようである。振り返ってみると、まことに夢のような幸せなひとときを過ごしてきたように思う。

また現在もご迷惑をおかけしている五味文彦先生を始めとする多くの先輩研究者にご交誼をいただき、その後も同種のシンポジウムを継続し、再び熱気あふれた世界に触れることになったが、そうした多くの研究者との永年の交流と、さまざまな刺激に触れることなくして、わたくしの誠にささやかな研究スタイルはつくれなかったであろう。本当に永きに及んで、優れた研究者に恵まれたことはじつに幸運であったし、深く感謝したいと思う。

中世考古学の世界に飛び込んで最初に手掛けたのは、戦国大名である甲斐武田氏の築城技術として著名な「丸馬出」と「烽火台」に関する研究であった。一九八〇年代の前半のことであった。もとより大変未熟で拙いものであったが、「丸馬出」や「烽火台」が世に広く知られるきっかけにはなったようである。これらの論文は誠に恥ずかしいものであったが、意外に反響は大きく、わたくしの、とくに中世城郭史研究の出発点にもなった。反響の大部分は批判であったが、その後の城郭史研究へのささやかな刺激にもなったように思う。

その後、多くの城郭史研究者による優れた諸論文が生まれ、中世城郭史研究は格段に進展していったが、反面、近年の城郭編年をめぐる議論のように、城郭研究の根幹を問う動きも生まれている。しかしこれも、中世城郭に対する調査研究が活発化してきた表れの一つと評価すべきだし、なによりも、この議論に参加した研究者の多いことに注目すべきであろう。

本書を刊行するまでの間には、何回ものためらいがあった。なにしろ収載論文に古すぎるものが多いし、積極的に披瀝するほど自信のあるものはほとんどない。しかも近年は鉱山史研究に携わっており、城郭史研究から遠ざかっている。こんな状況で、はたしてはるかに過去の産物を刊行してよいものかという迷いからであった。しかし古希も過ぎ、自分の拙い研究人生ではあったが、その軌跡をかたちに残しておこうという気持ちにもなり、岩田書院の岩田博氏のご厚意に甘え出版に踏み切ることにした。岩田氏にはこの間、大変なご迷惑をおかけしたことを深くお詫びする次第である。

本書のなかには、例えば先に述べた「丸馬出の研究」という、今から三十五年前の論文がある。「丸馬出」研究の最も初期の論文という意味しかないものであり、古すぎるため収録はとりやめようとしたが、先にも述べているが、岩田博氏の、学史上の通過点の論文であるので、そのまま載せたほうがよい、というご助言もいただいたので、誠に恥ずかしいのであるが、思いきってとりあげているし、「中世城郭研究の一視点」という小論も同じような気持ちであえて収録している。今、中身を読み直しても、問題意識だけが先行したじつにまとまりのないものであった。この両論文ほど古くはないが、その時々に書き留めた収載論文には、あまりにも拙いものが多く、今日の城郭史研究の深さと広さには応えるべきものはほとんど見当たらないが、これもまたわたくしの足跡の一つとして受けとっていただければ幸いである。

こうした諸論文の不足を補うために、論文の末に、補遺として若干のコメントを付け加えることにした。もとより論文の補足には到底なり得ていないものであるが、当該論文に対する最近のわたくしの感想文のようなものとして参考にしていただければと考えている。当初は、補遺として、それぞれの論文に関係する近年の研究動向を踏まえ、より突っ込んだ内容を盛り込もうとしたが、分厚くなった今日の研究成果を消化することができなく、ささやかなコメント程度になってしまった。機会があれば、またあらためて、戦国期城郭の世界に飛び込んでみたいと思っている。

少しではあるが研究意欲を残しながら、あとがきとしたい。

初出一覧

序章　「城郭研究に関わる二題―戦国期城郭の織豊城郭化と出土鉄砲玉を題材に―」　新稿

第一編　中世城郭を読む

「家財目録等にみる中世城館の一様相―甲州八田家家財目録から―」『甲斐中世史と仏教美術』名著出版、一九九四年

「財産目録からみた陶磁器の所有―甲州八田家家財目録を中心に―」『貿易陶磁研究』第一五号、日本貿易陶磁研究会、一九九五年

「中世城館における宗教的空間ともう一つの「城割」」『山梨考古学論集』Ⅳ、山梨県考古学協会、一九九一年

「新府城とこれからの中世城館跡研究」　網野善彦監修『新府城と武田勝頼』新人物往来社、二〇〇一年

「中世城館跡研究の一視点―経営主体者をめぐって―」『帝京大学山梨文化財研究所研究報告』第一集、一九八九年

「「居館と詰城」に関する覚書」『戦国武将と城』サンライズ出版、二〇一四年

「境界にのぞむ城郭」　竹田和夫編『古代中世の境界意識と文化交流』勉誠出版、二〇一一年

第二編　武田氏の築城技術

「丸馬出の研究」　地方史研究協議会編『甲府盆地―その歴史と地域性』雄山閣出版、一九八四年

「武田氏築城技術と新府築城」　萩原三雄・本中眞編『新府城の歴史学』新人物往来社、二〇〇八年

「戦国期城郭の年代観」　峰岸純夫・萩原三雄編『戦国時代の城』高志書院、二〇〇九年

「武田系城郭研究の現状と課題」『武田系城郭研究の最前線』山梨県考古学協会二〇〇一年度研究集会資料集、二〇〇一年

第三編　武田氏の城郭

「中世戦国期における烽火台の特質と史的位置」『信濃』第四一巻第一一号、信濃史学会、一九八九年

「甲斐国岩殿城の史的一考察」『山梨考古学論集』Ⅱ、山梨県考古学協会、一九八九年

「甲斐福泉寺城に関する一考察」『甲斐の美術・建造物・城郭』岩田書院、二〇〇二年

終章　「中世城館研究の課題と展望」　石井進・萩原三雄編『中世の城と考古学』新人物往来社、一九九一年

付論　「中世城館跡の保存と整備・活用」　萩原三雄・中井均編『中世城館の考古学』高志書院、二〇一四年

著者紹介

萩原 三雄（はぎはら みつお）

1947年　山梨県生まれ
1971年　早稲田大学第一法学部卒業
帝京大学文化財研究所所長・教授
帝京大学大学院文学研究科教授
山梨県立考古博物館名誉館長
専門　歴史考古学

編著書
『中世の城と考古学』（共編・新人物往来社）
『定本武田信玄』（共編・高志書院）
『戦国時代の考古学』（共編・高志書院）
『日本の金銀山遺跡』（編・高志書院）
『中世城館の考古学』（共編・高志書院）ほか

戦国期城郭と考古学　中世史研究叢書 31

2019年（令和元年）7月　第1刷　450部発行　**定価［本体6400円＋税］**

著　者　萩原 三雄

発行所　有限会社 岩田書院　代表：岩田　博　http://www.iwata-shoin.co.jp
〒157-0062　東京都世田谷区南烏山4-25-6-103　電話03-3326-3757 FAX03-3326-6788
組版・印刷・製本：シナノパブリッシングプレス

ISBN978-4-86602-073-0 C3321 ¥6400E

コピーOK

中世史研究叢書　　　　㉚戦国期越中の攻防　品切れ

①	松本　一夫	東国守護の歴史的特質	9900円	2001.11
②	柴辻　俊六	戦国期武田氏領の展開	8900円	2001.12
③	桑田　和明	中世筑前国宗像氏と宗像社	11800円	2003.05
④	佐藤　厚子	中世の国家儀式	5900円	2003.10
⑤	湯浅　治久	中世東国の地域社会史	9500円	2005.06
⑥	久保田順一	室町戦国期上野の地域社会	9500円	2006.02
⑦	佐藤　博信	中世東国足利・北条氏の研究	6900円	2006.05
⑧	垣内　和孝	室町期南奥の政治秩序と抗争	6900円	2006.09
⑨	萩原　龍夫	中世東国武士団と宗教文化	9500円	2007.01
⑩	伊藤　裕偉	中世伊勢湾岸の湊津と地域構造	6900円	2007.05
⑪	田沼　　睦	中世後期社会と公田体制	9500円	2007.05
⑫	服部　治則	武田氏家臣団の系譜	7900円	2007.10
⑬	小山田義夫	一国平均役と中世社会	7900円	2008.04
⑭	有光　友學	戦国史料の世界	7900円	2008.12
⑮	黒田　基樹	戦国期領域権力と地域社会	7900円	2009.01
⑯	井上　寛司	日本中世国家と諸国一宮制	9500円	2009.02
⑰	峰岸　純夫	中世荘園公領制と流通	5200円	2009.03
⑱	久保田順一	中世前期上野の地域社会	9500円	2009.11
⑲	渡邊　大門	戦国期浦上氏・宇喜多氏と地域権力	8400円	2011.09
⑳	久水　俊和	室町期の朝廷公事と公武関係	8400円	2011.10
㉑	上村喜久子	尾張の荘園・国衙領と熱田社	9500円	2012.03
㉒	小林　正信	正親町帝時代史論	14800円	2012.05
㉓	荒川　善夫	戦国期東国の権力と社会	7900円	2012.11
㉔	黒田　基樹	戦国期山内上杉氏の研究	7900円	2013.02
㉕	柴辻　俊六	戦国期武田氏領の地域形成	8900円	2013.05
㉖	山下　孝司	戦国期の城と地域	8900円	2014.06
㉗	木下　昌規	戦国期足利将軍家の権力構造	8900円	2014.10
㉘	長谷川裕子	戦国期の地域権力と惣国一揆	7900円	2016.01
㉙	糸賀　茂男	常陸中世武士団の史的考察	7400円	2016.05